在大陸生活
如何做好個人理財

主　編○賴金明、劉星辛、廖春萍
副主編○梁輝盛、陳孟君、廖旗平、陳倩媚

財經錢線

前言

　　隨著中國經濟的快速發展和居民收入水準的不斷提高，理財市場呈現出快速發展的態勢，金融理財產品層出不窮，人們的理財意識不斷增強，想透過理財提高生活質量是逐漸富裕起來的社會公眾的迫切願望。與此同時，隨著理財市場的蓬勃發展，金融行業對理財規劃專業人才的需求也日益增加。因此，結合中國個人理財發展特點，按照理財規劃師職業發展的要求進行編寫。本教材主要有以下特色：

　　第一，內容更新。中國國家理財規劃師資格考試內容現已修訂多次，本教材結合國內外理財教育發展的趨勢，參照新修訂的國家助理理財規劃師考試要求，結合學生從事理財業務的工作崗位需求，教材內容體現理財一線工作的職業特點。

　　第二，形式靈活。本教材結合職業教育「工學結合」的模式，聯繫個人理財教育的工作需求，採用案例導入形式，以案例分析啟發學生思維能力的鍛鍊和提升。本教材設計了課後技能實訓，便於學生復習和鞏固所學知識。每個項目內容，都連結了網絡知識拓展，擴大學生學習視野。

　　第三，實踐性強。本教材結合中國助理理財規劃師考試知識點，按照項目和任務驅動教學模式設計章節，將案例、學習任務和理論知識融為一體，符合高專教育突出實踐能力的教學特點。本教材理財基礎知識部分重點介紹了中國現有主要理財領域的各類理財產品的功能、特點和操作實務，包括證券產品理財、保險產品理財和房地產投資理財等。理財實務操作部分主要介紹現金與消費規劃、教育規劃、個人稅收籌劃、退休養老規劃等主要的理財規劃設計。

在本教材編寫過程中，編者得到西南財經大學出版社、中國建設銀行、中信銀行、平安銀行和前海人壽保險公司等校企合作單位的大力支持，參考了金融行業和教育行業專家與學者的研究成果，並從互聯網上選用了一定的案例和資料，在此謹向有關單位和作者表示衷心的感謝！由於我們的水準有限，加上時間倉促，書中難免會有不當或紕漏之處，敬請廣大讀者批評指正。

編者

目錄

項目一　個人理財和個人理財規劃 ································ (1)
　　任務一　個人理財規劃基礎知識 ······························· (2)
　　任務二　理財規劃相關職業資格證書簡介 ······················· (18)
　　項目小結 ··· (19)

項目二　個人財務管理和家庭財務管理 ······························ (21)
　　任務一　個人財務管理 ······································· (23)
　　任務二　家庭財務管理 ······································· (24)
　　任務三　家庭財務預算的編製與分析 ··························· (34)
　　項目小結 ··· (36)

項目三　個人理財風險管理和現金規劃 ······························ (40)
　　任務一　個人理財風險管理 ··································· (41)
　　任務二　現金管理與儲蓄存款理財 ····························· (45)
　　任務三　消費信貸理財 ······································· (51)
　　任務四　信用卡理財 ··· (54)
　　任務五　個人互聯網金融理財 ································· (58)
　　項目小結 ··· (63)

項目四　個人稅收籌劃 ……………………………………………………（65）
  任務一　瞭解個人所得稅 ……………………………………………（66）
  任務二　個人所得稅籌劃 ……………………………………………（79）
  項目小結 ………………………………………………………………（85）

項目五　保險產品理財 ……………………………………………………（87）
  任務一　認識保險產品 ………………………………………………（88）
  任務二　保險規劃 ……………………………………………………（96）
  項目小結 ……………………………………………………………（100）

項目六　證券產品理財 …………………………………………………（102）
  任務一　認識證券理財產品 ………………………………………（103）
  任務二　分析與選擇證券理財產品 ………………………………（120）
  任務三　證券產品理財規劃 ………………………………………（122）
  項目小結 ……………………………………………………………（125）

項目七　房地產投資理財 ………………………………………………（127）
  任務一　認識房地產投資 …………………………………………（128）
  任務二　分析與選擇房地產投資 …………………………………（134）
  任務三　房地產理財規劃 …………………………………………（143）
  項目小結 ……………………………………………………………（157）

項目八　教育規劃 ………………………………………………………（159）
  任務一　子女教育規劃概述 ………………………………………（160）
  任務二　教育規劃的步驟 …………………………………………（163）
  任務三　瞭解當前的教育收費水準和增長情況 …………………（165）

任務四　子女教育規劃實務……………………………………………（169）
　　項目小結………………………………………………………………（176）

項目九　退休規劃……………………………………………………（178）
　　任務一　退休規劃概述………………………………………………（179）
　　任務二　退休規劃的步驟……………………………………………（182）
　　任務二　退休規劃實務………………………………………………（183）
　　項目小結………………………………………………………………（196）

項目十　個人綜合理財規劃實務……………………………………（198）

項目一　個人理財和個人理財規劃

學習目標

1. 理解個人理財、個人理財規劃的含義
2. 掌握個人理財規劃的主要內容
3. 瞭解中國個人理財業務相關的主體

重點及難點

1. 區分個人生活理財與投資理財
2. 掌握個人理財的兩大目標：財務安全和財務自由

【案例導入】

在就業、創業和投資三種累積財富的途徑中，您會如何選擇？

在做出選擇之前，請先看下面三種不同人物關於累積財富的案例。

通用電氣前總裁杰克‧韋爾奇號稱「打工皇帝」。在韋爾奇近20年的精心經營下，通用電氣的總資產從120億美元（1美元約合6.874元人民幣，下同）增長到3,000億美元。韋爾奇2001年退休前的年度工資為1.44億美元。從薪酬收入角度來看，韋爾奇已經算是打工致富的傳奇。根據2003年韋爾奇與妻子離婚時披露的財務報告，韋爾奇當時的個人資產為4.56億美元，在打工業界處於「打工皇帝」的位置，但與創業致富的一位傳奇人物相比還是有較大的差距。

創業致富的世界第一成功人士非比爾‧蓋茨莫屬。當年蓋茨在車庫裡創業起家並締造出微軟帝國，截至2017年年底，蓋茨已經連續24年當選世界上身價最高的人。在2016年時，蓋茨的身價為760億美元，僅過了一年不到的時間，2017年他的身價就增長了21%，創紀錄地達到了919億美元。比爾‧蓋茨身價的增長主要得益於所持上市公司股票的強勁表現。

投資致富第一人是沃倫‧巴菲特，巴菲特當年收購伯克希爾‧哈撒韋公司時投入了1,500萬美元，其在2017年的資產為607億美元，在2017年全球富豪榜上緊隨蓋茨身後。不過，巴菲特的年薪僅為48.78萬美元。

討論：看完上述案例，您去選擇打工、創業、投資？請說明理由。

（三個富豪的比較）

任務一　個人理財規劃基礎知識

一、什麼是個人理財

（一）個人理財的定義

什麼是理財？一般人談到理財，想到的不是投資，就是賺錢。實際上理財的範圍很廣，理財是理一生的財，也就是個人一生的現金流量與風險管理。權威理財協會美國理財師資格鑒定委員會對理財的定義是：個人理財是指如何制定合理利用財務資源、實現個人人生目標的程序。國內發行量最大的財經雜志《理財周刊》對於理財的定義是：理財是為了實現個人的人生目標和理想而制定、安排、實施和管理的一個各方面總體協調的財務計劃的過程。

關於個人理財的定義，目前業內有不同的說法。本書認為個人理財是在對個人收入、資產、負債等數據進行分析整理的基礎上，根據個人對風險的偏好和承受能力，結合預定目標運用儲蓄、保險、證券、外匯、收藏、住房投資等多種手段管理資產和負債，合理安排資金，從而在個人風險可以接受的範圍內實現資產增值最大化的過程。

人的一生，從出生、幼年、少年、青年、中年直到老年，各個時期都需要用錢。具體說來，理財要應對人一生六個方面的需要。

第一，應對戀愛和結婚的需要。對絕大多數的人來講，戀愛和結婚是人生必經的過程。戀愛是需要錢的，結婚也需要錢。每一個家庭的成立，從夫妻雙方的開始戀愛，到雙方組成家庭，組建家庭的過程，也是經濟消耗的過程。

第二，應對提高生活水準的需要。每個人都希望過上越來越好的生活。從租房子到自己買房子，從開始的滿足住房需求，再到滿足改善住房條件需求；從沒有汽車到自己有汽車，再從普通汽車換上更高級的汽車……這都是人們提高生活水準的普遍願望，但要提高生活水準，就需要錢的支持。

第三，應對贍養父母的需要。人們常說：「養兒方知父母恩。」父母的恩情是我們一輩子都報答不完的。贍養父母是每個人應盡的義務。現在有些年輕人的父母有比較穩定的收入，有各種各樣的社會醫療保險，年輕人的財務負擔就減輕了。但是也有一些年輕人的父母沒有穩定的收入，需要兒女來提供財務上的支持。因此，很多年輕人每月都要有固定的錢供父母養老。

第四，應對撫養子女的需要。從孩子出生，到孩子上幼兒園、小學、中學、大學，每個時期都需要用錢。因此，撫養子女也是一個很重要的理財需要。在孕育小孩的時候，家庭就面臨這樣一種財務現象：支出在增加，而收入在減少。一般的家庭普遍現象是夫妻二人通過工作獲得工資收入。一般人的工資都分成兩部分，即基本工資和效益工資。當妻子

生小孩、休產假期間，她只能領到基本工資而領不到效益工資，因此家庭收入是減少的。但是，照顧嬰幼兒時，家庭的支出卻在增加。

第五，應對意外事故的需要。人們常說：「天有不測風雲，人有旦夕禍福。」有些意想不到的事情發生會對家庭生活造成巨大的影響。我們應該通過理財來達到轉嫁風險的目的。

第六，應對養老的需要。人口老齡化成為21世紀中國社會的常態。中國人口老齡化形勢嚴峻，老齡人口呈現爆發式的增長趨勢。從全國老齡辦召開的人口老齡化國情教育新聞發布會可知，截至2017年年底，中國60歲及以上老年人口有2.41億人，占總人口17.3%；預計到2050年前後，中國老年人口數將達到峰值4.87億人，占總人口的34.9%……因此，養老真的是誰都避不開的煩惱。那麼養老金這筆錢，又該靠誰呢？年幼靠父母，成年靠自己，那麼年老靠什麼呢？「養兒防老」曾經是中國人的傳統心理，但是社會發展到今天，人們的觀念已經發生了變化，「養兒防老」也越來越難實現。在這種情況下，要想有一個幸福的晚年，自己就要在年輕時未雨綢繆，搞好理財，多留一點積蓄，為自己家的「水庫」積蓄足夠數量的「水」，以期應對晚年的需要。

綜上所述，人的一生至少要應對六個方面的理財需求，為了能夠實現財務自由，過上體面有尊嚴的幸福生活，我們從現在起就要注重理財，學習理財。

（二）個人理財的範圍

個人理財包括個人生活理財和個人投資理財。

1. 個人生活理財

個人生活理財，即通過制訂財務計劃對個人消費性財務資源進行適當管理，並通過不斷調整計劃以追求財務安全和財務自由為目標的經濟活動。個人生活理財的核心在於根據個人的消費性資源狀況和消費偏好來實現個人的人生目標。

2. 個人投資理財

個人投資理財，即通過制訂財務計劃對個人投資性財務資源進行適當管理，並通過不斷調整計劃以追求財務安全和財務自由為目標的經濟活動。個人投資理財是在生活理財目標得到滿足以後，追求投資於股票、債券、黃金等各種投資工具以期得到優厚的回報，加速個人或家庭資產的增長，從而提高家庭生活質量和生活水準。個人投資理財的核心在於根據個人的投資性資源狀況和風險偏好來實現個人的人生目標。

3. 個人理財具體範圍

（1）收入。一生的收入包含運用個人資源產生的工作收入和運用金錢資源產生的理財收入。工作收入是以人賺錢，理財收入是以錢賺錢，由此可知理財的範圍比賺錢、投資都要廣泛。收入主要包括：

①工作收入，包括薪資、佣金、工作獎金、自營事業所得等。

②理財收入，包括利息收入、房租收入、股利、資本利得等。

（2）支出。一生的支出包括個人及家庭由出生至終老的生活支出以及因投資與信貸運用產生的理財支出。有人就有支出，有家就有負擔，賺錢的主要目的是要支付個人及家庭的開銷。支出主要包括：

①生活支出，包括衣、食、住、行、育、樂、醫療等家庭開銷。

②理財支出，包括貸款利息支出、保障型保險保費支出、投資手續費用支出等。

（3）資產。當期的收入超過支出時會有儲蓄產生，而每期累積下來的儲蓄就是資產，也就是可以幫人錢滾錢，產生投資收益的本金。年老時當人的資源無法繼續工作產生收入時，就要靠錢的資源產生理財收入或變現資產來應對晚年所需。資產主要包括：

① 緊急預備金，即保有一筆現金以備失業或不時之需。

② 投資，即用來滋生理財收入的投資工具組合。

③ 置產，即購置自用房屋、自用車等提供使用價值的資產。

（4）負債。當現金收入無法應支現金支出時就要借錢。借錢的原因可能是暫時性的入不敷出、購置可長期使用的房地產或汽車家電以及拿來擴充信用的投資。借錢而沒有馬上償還便會累積成負債。債務人要根據負債餘額支付利息。負債主要包括：

①消費負債，如信用卡循環信用、現金卡餘額、分期付款等。

②投資負債，如融資融券保證金、發揮財務槓桿的借錢投資。

③自用資產負債，如購置自用資產所需房屋貸款與汽車貸款。

（5）節稅。在現代社會中，不是所有的收入都可以用來應對支出，有所得要繳納所得稅、出售財產要繳納財產稅，財產移轉要繳納贈與稅或遺產稅。因此，在現金流量規劃中如何合法節省所得稅，在財產移轉規劃中如何合法節省贈與稅或遺產稅，也成為理財中重要的一環。對高收入者而言，節稅更成為其理財首要考慮的對象。節稅主要包括：

① 所得稅節稅規劃。

② 財產稅節稅規劃。

③ 財產移轉節稅規劃。

（6）保險與信託。理財的一個重點在於風險管理，是指預先做保險或信託安排，使人力資源或已有財產得到保護，或者當發生損失時可以獲得收益來彌補損失。保險的功能為當發生事故使家庭現金收入無法應對當時或以後的支出時，仍能有一筆金錢或收益可以彌補缺口，降低人生旅程中意料之外的收支失衡時產生的衝擊。為得到彌補人或物損失的人壽保險與財產保險保障，必須支付一定比率的保費，一旦保險事故發生時，理賠金產生的理財收入可以取代中斷的工作收入來應付家庭的生活支出，或者以理賠金償還負債來降低理財利息支出。此外，信託安排可以將信託財產獨立於其他私有財產之外，不受債權人的追索，有保護已有財產免於流失的功能。保險與信託主要包括：

①人壽保險（壽險），包括壽險、醫療險、意外險、失能險。

②財產保險（產險），包括火險、責任險。

③信託。

綜上所述，個人生活理財側重於現有消費性資源的規劃和管理，而個人投資理財則側重於現有投資性資源的規劃和管理，滿足未來消費需求和人生目標。

學習任務

請根據個人理財品種，按個人資產品種和負債品種進行歸類：共同基金、股票、債券、存款、人壽保險、住房抵押款、個人消費信貸、分期付款購車（見表1-1）。

表1-1　　　　　　　　　　　　個人理財品種歸類

個人資產	個人負債

（學習任務答案）

二、個人理財工具

個人理財必須通過理財工具獲得理財收益，實現資產的保值增值。選擇理財工具時應考慮三個方面的特性，即收益性、風險性、流動性，在三者之間選擇一個最佳的平衡。結合目前中國金融市場和金融機構的理財工具，從收益和風險的角度進行綜合分析，認識相應的理財工具（產品）便於後續理財規劃中對理財工具進行運用。

（一）國債

國債是目前公認的最具安全性的投資工具，其收益略高於銀行定期存款，但流動性不佳。

（二）儲蓄類產品

儲蓄類產品主要指存於銀行等金融機構的存款，其收益主要來源於存款利息，收益較為穩定，但收益率較低。儲蓄類產品的本金和利息通常能夠得到保障，安全性較高。在通貨膨脹率高漲的情況下，固定利率低的收益存款產品的實際收益水準將會受到較大影響。

（三）銀行理財產品

銀行理財產品指銀行充分運用專業投資知識，運用不同的基礎資產開發出不同收益和風險以滿足不同客戶需求的理財產品。銀行理財產品與投資工具掛勾，若出現較大的風險，收益將大受影響，甚至收益為零；而非保本理財型的產品，存在嚴重虧損的風險。

（四）基金

基金是指為了某種目的而設立的具有一定數量的資金，介於證券與儲蓄之間的一種投資工具。基金具有中高收益、中低風險和流動性一般的特徵。基金不僅可以投資證券，也可以投資企業和項目。基金管理公司通過發行基金單位，集中投資者的資金，由基金託管人（即具有資格的銀行）託管，由基金管理人管理和運用資金，從事股票、債券等金融工具投資，然後共擔投資風險、分享收益。

（五）股票

股票是股份公司發行的所有權憑證，是股份公司為籌集資金而發行給股東作為持股憑證並借以取得股息和紅利的一種有價證券。每股股票都代表股東對企業擁有一個基本單位的所有權。每只股票背後都有一家上市公司。同時，每家上市公司都會發行股票。股票是股份公司資本的構成部分，可以轉讓、買賣，是資本市場的主要長期信用工具，但股東不能要求公司返還其出資。股票是典型的高風險、高收益、高流動性的投資工具。

（六）保險產品

保險產品指由保險公司創造的、可供客戶選擇的、在保險市場進行交易的金融工具，保險公司向市場提供並可由客戶取得、利用或消費的一切產品和服務，都屬於保險產品服務的範疇。保險產品包括保險合同和相關服務的全過程。

（七）房地產

房地產是指覆蓋土地並永久附著於土地上的一類實物，如建築物。房地產可以有三種存在形態，即土地、建築物、房地合一。房地產具備位置的固定性和不可移動性等特性，包括建築在土地上的各種房屋，如住宅、廠房、倉庫和商業、服務、文化、教育、衛生、體育以及辦公用房等。

（八）外匯

外匯指各種外匯資產，包括以外匯為主要投資對象的外匯實盤交易、虛盤交易、槓桿交易等。

（九）貴金屬產品

貴金屬主要指金、銀和鉑族金屬。貴金屬產品在國際上有現貨黃金投資，在國內銀行有紙黃金或實物黃金投資交易。貴金屬交易受地域政治、供銷變化、貨幣匯率和能源因素等影響，具有安全性高、收益性中等和流動性低、變現能力較差等特點。

（十）衍生金融產品

衍生金融產品是指一種金融合約，其價值取決於一種或多種基礎資產或指數，合約的基本種類包括遠期、期貨、掉期（互換）和期權，還包括具有遠期、期貨、掉期（互換）和期權中一種或多種特徵的混合金融工具。衍生金融產品與交易制度決定的槓桿倍數密切相關，具有風險高、收益高的特點。

三、個人理財規劃

(一) 個人理財規劃的概念和作用

個人理財規劃是個人或家庭根據家庭客觀情況和財務資源（包括存量和增量預期）而制訂的旨在實現人生各階段目標的一系列互相協調的計劃，包括職業規劃、現金規劃、子女教育規劃、退休規劃、房產規劃、風險管理與保險規劃、投資規劃、資產傳承規劃、稅收規劃等。個人理財規劃是一個人一生的財務計劃，通過不斷調整計劃實現人生目標，達到財務自由和財務尊嚴的最高境界。

理財規劃可以幫助一個人平衡現在和未來的收支，追求高品質的生活，高效運用自身有限的財務資源，科學合理地分析日後的財務狀況，抵禦風險和災害，促進家庭關係的和諧，造福子女和造福社會。我們運用個人理財規劃，最終目標是實現個人的財務安全和財務自由。

1. 財務安全

財務安全指個人或家庭對自身的財務狀況有充分的信心，認為現有的財務足以應對未來的財務支出和其他生活目標的實現，不會出現大的財務危機，即個人或家庭可以依賴現有穩定、充足的收入和充足的現金儲備維持個人或家庭一段時間的財務支出和其他目標的實現。個人或家庭財務安全的衡量標準如表1-2所示。

表1-2　　　　　　　　　　　　財務安全的衡量標準

財務安全 的衡量標準	是否有穩定、充足的收入
	是否擁有個人職業發展的潛力
	是否有充足的現金儲備
	是否有適當的住房
	是否購買適當的財產和人身保險
	是否有適當、收益穩定的投資
	是否享受社會保障
	是否有額外的養老保障計劃

財務安全度的計算公式為：

財務安全度＝投資性資產市場價值/投資性資產原值×100%

如果財務安全度大於100%，表示個人投資性資產保值能力強；反之，則表示個人投資性資產保值能力弱。

【案例1-1】A君在2017年1月13日購入中興通訊股票共購入5,000股，當日中興通訊股價行情如圖1-1所示。2018年7月13日，中興通訊股價如圖1-2所示。請為A君計算其在2018年7月13日的金融資產安全度。

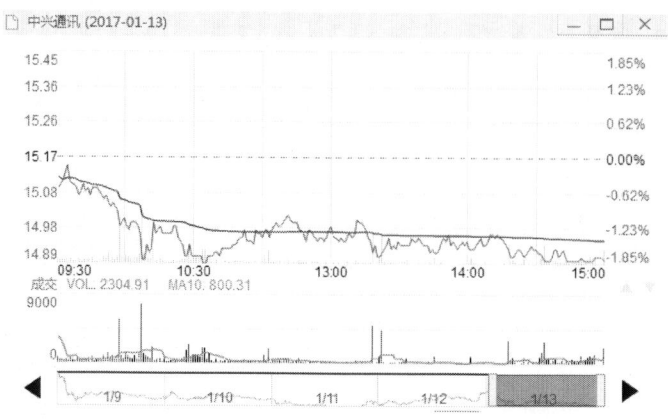

图 1-1　2017 年 1 月 13 日中兴通讯股价行情

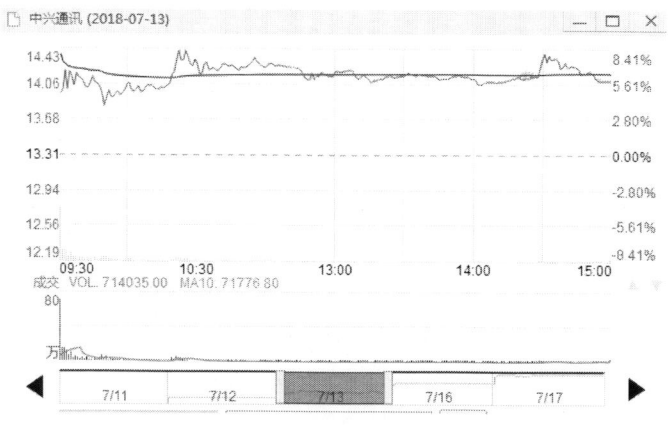

图 1-2　2018 年 7 月 13 日中兴通讯股价行情

（案例分析）

2. 财务自由

根据收入是否与投入时间成正比，收入可分为主动收入和被动收入。其中，主动收入是与投入时间成正比的收入，如薪酬收入等；被动收入是指不与投入时间成正比的收入，

如投資收入等。財務自由度的表達公式為：

財務自由度＝投資收入（非工資收入）/日常消費支出×100%

當個人或家庭的被動收入大於全部支出時，個人或家庭就不必依靠工資來維持生活，並且即使不再繼續花費時間，資產也會繼續增值。這時個人或家庭就達到了財務自由，投資收入將成為個人收入的主要來源。

【案例1-2】B君的家庭每月消費支出為5,000元，夫妻雙方工資月收入合計為5萬元，現擁有投資性資產共計90萬元，預計每年能帶來的投資收益為9萬元。請為B君計算其家庭的年度財務自由度。

（案例分析）

（二）個人理財規劃的內容

個人理財規劃主要包括現金規劃、保險規劃、投資規劃、稅收規劃、房產規劃、教育規劃、退休規劃、財產分配與傳承規劃等內容。

1. 現金規劃

現金規劃就是確保個人或家庭有足夠的現金支付計劃中和計劃外的費用，並且消費模式是在預算限制之內的。在個人理財規劃中，現金規劃有助於個人或家庭將擁有的資金在滿足家庭費用的同時又能滿足儲蓄的計劃。預期的需求可以用手頭現金來滿足，而未預期的或將來的需求則可以通過各種類型的儲蓄或短期理財工具來滿足。現金規劃通過分析家庭現金流結構尋找提高家庭儲蓄的可能方式，設計出合理的家庭儲蓄方案，從而提高家庭的儲蓄額。

2. 保險規劃

保險規劃是完備理財計劃中不可缺少的一部分。個人參加保險的目的就是為了個人和家庭生活、生命和財產的安全與穩定。從這個目的出發，個人或家庭投保時主要應掌握轉移風險、量力而行的原則，通過對家庭的風險進行分析，確定行之有效的保險規劃來實現其他理財產品所不能實現的功能和目的。

3. 投資規劃

投資規劃在個人總投資中往往佔有很高的比例。根據期限長短和風險收益特徵，證券投資工具分為固定收益性工具、權益性工具和金融衍生工具。證券投資規劃要求個人在充分瞭解自己的風險偏好與投資需求的基礎上，通過合理的資產分配，使投資組合既能滿足流動性要求與風險承受能力，又能夠獲得充足的回報。

4. 稅收規劃

稅收規劃是在充分瞭解本國稅收制度的前提下通過運用收入分解轉移、收入延期、投資於資本利得、資產銷售、槓桿投資、稅負抵減等各種稅務籌劃策略，合法地減少稅負。

5. 房產規劃

房產投資是一種長期的大額投資，房產除了用於個人居住以外，還具有明顯的投資價值。投資者購買房產主要出於四種考慮：自己居住、對外出租、投機獲利和減免稅收。這就要求我們既要對所在國的房地產方面的法律法規和影響房地產的各種因素有一定的瞭解，又要詳細瞭解自己的支付能力及金融機構關於房地產的各種規定，以幫助確定最合理的房地產購置計劃。

6. 教育規劃

教育投資是一種智力投資，不僅可以提高人的文化水準和生活品位，還可以使受教育者增加人力資本。教育投資可以分為兩類，即對自身的教育投資和對子女的教育投資。在進行教育投資規劃時，首先要對自身的教育需求和子女的基本情況進行分析，確定未來的教育投資資金需求；其次要分析收入狀況，並根據具體情況確定自身和子女教育投資資金的來源；最後要綜合運用各種投資工具來彌合教育投資來源和需求之間的差距。

7. 退休規劃

退休規劃是一個長期的過程，並不是簡單地通過在退休之前存一筆錢就能解決的。個人在退休之前的幾十年就要開始確定目標，進行詳細的規劃。提早做好退休規劃不僅可以使自己的退休生活更有保障，同時也可以減輕子女的負擔。

8. 財產分配與傳承規劃

財產分配與傳承規劃是個人理財規劃中不可或缺的部分。從形式上看，制定財產分配和傳承規劃能夠對個人及家庭財產進行合理合法的配置。從更深層次來看，財產分配與傳承規劃為個人和家庭提供了一種規避風險的保障機制，當個人及家庭在遭遇到現實中存在的風險時，這種規劃能夠幫助個人及家庭隔離風險或降低風險帶來的損失。

【案例1-3】財商測試，瞭解自己的財商，為理財做好準備（見表1-3）。

表1-3　　　　　　　　　　　　　　財商測試表

你在駕馭金錢，還是被金錢駕馭？
1. 平時的休閒活動會選擇刺激項目，如高空彈跳、峽谷漂流。
A. 是　　　　B. 有時會　　　　C. 不會
2. 在對股市不是很熟悉，但身邊朋友或其他渠道透露某只股票即將上漲，會考慮投入全部存款購買。
A. 是　　　　B. 有可能　　　　C. 不會
3. 朋友突然借錢，基於交情，想盡辦法幫助他。
A. 是　　　　B. 有可能　　　　C. 不會

表1-3(續)

你在駕馭金錢，還是被金錢駕馭？
4. 喜歡使用不同的理財工具進行投資，如股票、基金或期貨，若行情看漲時，覺得投資機會很好時，會通過借款增加投資額度。
A. 是　　　　B. 有可能　　　　C. 不會
5. 涉及投資方面的講座或會議，參加意願強烈。
A. 是　　　　B. 有可能　　　　C. 不會
6. 注重擁有健康的生活方式，如參加健身俱樂部、外出到清新空氣中散步。
A. 是　　　　B. 有可能　　　　C. 不會
7. 在大型商場發現地上有一個信封，打開發現有一沓現金，選擇據為己有。
A. 是　　　　B. 有可能　　　　C. 不會
8. 某商場舉辦憑消費金額申請珠寶抽獎活動，自己會向親戚朋友湊齊該商場的消費發票來參加抽獎。
A. 是　　　　B. 有可能　　　　C. 不會
9. 大學同學創業，其公司時下屬於熱門且頗具潛力的新產品正開發，需對外融資，自己會選擇參股。
A. 是　　　　B. 有可能　　　　C. 不會
10. 公司要推行新管理政策，涉及影響自身既得利益時，一定會合法合理地表達意見。
A. 是　　　　B. 有可能　　　　C. 不會

註：選A得3分，選B得2分，選C得1分。

(案例分析)

四、貨幣的時間價值

貨幣的時間價值計算在個人理財中的應用非常重要，即通過量化的方法具體分析如何滿足人生的各個財務目標，從而將理財規劃體現於實際的數據中。

貨幣的時間價值也稱資金的時間價值，是指貨幣經過一定時間的投資和再投資增加的價值。由於不同時間單位貨幣的經濟價值不同，不同時間單位的貨幣收入需要換算到相同時間單位的基礎上才能相互比較。

貨幣之所以具有時間價值，至少有三個方面的原因：第一，貨幣可用於投資，獲得利息，從而在將來擁有更多的貨幣量。例如，將現在持有的一單位的貨幣存入銀行獲得利息，從而在將來獲得一定增量的貨幣。現在的一單位貨幣可以給投資者帶來未來的超額收

益，因此現在的單位貨幣價值要高於未來的單位貨幣價值。第二，貨幣的購買力會因為通貨膨脹的影響而隨時間改變。如果現在持有一單位貨幣，但經濟中存在通貨膨脹，那麼在將來由於物價的上漲使得未來一單位貨幣的購買力小於現在的一單位貨幣的購買力。第三，一般來說，未來的預期收入具有不確定性。對於普遍厭惡風險型的投資者而言，確定的獲得一單位貨幣肯定要比風險中的一單位貨幣有更大的效用。

（一）單利與複利的計算

1. 單利

單利是指按照固定的本金計算的利息。單利的特點就是對已過計息日而不提取的利息不計利息。

單利的計算公式如下：

$C = P \times r \times n$

$S = P \times (1 + r \times n)$

其中：C 為利息額，P 為本金，r 為利息率，n 為借貸期限，S 為本金和利息之和（簡稱本利和）。

單利計算簡單，便於理解。目前，中國銀行存款利息和到期一次性還本付息的國債都採用單利計息的方式。

【案例1-4】L君今天到銀行存入1,000元，假定銀行的存款利率為3%，那麼按照單利計算，L君在8年後能得到多少本息？

案例分析：L君8年後的本利和＝1,000×（1+3%×8）＝1,240（元）

按照單利計算，8年後能得到本息收入為1,240元。

2. 複利

複利是指由本金和前一個利息期內應計利息共同產生的利息，即由未支取利息按照本金的利率賺取的新利息，常稱息上息、利滾利，不僅本金產生利息，利息也產生利息。愛因斯坦稱複利是「世界第八大奇跡」。

複利的計算公式如下：

$S = P(1+r)^n$

註：在後面的學習過程中，我們將都以複利法來計算貨幣的時間價值。

【案例1-5】本金為50,000元，利率或投資回報率為3%，投資年限為30年，那麼30年後所獲得的利息本息收入按複利來計算是多少？

案例分析：30年後的本利和＝50,000×（1+3%）^{30}＝121,363（元）

按複利計算，30年後獲得的本息收入為121,363元。

（二）終值與現值的計算

1. 終值

終值又稱未來值，是指從當前時刻看，發生在未來某時刻的一次性支付（收入）的現

金流量。終值通常是把現在或未來某些時刻之前多次支付（收入）的現金額，按照某一利率（亦可以理解為貼現率）計算出的在未來某一時點的值。終值按計算利息的方法不同，可分為單利終值和複利終值。

複利終值的計算公式如下：
$$F = P(1+i)^n$$
其中：F 為終值，P 為現值，i 為利率，n 為計息期數。

該公式是計算複利終值的一般公式，其中的 $(1+i)^n$ 被稱為複利終值係數或 1 元的複利終值，用符號 $(F/P, i, n)$ 表示。例如，$(F/P, 6\%, 2)$ 表示利率為6%、2年期複利終值的係數。為了便於計算，可通過財經計算器計算出複利終值係數。通過計算可知，$(F/P, 6\%, 2) = 1.123,6$，可以理解為在貨幣時間價值為6%的情況下，現在的 10,000 元和 2 年後的 11,236 元在價值上是相等的。根據複利終值係數，可以把現值換算成終值。

在複利終值計算過程中，可以按年，也可以按半年、按季度、按月和按日等不同的週期計算複利，稱為週期性複利。

週期性複利的計算公式如下：
$$F = P(1+i/m)^{mn}$$
其中：F 為終值，P 為現值，i 為利率，m 為 1 年中計算複利的次數，n 為年數。

【案例1-6】H君將 100,000 元投資於一個項目，年報酬率為6%，計算分別經過1年、2年和3年後的終值是多少？

案例分析：經過 1 年時間的期終金額計算如下：
$$F = 100,000 \times (1+6\%) = 106,000 \text{（元）}$$

若H君並不提走現金，將 106,000 元繼續投資於該項目，則第 2 年年末本利和計算如下：
$$F = 100,000 \times (1+6\%)^2 = 100,000 \times 1.123,6 = 112,360 \text{（元）}$$

同理，第 3 年的期終金額計算如下：
$$F = 100,000 \times (1+6\%)^3 = 100,000 \times 1.191,0 = 119,100 \text{（元）}$$

【案例1-7】本金的現值為 1,000 元，年利率為8%，期限為 3 年。如果每季度計算複利一次，則 3 年後的終值為多少？

案例分析：$F = 1,000 \times (1+8\%/4)^{3 \times 4} \approx 1,268.24$（元）

3 年後的終值約為 1,268.24 元。

2. 現值

現值指未來的貨幣收入在目前時點上的價值。現值既可以是未來一次支付（收入）的現金流量折算到現在的值，也可以是未來某些時刻多次支付（收入）的現金流量，按某種利率貼現到現在的價值。

現值按計算利息的方法不同，也可分為單利現值和複利現值。

複利現值計算公式可以從複利終值公式中推導出如下計算公式：

$P=F/(1+i)^n$

其中：P 為現值，F 為未來的現金收入，i 為利率，n 為計息期數。

公式中 $(1+i)^n$ 稱為現值系數，它與貼現率和年限有關，也稱為貼現因子。這個數值可以理解為 n 期以後的 1 元錢以貼現率 i 折算到現在的數值。

同樣，對於週期性複利，其現值計算公式如下：

$P=F/(1+i/m)^{mn}$

可見，現值計算是終值計算的逆運算。終值是計算現在一筆錢在未來某一時刻的本利和，而現值是計算將來一筆錢相當於現在多少錢。這是現金流量計算和分析中最基本也是最重要的換算關係。隨著期限的增長，現值系數 $(1+i)^n$ 將減少，即同樣一筆錢，離現在時間越長，現值越小（如按揭貸款）。同時，隨著利率（貼現率）的提高，現值系數將減少，即同樣一筆錢，利率（貼現率）越大，現值越小。反之，隨著年數的增長，本利和系數將增大，即同樣一筆錢，離現在時間越長，終值越大。同時，隨著利率的提高，本利和系數將增大，即同樣一筆錢，利率越大，終值越大。

【案例 1-8】K 君的舅舅允諾在 K 君年滿 25 歲時給 K 君 10,000 元。K 君現在已經 20 歲了，假設 5 年期債券的平均年收益率為 6%，那麼 K 君的舅舅現在應該給 K 君多少錢才會在 5 年後剛好等於 10,000 元？

案例分析：$P=10,000 \div (1+6\%)^5 = 7,472.58$（元）

K 君的舅舅現在應該給 K 君 7,472.58 元錢，才會在 5 年後剛好相當於 10,000 元。

（三）年金的計算

1. 年金

年金是指等額、定期的系列收支。例如，分期付款賒購、分期償還貸款、發放養老金、分期支付工程款、每年相同的銷售收入等，都屬於年金收付形式。

年金額是指每次發生的金額，簡稱年金。相鄰兩次年金額的間隔時間算作一期，年金時期是指整個年金問題的起訖期間，分為若干期。

依起訖日期劃分可以將年金劃分為確定年金和不確定年金。確定年金是指起訖日期都確定的年金。不確定年金是指起始日期或終了日期取決於某種意外事故的發生而發生的年金。

依每期年金額發生的時刻劃分可將年金劃分為期末年金和期初年金。期末年金是指在年金時期內，每期年金額都在每期末發生的年金。期初年金是指在年金時期內，每期年金額都在每期初發生的年金。

依年金時期是否有限劃分可將年金分為有限年金和無限年金。有限年金是指年金時期有限的年金。無限年金是指年金時期無限長的年金。

依年金發生期間與計息期間的關係劃分，可將年金分為簡單年金和一般年金。簡單年金是指年金發生期間與計息期間相同的年金。一般年金是指年金發生期間與計息期間不相

同的年金。

遞延年金是指遲延若干期後才開始發生的年金額。

年金計算可以分為年金終值計算和年金現值計算。

2. 年金終值的計算

（1）複利期初年金終值。每期期初發生等額的現金流量 A，利率為 i，則 n 期的現金流量按複利計算的和稱為複利期初年金終值。按年金發生的時間，可以分為期初年金終值和期末年金終值，利率通常採用複利形式，年金終值用符號 Fa 表示。

$Fa=A(1+i)[(1+i)^n-1]/i$

其中：$(1+i)[(1+i)^n-1]/i$ 稱為期初年金本利和系數。

【案例1-9】某個客戶在未來10年內能在每年期初獲得1,000元，年利率為8%，則10年後這筆年金的終值是多少？

案例分析：$1,000\times(1+8\%)[(1+8\%)^{10}-1]/8\%=15,645.49$（元）

10年後這筆年金的終值是15,645.49元。

（2）複利期末年金終值。每期期末發生等額的現金流量 A，利率為 i，則 n 期的現金流量按複利計算的和稱為複利期末年金終值。

$Fa=A[(1+i)^n-1]/i$

其中：$[(1+i)^n-1]/i$ 稱為期末年金本利和系數。

【案例1-10】如客戶的年金在每年期末獲得1,000元，年利率為8%，則10年後這筆年金的終值是多少？

案例分析：$1,000\times[(1+8\%)^{10}-1]/8\%=14,486.56$（元）

10年後這筆年金的終值是14,486.56元。

（3）償債基金。償債基金是指為使年金終值達到既定金額，每年應支付的年金數額。根據年金終值計算公式 $Fa=A[(1+i)^n-1]/i$，可知償債基金計算公式如下：

$A=Fa\times i/[(1+i)^n-1]$

其中：$i/[(1+i)^n-1]$ 是期末年金終值系數的倒數，稱為償債基金系數，記作 $(A/s, i, n)$，它可以把年金終值折算為每年需要支付的金額。償債基金系數可以根據年金終值系數求倒數確定。

【案例1-11】如果你想向銀行借款100,000元，期限5年，銀行利率為10%，那麼每年年末應還銀行多少錢才能夠還清債務？

案例分析：

$A = 100,000\times(A/s, i, n)$

　$= 100,000\times 10\%/[(1+10\%)^5-1]$

　$= 100,000\times 0.163,8$

　$= 16,380$（元）

在銀行利率為10%時，每年年末存入16,380元，5年後便可得100,000元用來還清債務。

3. 年金現值的計算

將每期等額的現金流量A，按一定貼現率折算到現在，稱為年金現值。按年金等額發生量發生的時間，可以分為期初年金現值和期末年金現值，貼現率通常採用複利形式。年金現值用符號Pa表示。

（1）複利期初年金現值。每期期初發生等額的現金流量A，利率為i，則n期的現金流量按複利計算的現值和稱為複利期初年金現值。

$Pa = A[(1+i)^n-1]/i(1+i)^{n-1}$

其中：$A[(1+i)^n-1]/i(1+i)^{n-1}$稱為期初年金現值係數。

【案例1-12】某個客戶在未來10年內能在每年期初獲得1,000元，年利率8%，則這筆年金的現值是多少？

案例分析：

$Pa = 1,000 \times [(1+8\%)^{10}-1]/8\% \times (1+8\%)^{10-1} = 7,246.89$（元）

這筆年金的現值是7,246.89元。

（2）複利期末年金現值。每期期末發生等額的現金流量A，利率為i，則n期的現金流量按複利計算的現值和稱為複利期末年金現值。

$Pa = A[(1+i)^n-1]/i(1+i)^n$

$\quad\, = A[1-(1+i)^{-n}]/i$

其中：$[1-(1+i)^{-n}]/i$稱為期末年金現值係數。

【案例1-13】接【案例1-12】，如客戶的年金在每年期末獲得1,000元，年利率8%，則這筆年金的現值是多少？

案例分析：

$Pa = 1,000 \times [(1+8\%)^{10-1}]/8\% \times (1+8\%)^{10} = 6,710.08$（元）

如果該客戶的年金在每年期末獲得，則這筆年金的現值是6,710.08元。

【案例1-14】假設某人以10%的利率借款200,000元，投資於某個壽命為10年的設備，每年至少要收回多少現金才是有利的？

案例分析：根據期末年金現值的計算公式可知：

$Pa = A[1-(1+i)^{-n}]/i$

$A = Pa \times i/[1-(1+i)^{-n}]$

$\quad = 200,000 \times 10\%/[1-(1+10\%)^{-10}]$

$\quad = 200,000 \times 0.162$

$\quad = 32,400$（元）

因此，每年至少要收回現金32,400元，才能還清貸款本利。

上述計算過程中的 $i/[1-(1+i)^{-n}]$ 是期末年金現值系數的倒數，它可以把現值折算為年金，稱為投資回收系數。

當年金的期數永久持續，即 $n→∞$ 時，無限期定額支付的年金就稱為永續年金。現實中的存本取息可視為永續年金的一個例子。永續年金的終值是發散的，終值無窮大或者說沒有極值，即永續年金沒有終止的時間，也就沒有終值。永續年金的現值是收斂的，有極值。永續年金的現值可以通過普通年金現值的計算公式導出來。

根據複利期末年金現值公式：

$Pa=A[1-(1+i)^{-n}]/i$

當 $n→∞$ 時，即 n 趨向於無窮大時 $(1+i)^{-n}$ 的極限為零，上式可寫為：

$Pa=A/i$

因此，永續年金的現值就是每期年金數額除以貼現率。

【案例 1-15】某人擬在某中學建立一項永久性的獎學金，每年計劃頒發 10,000 元獎金。若利率為 10%，現在應存入多少錢？

案例分析：$P=10,000/10\%=100,000$（元）

據計算，現在應存入 100,000 元錢。

上述關於年金計算的方法在個人理財中有廣泛用途，如分期付款購房、養老金策劃、籌措教育基金等。

知識連結

我們要明白理財最大的奧妙在於何處，那就是利用了貨幣的時間價值，也就是「複利」投資的奧妙。「數學有史以來最偉大的發現」，愛因斯坦曾經這樣形容複利。複利聽起來複雜，說白了就是除了用本金賺利息，累積的利息也可以再用來賺利息，即利滾利。

關於複利，美國早期的總統富蘭克林還有一則軼事。1791 年，富蘭克林過世時，捐贈給波士頓和費城這兩個他最喜愛的城市各 5,000 美元。這項捐贈規定了提領日，提領日是捐款後的 100 年和 200 年：100 年後，兩個城市分別可以提 50 萬美元，用於公共計劃；200 年後，才可以提領餘額。1991 年，200 年期滿時，兩個城市分別得到將近 2,000 萬美元。

富蘭克林以這個與眾不同的方式向我們顯示了複利的神奇力量。富蘭克林喜歡這樣描述複利的好處：「錢賺的錢，會賺錢。」

理財中最重要的數字又是多少呢？幾乎所有的理財專家都會告訴我們，不是 100%，而是「72」——也就是「七二法則」，一個與複利息息相關的法則。

所謂「七二法則」，就是一筆投資不拿回利息，利滾利，本金增值一倍所需的時間為 72 除以該投資年均回報率的商數。例如，你投資 30 萬元在每年平均收益率為 12% 的基金上，約需 6 年（72 除以年報酬率，即 72 除以 12）本金就可以增值一倍，變成 60 萬元；如果基金的年均回報率為 8%，則本金增值一倍約需要 9 年時間。

掌握了這其中的奧妙，就能夠幫助我們快速計算出財富累積的時間與收益率的關係，非常有利於我們在進行不同時期的理財規劃時選擇不同的投資工具。例如，某人現在有一筆 10 萬元的初始投資資金，希望給 12 年後上大學的女兒用作大學教育基金，同時考慮各種因素，估算出女兒的大學教育金到時候一共需要 20 萬元。那麼為了順利實現這個目標，他應該選擇長期年均收益率在 6% 左右的投資工具，比如平衡型基金。

再拿比較保守的國債投資者來說，年收益水準為 3%。那麼用 72 除以 3 得 24，就可以推算出投資國債要經過 24 年收益才能翻番。

當然，想要利用複利效應快速累積財富，前提就是要盡早開始儲蓄或投資，讓複利成為我們的朋友，否則我們和別人財富累積速度的差距會越來越大。

任務二　理財規劃相關職業資格證書簡介

理財規劃是一個評估個人或家庭各方面財務需求的綜合過程，是由專業理財人員通過明確客戶理財目標，分析客戶的生活、財務現狀，從而幫助客戶制訂出可行的理財方案的一種綜合性金融服務。

理財規劃師是指運用理財規劃的原理、技術和方法，針對個人、家庭以及中小企業、機構的理財目標，提供綜合性理財諮詢服務的人員。理財規劃要求提供全方位的服務，因此要求理財規劃師要全面掌握各種金融工具及相關法律法規，為客戶提供量身訂制的、切實可行的理財方案，同時在對方案的不斷修正中，滿足客戶長期的、不斷變化的財務需求。

理財規劃師國家職業資格認證分為三個等級，即助理理財規劃師（國家職業資格三級）、理財規劃師（國家職業資格二級）、高級理財規劃師（國家職業資格一級）。國家人力資源和社會保障部已開展一級、二級、三級理財規劃師認證工作。

(理財規劃師報名條件和考試內容)

項目小結

本項目主要介紹了什麼是個人理財、個人理財工具、個人理財規劃、貨幣的時間價值。其中，貨幣的時間價值中具體介紹了單利與複利的計算、終值與現值的計算、年金的計算。這些是個人理財的基礎。

項目實訓

實訓案例：洛施來自廣東粵西地區，東柏來自東北某市，兩人於大學時在廣州相識，2002年畢業後供職於同一家貿易公司，洛施任職財務崗位，東柏任職銷售崗位。2003年兩人喜結連理，為了安全和便於上班，婚後兩人小房換大房，搬到天河區崗頂某小區居住，適逢2003年廣州出現「非典」疫情，廣州房產租賃行情低迷，夫妻倆很快就租到兩室一廳的房子，並按業主要求簽訂了一年租約。

由於租金不高，業主沒有提供太多的生活家私。兩人認為，若讓業主添置家私，必然會提升房租，還不如自己慢慢添置，既可以擁有物權也可以避免使用二手物品。根據天氣逐漸轉涼和沐浴安全，兩人先存錢購置了強排式熱水器。2003年年初，在購置冰箱和空調時，考慮經濟能力有限，兩人先決定購買冰箱，便於生活食物儲存。2003年下半年，兩人又購置了一臺空調。在結婚一週年即將到來前的大半年，夫妻倆計劃存一筆錢到雲南大理旅遊。

2003年年底，業主提前告知，由於房產租賃不再受「非典」疫情影響，需提升房租50%，由於不捨小區居住環境和上下班便利，夫妻倆只好將積攢旅遊的存款預交了下一年房租。到了第五年，夫妻倆已經將生活家私和家電基本購置完畢，並將居住環境做了小裝飾。

2007年年底，夫妻倆接受同事邀請參加同事喬遷新居儀式。夫妻倆總結多年的租房生活，如果當初能咬咬牙，將支付的租金加上減少日常消費，還不如按揭一套房子，至少還可以擁有房子的產權。於是夫妻倆開始邊攢錢邊物色房源。同時，東柏在一次同鄉聚餐時發現當年的股市行情不錯，經受不住同鄉的建議，抽出部分存款入市，並按老鄉的推薦購買了幾只股票。隨著股市行情大漲，東柏不斷增加入市資金，寄希望於股市收益增加財富，購置心儀的房源。2008年4月，夫妻倆在越秀區物色到具備省一級學位的房源，由於房產資源稀缺，夫妻二人毫不猶豫地簽訂了購房合同。2008年5月底，股市大跌，夫妻倆損失了將近50%的購房首付款。為了履行購房合約，夫妻倆不得已向親朋好友借款，籌款交付首付款，財務狀況十分狼狽，幸虧親朋好友幫助才渡過難關。

2014年，夫妻倆供職的公司擬新三板上市，由於夫妻崗位涉及公司現代供產銷的資金

環節，公司進行內控調整，告知夫妻二人必須進行崗位調整，也將影響其目前的薪酬收入。在按揭月供房產和小孩剛上幼兒園開支日漸增加的情況下，夫妻倆陷入了家庭財務和職業發展的困境。

　　實訓任務：請根據洛施和東柏的家庭理財計劃，結合你的理財觀點，談談如何改變家庭理財的效果。

（實訓思考）

項目二　個人財務管理和家庭財務管理

學習目標
1. 認識生命週期理論
2. 掌握家庭資產負債表、收支儲蓄表、現金流量表的相關概念、編製方法
3. 掌握家庭財務預算編製和控制的方法及途徑

重點及難點
1. 家庭財務報表的編製
2. 家庭財務預算的編製

【案例導入】

「月光族」的苦惱

20歲的永亮還在廣州念大學，今年大三了，是學生會幹部。由於家境還不錯，永亮每個月的生活費有2,000元，再加上永亮有時候兼職賺個幾百元錢，按說小日子應該過得挺滋潤的，可由於他個人追求高消費的生活方式，還經常請同學們下館子，因此每到月末都過得緊巴巴的，甚至需要向家裡提前預支下個月的生活費。

30歲的穎詩在深圳工作，月入20,000元，按理說算是高收入人群中的一員，可由於尚未有家庭負擔，她總是賺多少花多少，根本不知道錢花到哪裡去了。有時候，穎詩還拮据到一天只吃一頓飯或吃方便麵。

40歲的李勤在北京上班，是公務員，他的妻子在國企上班，兒子2歲，家庭和美。目前李勤一家的家庭月收入是50,000元，可由於家庭開支巨大，花錢沒有計劃，一年到頭沒有攢下什麼錢。雖然李勤和妻子都意識到要儲備點錢以防萬一，但也不知從何入手去削減不必要的開支。

數據顯示，成為「月光族」的人在很大程度上是由於其消費與收入不匹配，或者是背負了過重的貸款本息償還壓力，淪為「房奴」「車奴」「卡奴」和「學奴」。而在收入大半用來償債的狀況下，更多生活需求又需要靠借更多的債才能滿足，於是陷入了惡性循環當中。

雖然中國是全球儲蓄率最高的國家之一，但隨著消費習慣的改變，「月光族」群體越發龐大起來。財富是需要管理的，也就是所謂的「你不理財，財不理你」，學會一些理財

知識對累積財富來說很有必要。

請給處於不同年齡階段的永亮、穎詩和李勤支支招：怎麼樣才能從苦惱的「月光族」華麗轉身為「理財族」呢？

案例分析：不管處於哪個年齡階段，都應該從以下幾個方面進行個人財務管理，脫離「月光族」的困擾。

第一，養成記帳的好習慣。理財是一項有計劃、需落實的財務安排，靠著自覺和毫無規劃，這件事幾乎是無法實現的。因此，我們要養成記帳的好習慣，並且要定期簡要分析資金去向和大致分佈，這樣我們的錢才不會「跑丟」。記了帳，就已經向理財邁出了第一步。

第二，強制儲蓄。大部分富豪都有強制儲蓄的好習慣。因為不論你收入多高，都是流動的水，最終判定你是不是富人還要看財富累積。我們應當合理分配工資性收入，按固定比例做好剛性儲蓄，可以是投資穩健收益的定期存款，或者是投資保證本金收益的理財產品。

第三，做到量入為出。我們應明確自身需求並合理定位消費水準，確保生活類支出充足，享受類支出適當，奢華類支出慎選。特別是「月光族」，要用好信用卡，合理享受信用卡帶來的結算方便和資金融通功能。我們應改掉工資全部用於信用卡還款的不良習慣，理性消費。除此之外，「月光族」更應管好各類快捷支付工具，最好取消各種銀行卡與虛擬透支帳戶的綁定，留有必備支出的餘額後，限制隨性消費。理財除了節流，當然還要開源，合理規劃自己的財富才能實現財富保值增值。我們要管好零錢，靈活運用各類互聯網「寶寶」類產品，讓日常零星支出備用金錢生錢。各類在線平臺都能實現即時到帳的理財服務，既保證了零星資金使用的靈活性，又兼顧了比活期存款高不少的收益。

第四，做好防守型投資。為了防止因病致貧，在繳納社保的基礎上，我們可以在專業壽險規劃師的建議下，購買基礎意外險和重大疾病類保險，做足人生保障。此外，對於進攻型投資，大部分資金可以配置穩健理財，實現安全穩健的保值增值，小部分資金可以投資一些基金定投和基金組合，或者可以適當投資黃金、股票、期貨、公司債等較高風險的金融產品，以小搏大，獲取資本性收入。需要注意的是，不論是防守型投資還是進攻型投資，一定要謹慎負責，任何一筆投資都要遵守收益風險對應的平衡，切莫因小失大。收益固然要兼顧，但風險更重要。在不影響自身資金流動性需求的前提下，投資者可以考慮選擇風險較低的長期投資，以時間換空間，積少成多，規避短期市場波動風險，獲取更穩健、可觀的收益。

任務一　個人財務管理

一、瞭解生命週期理論

個人財務管理是貫穿個人整個生命週期的終身財務規劃，只有將個人未來必須面對的教育、職業發展、醫療、保險、購房、納稅、養老、遺產繼承等各方面的經濟事項妥善安排，才能最終達到終身的財物安全和有品質的生活。

生命週期理論從個人（家庭）的生命週期整體出發來規劃理財，根據人生各階段的特徵，讓人們結合實際情況設計理財方案，選擇適當的產品，以達到在整個人生過程中合理分配財富，實現人生效用最大化的目標。生命週期理論是個人財務管理也是個人理財的核心基礎理論之一。

生命週期假說由經濟學家弗蘭科·莫迪利安尼、理查德·布倫伯格與艾伯特·安多共同創建。該理論創造性地將個人的儲蓄、消費行為和個人終身收入乃至整個生命週期聯繫起來，明確人的消費與儲蓄決策應充分考慮自己的現實財富、未來預期收入、未來預期支出等諸多因素，在相當長的時間內做好自己的消費和儲蓄計劃，可以避免在一生之中消費水準出現大的波動，以期獲得人生的最大總效用。

二、生命週期的三個階段

莫迪利安尼認為，理性的消費者要根據一生的收入來安排自己的消費與儲蓄，使一生的收入與消費相等，理性的消費者為了保持平穩的消費水準，應將一生之中可以得到的所有收入平攤到一生中去消費，以達到最大的效用。生命週期理論將人的一生分為青年時期、中年時期和老年時期三個階段。

青年時期為累積階段，個人一般會有相對穩定的收入來源，但收入水準較低，而收入的絕大部分將用於教育、置業、交通、婚姻等消費。處於累積階段的個人往往開始累積財富，但淨資產較少。

中年時期為鞏固階段，個人收入隨著事業的發展逐步增加，其收入超過了消費支出，消費在收入中所占的比例降低。處於鞏固階段的個人開始償還青年時期的負債，鞏固與累積財富用於防老，淨資產大幅增加。

老年時期為支付階段，個人退休後，收入下降，消費超出收入。處於支付階段的個人消費支出由社會養老保險和先前累積的財富來補償，淨資產不斷減少。

由此可見，人生各階段的收入、支出情況各不相同，只有以長遠的目光來安排自己的消費與儲蓄行為，做好理財規劃，才能未雨綢繆、掌握主動、規避風險，達到財務自由。

任務二　家庭財務管理

一、什麼是家庭財務管理

（一）家庭財務管理的定義

家庭財務管理，即家庭理財，是利用企業理財和金融方法對家庭經濟（主要指家庭收入和支出）進行計劃和管理，增強家庭經濟實力，提高抗風險能力，增大家庭效用。從廣義的角度來講，合理的家庭理財也會節省社會資源，提高社會福利，促進社會的穩定發展。

從技術的角度講，家庭理財就是利用開源節流的原則，增加收入，節省支出，用最合理的方式來達到一個家庭希望達到的經濟目標。這樣的目標小到增添家電設備、外出旅遊，大到買車、購房、儲備子女的教育經費，直至安排退休後的晚年生活等。

（二）家庭財務管理的內容

就家庭財務管理的整體來看，其包含三個層面的內容：首先是設定家庭理財目標，其次是掌握現時收支及資產債務狀況，最後是如何利用投資渠道來增加家庭財富。

二、認識家庭的財務狀況的必要性

在實際生活中，每個家庭在不同的階段有著不同的需求，如購房需求、旅行需求、退休保障需求等，也有著各種風險，如失業、意外傷害等。認識家庭的財務狀況、收支儲蓄情況和現金流量可以幫助每個家庭滿足需求、擺脫財務困境。

學習任務

根據家庭生命週期四個階段的特徵，填列不同階段的需求，分組討論合理性和必要性（見表2-1）。

（學習任務答案）

表 2-1　　　　　　　家庭生命週期特徵

階段	家庭特徵	需求
形成期	夫妻兩人組建新家庭，脫離原生家庭，尚未有兒女，夫妻雙方年齡介於25~35歲居多	
成長期	建立父母角色，有子女初長成，完成學業，夫妻年齡介於35~55歲居多	
成熟期	子女完成學業至夫妻均退休，雙方事業發展高峰，子女參加工作並獨立，夫妻年齡介於55~65歲居多	
衰老期	夫妻均退休至其中一人過世，老兩口居住，子女組建新的家庭，夫妻年齡介於65~85歲居多	

三、個人（家庭）財務報表編製

企業有企業的財務報表，家庭也有家庭的財務報表，編製一套包括資產負債表、收支損益表、現金流量表等在內的家庭財務報表，有利於清楚地認識家庭的財務狀況，這樣才能知道該從什麼地方入手進行財務規劃。

家庭財務報表分析可以弄清楚如下幾個方面的情況：

第一，現在有多少資產，其中自用資產（自用的房產、汽車等）占比多少、生息資產（存款、投資品等）占比多少，這些比例是否合理。

第二，現在有多少負債，其中消費方面的負債、投資方面的負債、自用資產形成的負債各占比多少，這些比例是否合理。

第三，每月家庭收入中有多少是工作收入，有多少是理財收入（一旦退休或停止工作，理財收入能支撐多少家庭支出）。

第四，每月家庭支出中日常必需品支出是多少、非必需品支出是多少，比例是否合理，可以進行怎樣的調整。

第五，每月能有多少儲蓄，儲蓄比例是否合理，是否能夠支持理財計劃。

第六，家庭資產中對哪些市場因素比較敏感，利率、匯率、股市表現等因素會對家庭資產產生怎樣的影響等。

由此可見，深入瞭解家庭的財產內容，及時合理地計量家庭財產，有利於正確瞭解個人（家庭）的資產狀況，對正確設定理財目標、選擇合適的投資組合、合理安排收入支出比例及資產的保值增值途徑有十分重要的意義。

因此，學習理財，首先要學會閱讀簡單的財務報表，明白每項投資對現金流量的影響。資產負債表能夠幫助我們瞭解自己有多少財可理，有多少債還沒有償還；收支表能夠幫助我們做好收支管理，記錄好每天的收支情況，定期檢查是否有不必要的開支，對未來的收入和支出預先做好規劃。

（一）家庭資產負債表的編製

家庭資產負債表是根據家庭在某一時點的資產負債和資產淨值的基本情況編製的。該報表能清晰地反應家庭擁有資產的情況以及這些資產從何而來、其間的比例關係等（見表2-2）。

表 2-2　　　　　　　　　　家庭資產負債表的簡易格式

資產		負債及淨資產	
項目	金額（元）	項目	金額（元）
流動資產		消費負債	
現金		信用卡欠款	

表2-2(續)

資產		負債及淨資產	
活期銀行存款		小額消費貸款	
其他流動資產		其他消費性負債	
流動資產合計		消費負債合計	
投資資產		投資負債	
定期銀行存款		金融投資借款	
股票投資		實物投資借款	
債券投資		投資房地產貸款	
基金投資		投資負債合計	
實物投資		自用負債	
投資性房地產		自用房地產貸款	
保單現金價值		自用汽車貸款	
其他投資性資產		其他自用貸款	
投資資產合計		自用負債合計	
自用資產		負債合計	
自用房地產		淨資產（資產-負債）	
自用汽車		負債及淨值合計	
其他自用資產			
自用資產合計			
資產合計			

(財務指標安全配置建議範圍)

（二）家庭收支儲蓄表的編製

家庭收支儲蓄表反應一段時期內家庭收支及儲蓄狀況，是對一定時期內家庭財富增長的總括反應。編製家庭收支儲蓄表的目的，是提供家庭生成現金的能力和時間分佈，以利於準確地做出消費和投資決策。編製中需要遵循真實可靠原則、充分反應原則、明晰性原則、及時性原則和充分解釋原則。

家庭收支儲蓄表反應的是一定時期家庭現金信息，由收入、支出和儲蓄三部分構成，為了更好地分析收入的質量和支出的控制，在收支儲蓄表中將三者進行了分類。具體分類如下：

1. 收入

收入可以分為工作收入和理財收入。工作收入是通過付出腦力、體力而獲得的收益，包括薪資收入、養老保險儲蓄、醫療保險儲蓄、住房公積金儲蓄、其他工作收入等。理財收入是通過持有或變現資產而獲得的收益，包括利息收入、資本利得、其他理財收入等。總收入是工作收入加上理財收入之和。

2. 支出

支出可以分為生活支出和理財支出。生活支出適用於家庭日常開支的支出，包括家庭支出、子女教育支出、其他支出等。理財支出適用於投資項目的支出，主要包括利息支出和保障型保費支出以及購買基金等資產支付的手續費或請理財規劃師做出規劃支付的費用等。總支出是生活支出加上理財支出之和。

3. 儲蓄

根據收入和支出的分類，儲蓄也可以分為工作儲蓄和理財儲蓄。儲蓄、收入、支出之間的關係可用下列公式表示：

總儲蓄=總收入－總支出

　　　=（工作收入+理財收入）－（生活支出+理財支出）

　　　=（工作收入－生活支出）+（理財收入－理財支出）

　　　=工作儲蓄+理財儲蓄

家庭收支儲蓄表的格式如表 2-3 所示。

表 2-3　　　　　　　　　　　　家庭收支儲蓄表

項目	金額（元）
工作收入	
薪資收入	
養老保險儲蓄	
醫療保險儲蓄	
住房公積金儲蓄	
其他工作收入	
減：生活支出	
家庭支出	
子女教育支出	
其他支出	
工作儲蓄	
理財收入	
利息收入	

表2-3(續)

項目	金額（元）
資本利得	
其他理財收入	
減：理財支出	
利息支出	
保障型保費支出	
理財儲蓄	
總儲蓄	
減：養老保險儲蓄	
住房公積金儲蓄	
自由儲蓄	

【案例2-1】A君所在家庭是廣州的雙薪家庭，夫妻月薪合計10,000元，每月固定支出生活費5,000元。9月底，家庭資產有存款50,000元，股票投資成本100,000元。10月初，A君出售部分股票，出售價為110,000元，獲得10,000元投資收益。家庭購置市價500,000元的從化區房產一套，房貸負債350,000元，每月繳房貸本息3,000元，其中本金1,000元，利息2,000元。

圖2-1為A君家庭9月的活期存款戶記錄。

日期	摘要	賬戶注記	支出	收入	結存
9月1日		期初結存			50 000
9月1日	工資薪金所得	服務公司轉入		10 000	60 000
9月1日	股票利得	證券公司轉入		110 000	170 000
9月1日	購房首付款支出	轉出至房地產公司	150 000		20 000
9月1日	9月生活費用支出	取現	5 000		15 000
9月30日	房貸本息支出	轉賬	3 000		12 000

圖2-1　活期存款戶記錄（單位：元）

要求：

(1) 根據案例資料以表2-2的格式編製A君的家庭資產負債表。

(2) 根據案例資料以表2-3的格式編製A君的家庭收支儲蓄表。

(3) 通過檢驗資產負債表和收支儲蓄表，分析其勾稽關係。

案例分析：

(1) A君的家庭9月30日的資產負債表如表2-4所示。

表 2-4　　　　　　　　　　　　　　家庭資產負債表

資產	金額（元）		負債及淨資產	金額（元）	
項目	期初	期末	項目	期初	期末
流動資產			消費負債		
現金			信用卡欠款		
活期銀行存款	50,000	12,000	小額消費貸款		
其他流動資產			其他消費性負債		
流動資產合計	50,000	12,000	消費負債合計	0	0
投資資產			投資負債		
定期銀行存款			金融投資借款		
股票投資	100,000		實物投資借款		
債券投資			投資房地產貸款		
基金投資			投資負債合計	0	0
實物投資			自用負債		
投資性房地產			自用房地產貸款		349,000
保單現金價值			自用汽車貸款		
其他投資性資產			其他自用貸款		
投資資產合計	100,000		自用負債合計	0	349,000
自用資產			負債合計	0	349,000
自用房地產		500,000	淨資產		
自用汽車			淨值合計	150,000	163,000
其他自用資產					
自用資產合計	0	500,000			
資產合計	150,000	512,000	負債及淨值合計	150,000	512,000

（2）A 君的家庭 9 月 30 日的收支儲蓄表如表 2-5 所示。

表 2-5　　　　　　　　　　　收支儲蓄表

項目	金額（元）
工作收入	10,000
薪資收入	10,000
養老保險儲蓄	

表2-5(續)

項目	金額（元）
醫療保險儲蓄	
住房公積金儲蓄	
其他工作收入	
減：生活支出	5,000
家庭支出	5,000
子女教育支出	
其他支出	
工作儲蓄	5,000
理財收入	10,000
利息收入	
資本利得	10,000
其他理財收入	
減：理財支出	2,000
利息支出	2,000
保障型保費支出	
理財儲蓄	8,000
總儲蓄	13,000
減：養老保險儲蓄	
住房公積金儲蓄	
自由儲蓄	

（3）分析A君家庭資產負債表和收支儲蓄表的勾稽關係如下：

資產負債表中的本期淨值增加額＝收支儲蓄表中的總儲蓄。

本期淨值增加額＝期末淨值－期初淨值＝163,000－150,000＝13,000（元）

可得出，儲蓄＝13,000（元）

因此，滿足A君家庭資產負債表和收支儲蓄表的勾稽關係。

資產負債表中的本期淨值增加額＝收支儲蓄表中的儲蓄＝13,000（元）

（三）家庭現金流量表的編製

現金流量表是反應家庭現金流量及財務狀況的重要報表。現金是家庭的即付資金，是滿足家庭日常生活支出和應急準備的必備資產。家庭的經濟活動一般都直接體現為現金的流入與流出，現金流量表的編製可以體現家庭經濟運行的基本情況。家庭經濟活動通常表現為生活、投資與借貸三大內容，都可能發生某種現金流入或流出的情況，因此對家庭現

金流量表的設計，也應包括這三方面活動體現的現金流入與流出。家庭現金流量表的格式如表 2-6 所示。

表 2-6　　　　　　　　　　　　家庭現金流量表

項目	金額
期初現金結存量	
本期家庭日常生活中的現金淨流量	
日常生活中的現金流入合計	
家庭各項職業勞動與非職業勞動的現金流入	
家庭其他活動的現金流入	
日常生活中的家庭流出合計	
日常生活消費的現金流出	
文化教育、文體娛樂活動的現金流出	
社會人際交往的現金流出	
贍老扶幼的現金流出	
家庭其他消費活動的現金流出	
本期家庭投資活動中的現金淨流量	
投資活動的現金流入合計	
股票債券投資售出的現金流入	
投資盈利的現金流入	
其他投資活動的現金流入	
儲蓄存款提現的現金流入	
投資活動的現金流出合計	
購買的股票債券、儲蓄存款的現金流出	
投資活動虧損的現金流出	
其他投資活動的現金流出	
本期家庭借貸活動中的現金淨流量	
借貸活動中的現金流出合計	
對外借出款項收回的現金流入	
對外借入款項的現金流入	
借貸活動中的現金流出合計	
對外借出款項的現金流出	
對外借入款項歸還的現金流出	
期末現金結存量	

家庭現金流量表的編製應注意以下問題：

（1）家庭保費支付項目應該分為保障型保費和儲蓄型保費，分別記入日常生活中的家庭現金流出和投資活動的現金流出。因為儲蓄型保費會形成現金價值，應該屬於一種投資行為，所以該項支出應該記入投資活動的現金流出。

（2）有關資產負債表項目中的調整項目，涉及現金流量的項目填列在家庭現金流量表中，資產重估增減值或未實現資本利得損失不得列入，因為沒有實際產生現金流量。

（3）現金流分成以下四個主要項目：

①生活現金流量＝工作收入－生活開支（收支儲蓄表數據）。

②投資現金流量。

投資收益（收支儲蓄表數據）。

資本利得（收支儲蓄表，應為已實現利得或損失，未實現利得不產生實際現金流）。

實際投資贖回（資產負債表數據，會使得現金增加，資產減少）。

實際新增投資（資產負債表數據，會使得現金減少，資產增加）。

③借貸現金流量。

借入本金（資產負債表數據，會使得現金增加，負債增加）。

利息支出（收支儲蓄表數據，會使得費用增加，現金減少）。

還款本金（資產負債表，會使得負債減少，現金減少）。

④保障現金流量。

保費支出（收支儲蓄表數據，理財支出增加，現金減少）。

資產重估增值或減值、未實現利得或損失，由於沒有實際現金流變化，不列入家庭現金流量表。

家庭現金流量表的編製應注意的項目如表 2-7 所示。

表 2-7　　　　　　　　　　家庭現金流量表的編製應注意項目

項目	項目
一、生活現金流量	三、借貸現金流量
工作收入（收支儲蓄表收入類）	借入本金（資產負債表負債類）
生活開支（收支儲蓄表支出類）	利息支出（資產負債表支出類）
生活現金流量合計	還款本金（資產負債表負債類）
二、投資現金流量	借貸現金流量合計
投資收益（收支儲蓄表收入類）	四、保障現金流量
資本利得（收支儲蓄表收入類）	保費支出（收支儲蓄表支出類）
實際投資贖回（資產負債表資產類）	保障現金流量合計

表2-7(續)

項目	項目
實際新增投資（資產負債表資產類）	資產重估增值或減值
投資現金流量合計	未實現資本利得或損失（不產生實際流量）

學習任務

資產負債表相關資料和收支儲蓄表相關資料如表2-8所示。

表2-8　　　　　　資產負債表相關資料和收支儲蓄表相關資料　　　　　　單位：元

資產負債表相關資料			收支儲蓄表相關資料		
項目	上期期末	本期期末	項目	上期期末	本期期末
現金	15,000	20,012	工作收入	78,000	80,000
銀行存款	10,000	10,000	投資收益	300	400
股票	200,000	500,000	資本利得	20,000	58,212
基金	790,000	800,000	收入合計	98,300	58,212
自用住宅	1,000,000	1,000,000	生活支出	45,000	50,000
資產總計	2,015,000	2,330,012	利息支出	47,600	68,600
消費借款	70,000	80,000	保費支出	5,000	5,000
房貸	510,000	500,000	支出合計	97,600	123,600
投資借款	100,000	400,000	儲蓄	700	15,012
負債總額	680,000	980,000			
淨值					

要求分析：

(1) 生活現金流量。

(2) 投資現金流量。

(3) 借貸現金流量。

(4) 保障現金流量。

(學習任務答案)

任務三　家庭財務預算的編製與分析

家庭財務預算是用於預測家庭收入、支出與未來節餘或赤字的一種計劃性文件。家庭財務預算是在理財規劃方案制訂後，為保證預算的執行和控制而編製的，是理財規劃方案執行的直接依據和執行效果的保證。

一、編製家庭財務預算

編製家庭財務預算是為了給家庭理財方案的執行提供直接依據。在編製家庭財務預算時，首先要理清家庭財務預算與個人理財的關係、家庭財務預算編製的程序及基本原則。

（一）家庭財務預算與個人理財的關係

個人理財中，預算大多是以月為時間單位，以現金形式來顯示每個月的收入和支出。預算的本質是短期理財預測，用於控制支出和監察購物狀況。預算還是個人的理財路徑，能提供一個使我們實現計劃、達成理財目標的有效機制。家庭財務預算和個人理財的關係如圖2-2所示。

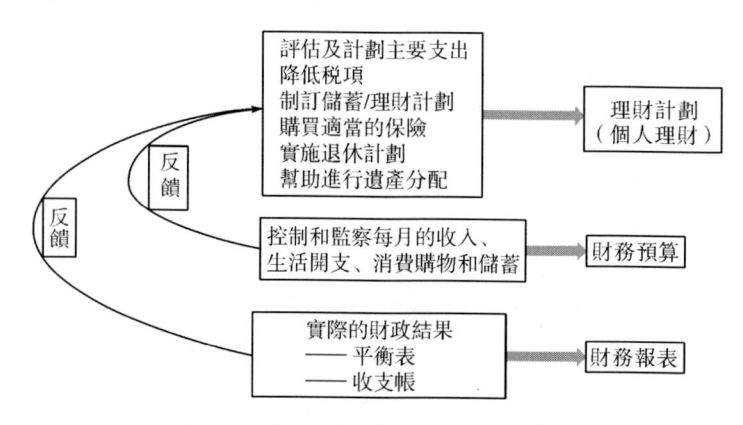

圖2-2　家庭財務預算和個人理財的關係

由此可見，編製財務預算聯繫了短線收支和長遠理財計劃，顯示了家庭理財的實際營運結果，可以作為訂立方向、控制和反饋使用，有助於預測未來可能產生的財務問題並及時更正，或者對個人未來收支給予有效管理，以實現個人理財目標。編製財務預算在個人理財規劃中扮演著重要角色。

（二）家庭財務預算編製的程序

第一，設定長期理財目標，計算實現長期理財目標所需的年儲蓄額。

第二，預測年度收入。

第三，計算年度支出預算目標：

年度支出預算＝年度收入−年儲蓄目標

第四，將預算分門別類劃分細目，作為將來執行預算過程中記帳的類目。

（三）家庭財務預算編製的基本原則

第一，按照自己最能掌控的分類來編製。

第二，預算應分為月預算和年預算，分別以當月差異及年度預算達成的進度來做追蹤比較。

第三，預算應分為可控制預算和不可控制預算，已經安排好固定金額支付的房貸還款、保費、定期定額投資、房租、管理費、所得稅繳納等通常不會產生差異的項目均屬於不可控制預算項目。金額及用途不固定的項目均應屬於可控制預算項目，要進行差異分析，每月檢查改進。

（四）家庭財務預算表的編製

編製家庭財務預算表首先要明確收入和支出的來源與特徵，對其進行分類，並在家庭財務預算表上填寫收支項目的具體名稱。家庭財務預算表如表2-8所示。

表 2-8　　　　　　　　　　　　　　　家庭財務預算表

年　　月　　日　　　　　　　　　　　　　　　　　　單位：元

家庭收入		家庭支出	
項目	金額	項目	金額
工作收入	薪資收入	生活支出	生活基本支出
	養老保險儲蓄		醫療保健、文化娛樂支出
	醫療保險儲蓄		子女教育支出
	住房公積金儲蓄		其他支出
	其他工作收入	理財支出	利息支出
理財收入	利息收入		保障型保費支出
	資本利得		其他理財支出
	其他理財收入		
總收入		總支出	

特別需要說明的是，家庭財務預算中的內容是家庭財務預算執行、控制和分析的直接依據，財務預算在執行過程中，要通過帳戶記錄手段來反應支出，因此支出項目應與帳戶記錄的項目一致。

二、分析家庭財務預算

如果每月按照預算科目記帳，可以得出實際的收入、支出和儲蓄的根據。與預算金額相比較，根據差異的金額或比率大小，能分析差異原因以檢討改進。差異分析應注意如下要點：

第一，總額差異的重要性大於細目差異。
第二，明確追蹤差異的金額門檻或比率門檻。
第三，按預算類別分別分析。
第四，倘若預算差異較大，應每月選擇一個重點項目集中改善。
第五，如果無法降低支出，就要想辦法增加收入。

項目小結

生命週期理論從個人（家庭）的生命週期整體出發來規劃理財，根據人生各階段的特徵，讓人們結合實際情況設計理財方案，選擇適當產品，以達到在整個人生過程中合理分配財富，實現人生效用最大化的目標。生命週期理論是個人理財的核心基礎理論之一。

家庭資產負債表是根據家庭在某一時點的資產負債和資產淨值的基本情況編製的，是最為重要的家庭會計報表。該報表清晰地反應了家庭擁有資產的情況以及這些資產從何而來，其間的比例關係又是如何等。

家庭收支儲蓄表反應了一定時期內的家庭收支及儲蓄狀況，是對一定時期內家庭財富增長的總括反應。編製家庭收支儲蓄表的目的，是提供家庭生成現金的能力和時間分佈，以利於準確做出消費和投資決策。

現金流量表是反應家庭現金流量及財務狀況的重要報表。現金是家庭的即付資金，是滿足家庭日常生活支出和應急準備的必備資產。家庭的經濟活動一般都直接體現為現金的流入與流出，現金流量表的編製可以體現家庭經濟運行的基本狀況。

家庭資產負債表分析主要分析家庭資產負債比例是否合理、負債與資產的配置是否一致以及導致家庭資產負債比例不合理的原因。家庭收支儲蓄表分析是通過不同類型的收入和支出比例分析，分析家庭的收支結構和生命週期是否一致。

家庭財務預算是用於家庭收入、支出與未來節餘或赤字的一種計劃性文件。家庭財務預算是在理財規劃方案制訂後，為保證預算的執行和控制而編製的，是理財規劃方案執行的直接依據和執行效果的保證。

項目實訓

B君今年42歲，是一家外企中層管理人士，其妻子劉女士38歲，是某國企的會計主管。兩年前夫妻二人花費150萬元購置了市中心的一套兩居室，首付60萬元，剩餘部分申請了按揭貸款，每月需要支付貸款本息和8,870元，目前這套房子市價180萬元，尚有835,800元的貸款。夫妻二人有現金5,000元，活期存款7.5萬元，證券帳戶基金市值15萬元，住房公積金帳戶合計2萬元，購買的養老保險現金價值為32萬元，衣物評估價值為8萬元，日常用品評估價值為15萬元。B君有一輛車市價為22萬元，購置價為24萬元，每月需要支付6,000元貸款本息，目前還有10萬元貸款。劉女士開的車估價5萬元。本月夫妻二人信用卡欠款8,000元，他們每月收入為3萬元。今天是20××年12月31日。請編製B君家庭資產負債表（見表2-9）。

表2-9　　　　　　　　　　　B君家庭資產負債表
20××年12月31日

資產		負債及淨資產	
項目	金額	項目	金額
流動資產		消費負債	
現金		信用卡欠款	
活期銀行存款		小額消費貸款	
其他流動資產		其他消費性負債	
流動資產合計		消費負債合計	
投資資產		投資負債	
定期銀行存款		金融投資借款	
股票投資		實物投資借款	
債券投資		投資房地產貸款	
基金投資		投資負債合計	
實物投資		自用負債	
投資性房地產		自用房地產貸款	
保單現金價值		自用汽車貸款	
其他投資性資產		其他自用貸款	
投資資產合計		自用負債合計	
自用資產		負債合計	

表2-9(續)

資產		負債及淨資產	
項目	金額	項目	金額
自用房地產		淨資產（資產—負債）	
自用汽車		淨值合計	
其他自用資產			
自用資產合計			
資產合計		負債及淨值合計	

技能實訓

實訓目的：通過家庭資產負債表、收支儲蓄表和現金流量表，瞭解家庭財務狀況，分析家庭財務結構，為達到理財目標給出合理建議。

實訓材料：

C君今年38歲，高校教師，副教授；妻子36歲，在一家報社從事會計工作；女兒今年7歲，小學二年級。C君的父母是農民，與C君的哥哥同住在鄉下老家。父親今年74歲，母親70歲，均身體健康。C君的岳父母均是國企員工，已退休。

C君家庭資產狀況如下：

3年前從郊區購入一套130平方米的商品房，市價8,500元/平方米，公積金貸款40萬元，貸款年限30年，房貸利率4.77%；在市區有一套78平方米的商品房，市價2.8萬元/平方米，已供完房貸，現用於出租，月租金3,600元；為解決孩子上學問題，2年前在市中心購置了一套40平方米學區房，市價3.5萬元/平方米，從銀行流動資金貸款20萬元，每年循環貸款，貸款利率4.82%，從親友處借款10萬元，其他款項自付，現該房用於出租，每月租金2,600元。C君2年前購置20萬元汽車一輛，現市價15萬元。C君家庭另有股票投資6萬元，銀行活期存款6萬元，住房公積金每月合計3,500元，全部用於支付房貸，無其他資產。

C君家庭收支情況（收入均為稅後收入）：

C君月收入9,000元，年底獎金6萬元，妻子月收入8,000元，年底獎金3萬元，家庭日常生活支出5,000元/月，女兒興趣班學費800元/月，衣物等雜項支出2萬元/年，贍養老人生活費6,000元/年，旅遊支出1.5萬元/年，汽車使用支出（含保險費）2萬元/年。

C君家庭保障情況如下：

C君養老保險金帳戶餘額為3.8萬元，醫療保險金額為4,000元，去年購買了一份年

繳費 6,000 元的萬能險，保額 10 萬元，目前現金價值為 0；妻子養老保險金帳戶餘額為 3.6 萬元，醫療保險帳戶餘額為 3,800 元，沒有購買其他任何保險。

C 君家庭的理財目標如下：
（1） 盡快還清銀行流動資金貸款。
（2） 3 年內換一輛 20 萬元左右的汽車。
（3） 女兒大學階段能夠到歐美國家留學。
（4） 提高家庭風險保障能力。
（5） 為父母準備充足的養老金和大病基金。
（6） 退休後在市區周邊購買一套別墅，並保持目前的生活質量。

技能訓練目標如下：
（1） 編製 C 君家庭資產負債表、家庭收支儲蓄表和家庭現金流量表。
（2） 分析 C 君家庭財務結構。
（3） 計算 C 君家庭財務比率並對 C 君家庭財務狀況的改善提出建議。

項目三　個人理財風險管理和現金規劃

學習目標
1. 瞭解個人理財風險管理
2. 能計算主要儲蓄存款利息，掌握應急現金的測算，掌握儲蓄存款利息的計算
3. 掌握消費信貸理財的主要方式，理解個人信用管理的策略
4. 瞭解信用卡，掌握信用卡免息期與循環利息計算

重點及難點
1. 認識和掌握個人理財風險管理
2. 各類型儲蓄存款的特點和儲蓄技巧
3. 消費信貸的類型及其特點
4. 信用卡的特點及使用注意事項

【案例導入】

「君子愛財，取之有道」是我們耳熟能詳的一句名言，但很多人不知道這句名言的後半句是「君子愛財，更當治之有道」。

胡適先生是著名的學者、作家。他在步入中年之前，一直收入豐厚。1917 年，27 歲的胡適留學回國，在北京大學當教授，月薪 280 銀元。那時 1 銀元相當於現在的人民幣 40 多元，月薪合人民幣 11,200 元。除了薪水，胡適還有稿酬。1931 年，胡適從上海回到北京大學，擔任文學院院長，月薪 600 銀元。那一時期他著作更多，稿酬更加豐厚。據估算，胡適約每月收入 1,500 銀元。那時 1 銀元約合現在的人民幣 30 多元，胡適的月收入相當於現在人民幣 45,000 元，年收入達到 50 多萬元。胡適家住房十分寬敞，雇有 6 個傭人，生活富裕。但胡適不注重理財，經常「吃光花淨」，長期沒有積蓄。在 1937 年抗日戰爭全面爆發時，也就是胡適步入中年以後，他的生活開始拮据起來，並且持續至其後半生。進入暮年，胡適每次生病住院，醫藥費都告急，總是只好提前出院。胡適先生在晚年多次告誡身邊的工作人員：「年輕時，要注意多留點積蓄。」

現實生活中，很多人收入不菲，卻經常哭窮，月月「月（針對「月光族」的理財建議）

光」，工資「白領」，對錢的去向，卻也說不出一個所以然來。這都是由於對日常生活沒有一個合理的規劃導致的。「月光族」們應該盡快樹立正確的理財觀念，運用科學的理財手段，為自己的生活尋找堅實的經濟保障。

任務一　個人理財風險管理

一、風險的含義

風險大致有兩種定義：一種定義強調了風險表現為不確定性，另一種定義則強調風險表現為損失的不確定性。具體來說，風險就是指某種損失發生的不確定性，這種不確定性表現在發生與否是不確定的、發生的時間是不確定的、發生的狀況是不確定的、發生的後果是不確定的。

如果風險表現為不確定性，說明風險只能表現出損失，沒有從風險中獲利的可能性，屬於狹義風險。而風險表現為損失的不確定性，說明風險產生的結果可能帶來損失、獲利或無損失也無獲利，屬於廣義風險，金融風險屬於此類。風險和收益是成正比的，因此積極進取型的投資者為了獲得更高的收益偏向於高風險的投資，而穩健型的投資者則著重於安全性的考慮偏向於中低風險的投資。

二、構成風險的要素

（一）風險因素

風險因素是指某一特定損失發生或增加其發生的可能性，或者擴大其損失程度的原因。風險因素是風險事故發生的潛在原因，是造成損失的內在原因或間接原因。

根據性質不同風險因素分為實質風險因素、道德風險因素、心理風險因素三種。

1. 實質風險因素

實質風險因素是指有形的、能直接影響事物物理功能的因素，即某一標的本身所具有的足以引起或增加損失機會和加重損失程度的客觀原因和條件。

例如，人體生理器官功能；建築物所在地、建材等；汽車的生產廠家、規格、煞車系統；地殼的異常變化、惡劣的氣候、疾病傳染等。

2. 道德風險因素

道德風險因素是與人的品德修養有關的無形因素，即由於個人不誠實、不正直或不軌企圖，故意促使風險事故發生，以致引起社會財富損毀和人身傷亡的原因或條件。

例如，詐欺、縱火等。在保險業務中，保險人不承保此類風險因素造成的損失責任，不承擔因道德風險因素引起的損失、賠償或給付責任。

3. 心理風險因素

心理風險因素又叫風紀風險因素,是指與人的心理狀態有關的無形的因素,即由於人們不注意、不關心、僥幸,或者存在依賴保險心理,以致增加風險事故發生的機會和加大損失的嚴重性的因素。

例如,企業或個人投保財產保險後放鬆對財物的保護,或者在火災發生時不積極施救,任其損失擴大等,都屬於心理風險因素。

(二) 風險事故

風險事故是指造成生命、財產損失的偶發事件,是造成損失的直接的或外在的原因,是損失的媒介物。風險只有通過風險事故的發生,才能導致損失。

風險是損失發生的一種可能性,風險事故則意味著風險的可能性轉化為現實性。因此,風險事故是直接引起損失後果的意外事件。

例如,下冰雹導致路滑而發生車禍,甚至造成人員傷亡;冰雹直接擊傷行人等,冰雹便是風險事故。

(三) 損失

損失是指非故意的、非預期的、非計劃的經濟價值的減少,即經濟損失。這是狹義的損失的定義,一般以喪失所有權、預期利益、支出費用、承擔的責任等形式表現,而像精神損失、政治迫害、折舊、饋贈等均不能作為損失。

在風險管理中,通常將損失分為四類,即實質損失、額外費用損失、收入損失和責任損失。在保險實務中,我們通常將損失分為兩種形態,即直接損失和間接損失。直接損失是指風險事故導致的財產本身損失和人身傷害,這類損失又稱為實質損失;間接損失則是指由直接損失引起的其他損失,包括額外費用損失、收入損失和責任損失。

風險是由風險因素、風險事故和損失三者構成的統一體,風險因素引起或增加風險事故,風險事故發生可能造成損失。

三、風險的特徵

風險具有以下特性:

第一,不確定性,即風險可能發生,也可能不發生,有可能早發生,也有可能晚發生,就像一個人有可能得重大疾病,也可能不會得病,但每個人都會死,只是有早發生和晚發生的區別而已。

第二,客觀性,即風險不以人的意志為轉移。

第三,普遍性,即每個人都面臨生、老、病、死以及意外傷害等風險。

第四,可測定性,即風險在某一個體中不可預測,但在群體中發生風險的概率是可以預測的,比如發病率、死亡率等。

第五,發展性,即隨著社會的發展各種風險也在不斷發展,如同在現代社會,人們享

受便利交通的同時，交通事故的風險也大大增加了。

四、風險的分類

按照不同的情況風險的分類如下：

第一，按風險產生的原因分類，可以將風險劃分為自然風險、社會風險、政治風險、經濟風險和技術風險。

第二，按風險的性質分類，可以將風險劃分為純粹風險和投機風險。

第三，按風險產生的環境分類，可以將風險劃分為靜態風險和動態風險。

第四，按損失的範圍分類，可以將風險劃分為基本風險和特定風險。

第五，按風險的對象分類，可以將風險劃分為財產風險、人身風險、責任風險和信用風險。

(風險管理與控制)

五、風險管理方法

風險管理方法主要有控制型風險管理技術和財務型風險管理技術。

（一）控制型風險管理技術

控制型風險管理技術，即採取控制技術，達到避免和消除風險，或者減少風險因素危害的目的的方法。控制型風險管理技術可以適用於災前災後。事故發生前，降低事故發生頻率；事故發生後，降低損失程度。

控制型風險管理技術主要包括避免風險、預防風險、分散風險、抑制風險四種風險管理方法。

1. 避免風險

避免風險是指設法迴避損失發生的可能性，即從根本上消除特定的風險單位和中途放棄某些既存的風險單位，採取主動放棄或改變該項活動的方式。避免風險的風險管理方法一般在某特定風險所致損失頻率和損失幅度相當高或處理風險的成本大於其產生的效益時採用，它是一種最徹底、最簡單的方法，但也是消極的風險管理方法。

2. 預防風險

預防風險是指在風險事故發生前為了消除或減少可能引起損失的各種因素而採取的處理風險的具體措施。其目的在於通過消除或減少風險因素而降低損失發生頻率。這是事前

的措施，即所謂的「防患於未然」。例如，定期體檢雖然不能消除癌症的風險，但是可獲得醫生的有效建議或及早防治。

3. 分散風險

分散風險是指增加同類風險單位的數目來提高未來損失的可預測性，以達到降低風險發生的可能性的目的。例如，發展連鎖店、跨國公司、集團公司等。

4. 抑制風險

抑制風險是指在損失發生時或損失發生後為減小損失程度而採取的各項風險管理措施。抑制風險是處理風險的有效技術。例如，安裝自動噴淋設備，堵修決口的堤壩等。

（二）財務型風險管理技術

財務型風險管理技術是指以提供基金的方式，降低發生損失的主要方法。

財務型風險管理技術主要包括自留風險和轉移風險兩種方法。自留風險有主動自留和被動自留之分。轉移風險有財務型非保險轉移和財務型保險轉移兩種方法。

1. 自留風險

自留風險是指對風險的自我承擔，即企業或單位自我承受風險損害後果的方法。自留風險是一種非常重要的財務型風險管理技術。自留風險有主動自留和被動自留之分。通常在風險所致損失頻率和幅度低、損失在短期內可以預測以及最大損失不影響企業或單位財務穩定時採用自留風險管理的方法。

2. 轉移風險

轉移風險是指一些單位或個人為避免承擔風險損失，而有意識地將損失或與損失有關的財務後果轉嫁給另一些單位或個人去承擔的一種風險管理方式。

財務型非保險轉移風險是指單位或個人通過訂立經濟合同，將損失或與損失有關的財務後果轉移給另一些單位或個人去承擔，如保證互助、基金制度等，或者人們可以利用合同的方式，將可能發生的、指明的不定事件的任何損失責任，從合同一方當事人轉移給另一方，如銷售、建築、運輸合同和其他類似合同的除外責任與賠償條款等。

財務型保險轉移風險是指單位或個人通過訂立保險合同，將其面臨的財產風險、人身風險和責任風險等轉嫁給保險人的一種風險管理技術。投保人繳納保費，將風險轉嫁給保險公司，保險公司則在合同規定的責任範圍內承擔補償或給付責任。保險作為風險轉移方式之一，有很多的優越之處，在社會上得到了廣泛的運用。

六、家庭存在的風險

俗話說：「天有不測風雲，人有旦夕禍福。」你永遠不知道「風險」和「明天」哪個會先到，人的一生面臨著各種各樣的風險。那麼家庭存在著哪些風險呢？又如何對家庭風險進行控制和管理呢？家庭存在的風險如下：

（一）基本風險：收入風險、意外風險

收入風險和意外風險是任何一個家庭都會面臨的兩類風險，是家庭風險中最底端的鏈環。

收入是一個家庭存續的最為基本的要素。市場經濟條件下，減薪、失業這些問題會伴隨我們的一生，隨時都有可能發生。因此，收入風險被列為首要風險。

意外風險幾乎是每個家庭最擔憂的事情。如果遭遇生病、火災、搶劫等狀況通常會令人措手不及，並且伴隨著巨大的財產損失。危機一旦發生，若無防禦措施，很可能會讓一個家庭面臨瓦解。面對這樣的意外風險，我們應該構築一套「防禦工事」。

（二）一般風險：債務風險、流動性風險、購買力風險

當今社會，「透支未來」已漸成風尚，現代人不可能避免地產生負債，從而產生債務風險。工作不久的年輕人在購房時，首期付款往往是由父母支付的，其餘部分辦理住房按揭貸款。因此，應該充分考慮到父母的養老、醫療保險風險，特別注意不要過高估計自己未來的收入水準。否則過度負債會使家庭負擔過大，造成生活水準下降，威脅家庭資產安全，與美好的初衷背道而馳。

當我們將注意力集中在家庭的負債比率這個問題時，很容易忽視家庭財產的流動性風險。只有在遇到債付難以應付，陷於捉襟見肘的尷尬局面時，我們才會想起這一風險。購買力風險就更加具有隱蔽性了，因為我們一般接觸到的都是一些「名義」的價值，如銀行一年期利率為 3%，就是個名義利率。假如你有 1,000 元錢存入銀行，通貨膨脹率此時高達 5%，那麼你的資產其實在以 2% 的速度縮水，購買力在不斷下降。因此，在家庭財務的規劃中，要特別警惕購買力的保值和增值問題。

（三）投資風險：利率風險、市場風險

在開源方面的重要環節是進行投資，有投資就有風險，可以說是一條「鐵律」。投資帶來的風險應該處於家庭風險的高端鏈環。投資中最重要的風險是利率風險和市場風險。

其實，生活本身就隱藏著許多財務危機，有些應付處理起來較容易，但另一些危機一旦發生，若無防禦措施，很可能會讓一個家庭面臨瓦解。因此，一定要通過家庭風險管理來降低這些風險對家庭的破壞性作用。

任務二　現金管理與儲蓄存款理財

一、現金管理

現金管理與規劃就是確保個人有足夠的費用來支付計劃中和計劃外的費用，並且個人消費模式是在其預算限制之內。在個人財務規劃中，現金規劃與管理有助於所擁有的資金

既能滿足家庭的費用又能滿足儲蓄的計劃。現金管理使得預期的需求可以用手頭現金來滿足，而未預期的需求或將來的需求則可以通過各種類型的儲蓄或短期工具來滿足。

現金管理的內容包括現金預算和應急資金管理兩個方面。

（一）現金預算

現金預算是為幫助個人達到短期財務目標的需要，通過評估個人現有的財務狀況、支出模式及目標而得到的比較符合個人實際情況的一項預算。預算編製的程序包括以下幾點：

第一，設定長期理財規劃目標，如子女教育、退休、買房等，並計算達到各類理財規劃目標所需的年儲蓄額。

第二，預計年度收入。收入穩定的個人可以較準確地預估年度收入。收入淡旺季差異較大的個人，就要以過去的平均收入為基準，做最好與最壞狀況下的分析，由此預測本年度收入。

第三，算出年度支出預算目標。

年度支出預算＝年度收入－年度儲蓄目標

將年度支出預算劃分到具體項目，參見個人預算分類表（見表3-1）。

表 3-1　　　　　　　　　　　個人預算分類表

預算分類	年度預算	月度經常性預算
收入預算	年終獎、債券利息、股息、紅利等	工資薪金、佣金、房租、利息等
可控制支出預算	子女教育費用、旅遊支出、衣著購置等	食物支出、交通費用、娛樂費用支出等
不可控制支出預算	稅費、保障型保費、意外支出等	房貸利息、房租等
資本支出預算	購房、購車、購買耐用消費品等	分期付款等
儲蓄預算	儲蓄型保費、提前償還房貸、投資等	定期定額儲蓄或投資、償還房貸本金等

知識連結

區分費用支出和資本支出的原則：一是效用原則，即支出後所獲得的效用在短期內體現，列為費用；在未來3年還會持續提供使用的效益，列為資本支出；二是金額大小原則，有些物品使用時間超過3年，但金額達不到一定標準，如5,000元或收入的5％，仍然視為費用支出。

第四，對預算進行控制與差異分析。個人可通過合理的工作安排增加家庭收入，同時對各項支出比例進行分析評估，並將比例較高的支出項目作為節約開支的重點控制項目。

為了控制費用與投資儲蓄，可以在銀行開立三種類型的帳戶：

一是開立儲蓄帳戶，達到強迫儲蓄的目的。

二是開立專門的扣款帳戶，如貸款本息、水電費、煤氣費等，方便隨時掌握相關費用繳納情況。

三是開立信用卡帳戶，彌補臨時性資金的不足，減少低收益資金的比例，提高其他帳戶資金安全。

（二）應急資金管理

在正常的收入與支出範圍內，每月或多或少會有一些結餘，但是當遇到意外，收入突然減少、中斷或支出突然大幅增加時，如果沒有一筆緊急備用金可以動用就會陷入財務困境。緊急備用金可以應對失業或喪失工作能力導致的工作收入中斷，應對緊急醫療或意外導致的超支費用。

1. 以現有資產狀況來衡量緊急預備金的應變能力

失業保障月數＝存款、可變現資產或淨資產/月固定支出

意外或災害承受能力＝（可變現資產+保險理賠金−現有負債）/基本費用

其中：可變現資產包括現金、活期存款、定期存款、股票、基金等，不包括汽車、房地產、古董字畫等變現能力較差的資產。固定支出除了生活費開銷以外，還包括房貸本息支出、分期付款支出等已知負債的固定現金支出。失業保障月數的指標較高，表示即使失業也暫時不會影響生活，可審慎地尋找下一個合適的工作。最低標準的失業保障月數是3個月，能維持6個月的失業保障較為妥當。

學習任務

小宇有現金2,000元、活期存款3,000元、定期存款23,000元、股票市值10,000元、汽車現值60,000元、房產現值1,000,000元。小宇每月的生活費開銷2,000元，每月需還房貸5,500元，則小宇的失業保障月數為（　　　）個月。

2. 緊急預備金的儲存形式

緊急預備金可以用兩種方式來儲備，一是流動性高的活期存款、短期定期存款或貨幣市場基金；二是利用貸款額度。

在現金規劃的一般工具中，現金流動性最強，收益率最低，在通貨膨脹條件下，現金不僅沒有收益，反而會貶值。國內儲蓄機構的儲蓄業務雖然流動性較強，但收益率較低，在一般情況下低於居民消費物價指數（CPI）。

以存款作為儲備是為了保持資金的流動性但可能無法達到長期投資的平均報酬率。而以貸款額度作為預備，一旦動用就要支付高利息。存款利率與短期信用貸款利率的差距越大，以部分資金保留流動性，而以存款當作緊急預備金的誘因就越大。事故一旦發生，借款持續的時間較短，因為緊急備用額度是有支出才按日計息，因此利率雖然高，但借用的日子不多，可以用經常性收支餘額還清，負擔也不會太大。最好的方式是二者搭配項目。

二、儲蓄存款理財

（一）認識儲蓄存款

儲蓄存款指為居民個人積蓄貨幣資產和獲取利息而設定的一種存款。儲蓄具有風險小、操作簡單方便、方式與期限靈活等特點，可謂是最基礎和最廣泛的理財工作。儲蓄存款基本上可分為活期儲蓄存款和定期儲蓄存款兩種。

（招商銀行「一卡通」介紹）

1. 活期儲蓄存款

活期儲蓄存款是一種沒有存取日期約束、隨時可取、隨時可存，也沒有存取金額限制的一種儲蓄。

活期儲蓄存款適合於個人生活待用或者暫時不用資金的存儲。目前，銀行一般約定活期儲蓄存款1元起存，多存不限，實名開戶，由銀行發存折或銀行卡，通過預留密碼，在營業網點、自動櫃員機（ATM機）通存通兌。個人活期存款按季結息，按結息日掛牌活期利率計息。未到結息日清戶時，按清戶日掛牌公告的活期利率計算到清戶前一日止。

2. 定期儲蓄存款

定期儲蓄存款是指儲戶在存款時約定存儲時間，一次或按期分次（在約定存期內）存入本金，整筆或分期、分次支取本金或利息的一種儲蓄方式。

（1）整存整取。整存整取定期儲蓄存款是指儲戶約定存款期限，整筆存入，到期一次性整筆支取存款本金和利息的一種儲蓄方式。整存整取具有利率較高、可約定轉存、可提前支取、可質押貸款的特點。

（2）零存整取。零存整取定期儲蓄存款是指儲戶分期存入，到期一次提取本金和利息的定期儲蓄存款。零存整取一般5元起存，每月存入一次，中途如有漏存，應在次月補齊。零存整取計息按實存金額和實際存期計算。存期分為1年、3年、5年。零存整取利息按存款開戶日掛牌零存整取利率計算，到期未支取部分或提前支取按支取日掛牌的活期利率計算利息。

（3）整存零取。整存零取定期儲蓄存款是指儲戶在存款時約定存期及支取方式，一次存入本金，分次支取本金和利息的定期儲蓄。整存零取人民幣50元起存，只能進行一次部分提前支取。利息按存入時的約定利率計算，利隨本清。整存整取存款可以在到期日自動轉存，也可以根據客戶意願，到期辦理約定轉存。人民幣存期分為3個月、6個月、

1年、2年、3年、5年六個檔次。

（4）存本取息。存本取息定期儲蓄存款是指儲戶約定存期及取息期，存款本金一次性存入，存款到期一次性支取本金，分期支取利息的定期儲蓄。存本取息一般是5,000元起存，可以1個月或幾個月取息一次，可以在開戶時約定的支取限額內多次支取任意金額。存本取息利息按存款開戶日掛牌存本取息利率計算，到期未支取部分或提前支取按支取日掛牌的活期利率計算利息。存期分為1年、3年、5年。

3. 其他儲蓄存款

（1）定活兩便儲蓄存款。定活兩便儲蓄存款是指儲戶存款時不確定存期，一次存入本金，隨時可以支取的儲蓄存款。定活兩便儲蓄存款50元起存，存期不足3個月的，利息按支取日掛牌活期利率計算，其他期限的利息一律按支取日定期整存整取同檔次存款利率6折計息。

（2）通知存款。通知存款是一種不約定存期、一次性存入、可多次支取，支取時需提前通知銀行、約定支取日期和金額方能支取的存款。人民幣通知存款最低起存金額為5萬元、單位最低起存金額為50萬元，個人最低支取金額5萬元、單位最低支取金額10萬元；外幣最低起存金額為1,000美元等值外幣。個人通知存款需一次性存入，可以一次或分次支取，但分次支取後帳戶餘額不能低於最低起存金額，當低於最低起存金額時銀行給予清戶，轉為活期存款。個人通知存款按存款人選擇的提前通知的期限長短劃分為1天通知存款和7天通知存款兩個品種。

知識連結：理財策略——儲蓄存款技巧

1. 第一招：階梯存儲法

此種方法流動性強，又可獲取高利息。

具體操作方法：3萬元中，1年期、2年期、3年期定期儲蓄分別存1萬元。1年後，將到期的1萬元再存3年期。以此類推，3年後持有的存單則全部為3年期的，只是到期的年限不同，依次相差1年。

這種方法可以使年度儲蓄到期額保持平衡，既能應對儲蓄利率的調整，又可以獲取3年期存款的高利息，適宜工薪家庭為子女累積教育基金。

2. 第二招：存單四分存儲法

此種方法既可以滿足應急資金的使用，又可避免急用時因動用大存單而造成的損失。

具體操作方法：如果現在有1萬元且在1年內有急用，並且每次用錢的具體金額與時間不確定，那就最好選擇存單四分法，即把存單分為4張，即1,000元一張、2,000元一張、3,000元一張、4,000元一張，這樣想用多少錢就用相近金額的存單。

3. 第三招：交替存儲法

此種方法不僅不會影響家庭急用，還會取得比活期儲蓄高的利息。

具體操作方法：假設有 5 萬元現金，可以將 5 萬元分為兩份，每份為 2.5 萬元，分別按半年、1 年的存期存入銀行，1 年期存款設為自動轉存。若在半年期存款到期後，有急用便取出，若用不著，則也轉為 1 年期定期存款，並設立自動轉存功能。這樣兩筆存款的循環時間為半年，若半年後有急用，可以取出任何一張存單。

4. 第四招：利滾利存儲法

此種方法又稱「驢打滾」存儲法，即存本取息儲蓄和零存整取儲蓄有機結合的一種儲蓄法。

具體操作方法：假設有 3 萬元，可以把這 3 萬元存成存本取息儲蓄，1 個月後取出存本取息儲蓄的第一個月利息，再用這 1 個月的利息開設一個零存整取儲蓄戶，以後每個月把利息取出後存入零存整取儲蓄戶，這樣不僅存本取息得到利息，而且其利息在參加零存整取後又取得利息。

5. 第五招：自動續存法

具體操作方法：在辦理定期存款時選擇了「定期存款約定轉存期限」，則在存款到期後銀行將按照儲戶的意願為儲戶辦理無限次自動轉存，自動轉存後再次起息時按轉存日掛牌公告的同檔次利率計息。當遇到降息時，如果錢是自動續存的整存整取，並正好在降息不久到期，則千萬不要去取，銀行自動在到期日按續存約定的轉存，並且利率還是原來的利率。

(二) 儲蓄存款利息的計算

根據存款種類不同，儲蓄存款的具體計息方法也各有不同，但計息的基本公式不變，即利息是本金、存期、利率三要素的乘積。公式如下：

利息＝本金×利率×時間

這裡需要注意的是，如用日利率（日利率＝年利率÷360）計算，利息＝本金×日利率×存款天數；如用月利率（月利率＝年利率÷12）計算，利息＝本金×月利率×月數。

儲蓄存款利率由各家商業銀行根據中國人民銀行規定的金融機構存款基準利率自行決定（銀行存款基準利率表如表 3-2 所示）。對於儲戶而言，可以根據利率高低選擇銀行，以獲取最大利益。

表 3-2　　　　2015 年 10 月 24 日起執行的最新銀行存款基準利率表

各項存款利率（提供）	利率（%）
活期存款	0.35
整存整取定期存款	利率
三個月	1.10
半年	1.30

表3-2(續)

各項存款利率（提供）	利率（%）
一年	1.50
二年	2.10
三年	2.75

學習任務

C君在2018年8月1日存入一筆10,000元的活期存款，2019年8月1日全部取出，按照現行計息規定，本息和共計為多少？

C君在2018年8月1日存入一筆10,000元的一年期整存整取的定期存款，2019年8月1日全部取出，按照現行計息規定，本息和共計為多少？

任務三　消費信貸理財

一、消費信貸基本知識

（一）消費信貸的概念

消費信貸是指銀行或其他金融機構採取信用、抵押、質押擔保或保證方式，以商品型貨幣形式向借款人發放的用於裝修、裝飾住房、購置住房裝修材料、耐用消費品和其他大額消費品的家居消費用途的人民幣貸款。

消費信貸是金融創新的產物，它打破了傳統的個人與銀行單向融資的局限性，開創了個人與銀行相互融資的全新的債權債務關係。消費信貸是當期得到現金、商品和服務，在將來支付有關費用的一種安排，它以個人未來的購買力作為放款的基礎，旨在通過信貸方式預支遠期消費能力，來滿足個人當期消費需求。消費信貸的基礎是人們在帳單到期時支付的能力和意願。

(招商銀行個人貸款業務介紹)

（二）個人消費信貸的特點

1. 貸款投向的個人性

消費信貸以自然人為特定信用對象，一般為個人或家庭，而不是針對一般的法人或組織。

2. 貸款用途的消費性

消費信貸只能用於購買個人和家庭的各類消費品，用途以消費性需求為主，不得用於投資，也不以營利為目的。

3. 貸款額度

小額性消費信貸一般額度較小，從5,000元到100萬元不等，不會大量占用銀行的信貸資金。

4. 貸款期限的靈活性

消費信貸期限靈活，一般為6個月至5年。

（三）消費信貸的分類

按接受貸款對象的不同，消費信貸分為買方信貸和賣方信貸。買方信貸是對購買消費品的消費者發放的貸款，如個人短期信用貸款、個人綜合消費貸款、個人旅遊貸款等。賣方信貸是以分期付款單證作抵押，對銷售消費品的企業發放的貸款，如個人小額貸款、個人住房貸款、個人汽車貸款等。按擔保的不同，消費信貸分為抵押貸款、質押貸款、保證貸款和信用貸款等。

個人短期信用貸款是貸款人為解決滿足一定條件的借款人臨時性需要而發放的，期限在一年以內、額度在2,000元至2萬元且不超過借款人月均工資性收入6倍的，無須提供擔保的人民幣信用貸款。該貸款一般不能展期。

個人綜合消費貸款是貸款人向借款人發放的不限定具體消費用途、以貸款人認可的有效權利質押擔保或能以合法有效房產作抵押擔保，借款金額在2,000元至50萬元、期限在6個月至3年的人民幣貸款。

個人旅遊貸款是貸款人向借款人發放的用於支付旅遊費用、以貸款人認可的有效權利作質押擔保，或者由具有代償能力的單位或個人作為償還貸款本息並承擔連帶責任的保證人提供保證，借款金額在2,000元至5萬元、期限在6個月至2年且提供不少於旅遊項目實際報價30%首期付款的人民幣貸款。

國家助學貸款又分為一般助學貸款和特困生貸款，是貸款人向全日制高等學校中經濟困難的本、專科在校學生發放的用於支付學費和生活費並由教育部門設立「助學貸款專戶資金」給予貼息的人民幣專項貸款。

汽車貸款是貸款人向在特約經銷商處購買汽車的借款人發放的用於購買汽車，以貸款人認可的權利質押，或者具有代償能力的單位或個人作為還貸本息並承擔連帶責任的保證人提供保證，在貸款銀行存入首期車款，借款金額最高為車款的70%、期限最長不超過5年的專項人民幣貸款。

學習任務

某企業的產品在進駐京東、天貓等網絡平臺後，由於經營策略和方式深受消費者歡迎，在同行競爭激烈的情況下，業務擴張迅速。臨近「雙十一」促銷活動，該企業產品供銷受到物流供應鏈的影響，為避免錯失「雙十一」促銷黃金期，急需週轉資金，企業董事長 A 君為了不影響企業經營和盡快獲得資金，以個人名義向銀行貸款。貸款條件如下：

貸款本金 100 萬元，貸款期限為半年，銀行同期利率為 4.35%，請計算出還款總額、利息支付總額、月均還款額。

(學習任務答案)

二、消費信貸的原則與理財策略

（一）消費信貸的原則

1. 審視個人消費的合理性

消費的合理性與個人的收入、資產、家庭情況、實際需要等因素相關，個人消費的合理性沒有絕對的標準，只有相對的標準。在日常消費中應該注意以下幾個方面：

（1）理財從儲蓄開始，平衡即時消費和遠期消費。
（2）消費支出的預期要合理。
（3）合理規劃下一代的消費。
（4）抑制汽車等大額消費的提前消費和過度消費。

2. 貸款金額要控制在個人償債能力範圍之內

償債能力是指借款人在目前及可預見的未來的經濟狀況下，能夠按照合同要求償還借款的能力。個人在借款時需要考慮自己目前以及未來的經濟狀況，需要充分考慮短期償債和長期償債的能力。

3. 節約利息支出

節約利息的方式多種多樣，在此原則下，可以靈活應用，如同等條件下，個人汽車貸款選擇等額本金還款法就比等額本息還款法節約利息。當然，如果個人較為善於投資並且投資收益比銀行同期貸款利率更高，那麼可以選擇偏長一些的貸款，這樣也是降低總體利息支出的一種方式。

4. 保持良好的個人信用

個人信用的好壞是獲得金融機構發放消費貸款的重要保證之一，因此保持良好的信用

記錄是將來貸款成功的關鍵。衡量個人信用的主要標準是過往的還款記錄以及家庭資產狀況。如果以前所有的個人借款能夠及時償還，保持健康的財務狀況，那麼個人信用評分等級就會比較高，獲得貸款的機會就較多。

（二）消費信貸的理財策略

1. 做好償債計劃

貸款消費並不意味著能夠無節制地超前消費，只是因人而異設計的理財方式而已，負債是平衡現在與未來享受的工具。償債計劃的內容主要包括明確償債資金來源、設定合理的還貸比例和控制還貸年限與還貸方式。

2. 做好信用管理

建立良好的個人信用，只有償債計劃還不夠，還需要做好信用管理。信用管理的關鍵是準時足額還款。在辦理各種消費信貸時，應該及時辦理自動轉帳扣款業務，保證按時還款，維持良好的個人信譽狀況。

學習任務

28歲的肖先生在廣州的一家貿易公司從事財務會計工作，月收入8,000元左右，加上各種獎金，一年收入將近13萬元。肖先生的妻子在私企從事人事工作，月收入5,000元左右。肖先生家目前有一個2歲大的兒子，家庭存款5萬元。每個月的家庭開支中，養育孩子花銷2,000元左右，房貸月供3,000元，夫妻二人準備要二胎，並準備購置一輛小汽車以方便出行。

請問：他們應該如何進行現金和消費管理？

（學習任務答案）

任務四　信用卡理財

一、認識信用卡

（一）信用卡的概念

信用卡是商業銀行向個人和單位發行的，憑此向特約單位購物、消費和向銀行存取現

金，具有消費信用的特製載體卡片。

隨著信用卡業務的發展，信用卡的種類不斷增多，概括起來，一般有廣義的信用卡和狹義的信用卡之分。從廣義上說，凡是能夠為持卡人提供信用證明、消費信貸，或者持卡人可以憑卡購物、消費或享受特定服務的特製卡片均可稱為信用卡。廣義的信用卡是指銀行、金融機構向信用良好的單位和個人簽發的、可以在指定的場所進行直接消費，並可以在發卡銀行及聯營機構的營業網點存取款、辦理轉帳結算的一種信用憑證和支付工具。狹義的信用卡僅指銀行卡概念下的信用卡，即可透支的銀行卡，包括貸記卡和準貸記卡。狹義的信用卡區別於借記卡之處在於前者具有透支功能，後者沒有透支功能。狹義的信用卡實質上是一種消費貸款，它提供一個有明確信用額度的循環信貸帳戶，借款人可以支取部分或全部額度。償還借款時也可以全額還款或部分還款，一旦已經使用餘額得到償還，則該信用額度又重新恢復使用。

信用卡在扮演支付工具的同時，也發揮了最基本的帳務記錄功能。再加上預借現金、循環信用等功能，更使信用卡超越了支付工具的單純角色，具備了理財功能。

知識連結

信用卡的「雛形」是「商店卡」，發行於20世紀20年代。國際上，最早的通用信用卡產生於20世紀50年代。1951年，富蘭克林國民銀行在紐約長島開始發行其首張信用卡。1958年，位於美國加利福尼亞州、當時最大的銀行——美國銀行發行了首張具有循環信用功能的信用卡。1981年，中國銀行將信用卡這一新型的支付方式引進國內。

（二）信用卡的特點

（1）信用卡相比普通銀行儲蓄卡來說，最方便的使用方式就是可以在卡裡沒有現金的情況下進行普通消費，在很多情況下只要按期歸還消費的金額就可以了。

（2）不需存款即可透支消費，並可享有20~50天的免息期，按時還款分文利息不收。

（3）購物時刷卡不僅安全、衛生、方便，還有積分禮品贈送。

（4）持卡在銀行的特約商戶消費，可以享受折扣優惠。

（5）累積個人信用，在個人的信用檔案中增添誠信記錄，讓個人終身受益。

（6）通行全國無障礙，在有銀聯標示的自動櫃員機（ATM）和銷售終端機（POS）上均可以取款或刷卡消費。

（7）全年多種優惠及抽獎活動，讓持卡人只要用卡就能時刻感到驚喜。

（8）每月免費郵寄對帳單，讓持卡人透明掌握每筆消費支出情況。

（9）特有的附屬卡功能，適合夫妻共同理財，或者掌握子女的財務支出情況。

（10）自由選擇的一卡雙幣形式，通行全世界，境外消費可以境內人民幣還款。

（11）400電話24小時服務，掛失即時生效，失卡零風險。

（三）信用卡的功能

1. 信用額度功能

信用額度是指信用卡最高可以使用的金額。信用額度是依據個人申請信用卡填寫的資料和提供的相關信用記錄、財務能力等證明文件綜合評定的。發卡機構將根據持卡人信用狀況的變化定期調整信用額度。

2. 免費融資功能

信用卡持卡人進行非現金交易時，可以享受免息還款期待遇，即從銀行記帳日起至到期還款日之間的日期為免息還款期。在此期間，持卡人只要全額還清當期對帳單上的本期應還金額（總欠款金額），便不用支付任何非現金交易由銀行代墊給商店資金的利息（預借現金則不享受免息優惠）。

免息還款期根據各行規定有所不同，最短為帳單日到最後還款日，最長為帳單日次日到下月最後還款日。

如帳單日為 1 日，最後還款日為 20 日，則免息還款期最短為 20 日，最長為 50 日。

學習任務

陳先生辦理了一張信用卡，該信用卡每個月的 18 日為結算日，每個月的 8 日為最後還款日。如果陳先生在 8 月 18 日、19 日消費，則其享受的最長免息還款期為幾天？

（學習任務答案）

3. 循環信用功能

循環信用是一種按日計息的小額、無擔保貸款。持卡人可以按照自己的財務狀況，在每月到期還款日前，自行決定還款金額的多少。當持卡人償還的金額等於或高於當期帳單的最低還款額，但低於本期應還金額時，剩餘延後還款的金額就是循環信用餘額。循環信用是一種十分方便的短期貸款工具，當持卡人無法一次付清帳單上的金額時，便可以利用此功能，自行決定償還的金額與時間，不需提供任何抵押品，可以隨時結清。循環信用可讓持卡人暫時不必清償全部帳款，但每個月須至少繳付月結單上所列之「最低應繳金額」。

計算基準是持卡人未繳清的金額，計算基期則依各銀行規定而不同，有依銀行墊繳日、帳單結帳日或帳單繳款截止日等。

循環利息計算法則如下：如每期消費在最後還款日前未全額還款，則需要從消費入帳

日起計算利息。使用信用額度提取現金是從當天開始計算循環利息。請持卡人按照每月對帳單上的金額還款，如以最低還款額還款，持卡人能在支付循環利息條件下讓持卡人的資金流動更加自由同時又不影響持卡人的信用記錄。

循環利息計算方式如下：以上期對帳單的每筆消費金額為計息本金，自該筆帳款記帳日起至該筆帳款還清日止為計息天數，日息萬分之五為計息利率。循環信用的利息將在下期的帳單中列示。

用公式表示，使用循環信用滿足的條件是：本期應還金額>實際還款的金額≥最低還款額。

4. 預借現金功能

預借現金指持卡人使用信用額度透支取現。預借現金自銀行記帳日起收透支利息。信用卡預借現金額度是指持卡人使用信用卡通過自動櫃員機等自助終端提取現金的最高額度。同時，要清楚的是，信用卡的取現額度與信用額度是不一樣的。信用卡取現額度是銀行信用卡中心核定給持卡人通過持卡人的信用卡可以提取現金的最高額度，取現額度包含於信用額度之內。

雖然可以使用信用卡提取現金，但是在非應急情況下應盡量避免使用信用卡預借現金的功能，因為使用信用卡預借現金功能的代價是很高的。首先，使用信用卡預借現金沒有免息還款期，從持卡人提取現金的當天就開始計算利息；其次，預借現金利息很高，日息萬分之五而且是按月計算複利；最後，手續費很高，手續費一般是1%以上，一次性收取。另外，預借現金一般情況下沒有積分贈送。

除了這些，預借現金還有額度的限制，對於大多數銀行來說預借現金的額度為信用額度的50%左右。

總之，應慎重使用信用卡預借現金功能，一旦使用，務必盡快還款，避免支付高額利息。

【案例3-1】沙市區人民法院審理了一起信用卡詐騙案，被告人惡意透支信用卡33萬餘元，被判處有期徒刑5年10個月，並處罰金5萬元，責令被告人退還贓款24萬餘元。

2012年4月，被告人易某將自己兩張信用卡總額度調整為25萬元，2014年將兩張信用卡內的金額套取用於做生意，因經營虧損逾期未歸還。銀行工作人員多次通過電話、短信、信函、上門等方式進行催收，但易某態度消極，拒不歸還透支款項。截至2016年7月14日，易某共欠銀行合計金額338,156.23元，其中本金248,195.37元。

2016年12月，沙市區人民檢察院依法指控易某犯信用卡詐騙罪，向沙市區人民法院提起公訴。案發後，易某仍未償還透支款息。

公訴機關認為，被告人易某惡意透支信用卡，數額巨大，經發卡行催收超過3個月仍不歸還。其行為已觸犯《中華人民共和國刑法》第一百九十六條之規定，應當以信用卡詐騙罪追究其刑事責任。

沙市區法院經審理認為，被告人易某以非法佔有為目的，惡意透支信用卡，數額巨

大,其行為構成信用卡詐騙罪,判決被告人易某犯信用卡詐騙罪,判處有期徒刑 5 年 10 個月,並處罰金人民幣 5 萬元;責令被告人易某退還贓款 248,195 元,返還銀行。

(信用卡的幾個使用誤區,你中招了嗎?)

任務五　個人互聯網金融理財

一、互聯網金融的定義

互聯網金融是指傳統金融機構與互聯網企業利用互聯網技術和信息通信技術實現資金融通、支付、投資和信息仲介服務的新型金融業務模式。互聯網金融不是互聯網和金融業的簡單結合,而是在實現安全、移動等網絡技術水準上,被用戶熟悉接受後(尤其是對電子商務的接受),自然而然地為適應新的需求而產生的新模式與新業務,是傳統金融行業與互聯網技術相結合的新興領域。

互聯網金融對促進小微企業發展和擴大就業發揮了現有金融機構難以替代的積極作用,為大眾創業、萬眾創新打開了大門。同時,促進互聯網金融健康發展,有利於提升金融服務質量和效率,深化金融改革,促進金融創新發展,擴大金融業對內對外開放,構建多層次金融體系。作為新生事物,互聯網金融既需要市場驅動,鼓勵創新,也需要政策助力,促進發展。

二、互聯網金融理財產品的種類

(一)集支付、收益、資金週轉於一身的理財產品

互聯網金融理財產品的典型代表有支付寶(餘額寶)、蘇寧零錢寶等。該類產品的最大特徵就是投資人可進行消費、支付和轉出的即時操作,而且幾乎沒有任何手續費。該類產品承諾 1 萬元人民幣以內 T+0 日贖回,即時提現的優點能直接滿足投資人對產品流動性的需求。此類產品的本質是貨幣型基金產品,收益取決於貨幣市場間資金利率水準,隨市場浮動,年化收益一般在 3%~6%。

(二)與知名互聯網公司合作的理財產品

與知名互聯網公司合作的理財產品的典型代表有騰訊微信理財通、京東金融、百度理

財等。該類產品直接接入一線品牌基金公司，以「7日年化收益率」為賣點進行宣傳。事實上，所謂「7日年化收益率」是根據最近7天的收益情況折算成年化收益率。假使貨幣基金在某一天集中兌現收益，當天的萬份收益就會畸高，隨後一段時間其「7日年化收益率」都會很高，因此「7日年化收益率」這個指標就會虛高。

（三）P2P平臺的理財產品

P2P平臺的理財產品的典型代表有人人貸（優先理財計劃）、宜人財富、團貸網等。P2P（Peer-to-Peer），即點對點。P2P網貸是指通過第三方互聯網平臺進行資金借、貸雙方的匹配，需要借貸的人群可以通過網站平臺尋找到有出借能力並且願意基於一定條件出借的人群，幫助貸款人通過和其他貸款人一起分擔一筆借款額度來分散風險，也幫助借款人在充分比較的信息中選擇有吸引力的利率條件。為了保障出資人的資金安全，P2P平臺的理財產品通常有兩種保障方式，一種是P2P平臺與小額貸款公司、保險公司或擔保公司合作以保障投資人的本息安全；另一種是投資人享有借款人提供的實物抵押權，最常見的抵押物有汽車、房產等。正規P2P產品收益率一般在6%~10%，有抵押產品的收益率最高可達12%，但若綜合考量安全性，後者或許更受保守型投資人的偏愛。

（四）基金公司在其官方直銷平臺上推廣的產品

基金公司在其官方平臺上推廣的產品的典型代表有匯添富基金（現金寶、全額寶）等。其是以貨幣基金為本質，披上互聯網金融外衣的理財產品與基金公司直銷推廣的產品，在原始收益率上並無差異。2016年12月初，貨幣市場基金平均7日年化收益率僅有2.5%，而截至2017年6月底，貨幣市場基金的平均收益率水準已達5%，更有少數產品收益率已逼近6%，漲幅驚人。值得注意的是，伴隨著互聯網金融的發展，貨幣市場基金的持有人結構發生了很大變化，個人投資占比有明顯增加，其中年輕投資者越來越多。

（五）銀行自行發行的銀行端現金管理工具

銀行自行發行的銀行端現金管理工具的典型代表有招商銀行的掌上寶、廣發銀行的智能金等。銀行信譽的保障是該類產品最大的優勢。這類平臺以自身銀行體系的產品為基礎進行銷售，也正由於機構提供的強大信譽背景，其轉讓更容易。

三、互聯網金融的風險

互聯網金融作為互聯網和金融相結合的新興行業，其發展仍處於探索階段，由於行業本身存在高風險特徵，兩者結合之後存在的風險可能將比單個行業存在的風險更大。具體來看，國內互聯網金融發展主要面臨的風險如下：

（一）市場風險

由於便捷性和優惠性，互聯網金融可以吸收更多的存款，發放更多的貸款，與更多的客戶進行交易，面臨著更大的利率風險及價格波動風險。

(二)操作風險

目前在沒有規範的法律法規、監管政策監管的環境下，互聯網企業僅是通過自律來經營金融業務，容易出現以下問題：為獲取不正當收入，一方面，互聯網企業提供的網絡平臺有公布虛假信息的可能；另一方面，網絡平臺未對客戶實施實名制，疏於對借貸雙方的管理，有可能會縱容或無視客戶上傳虛假信息。

(三)信用風險

網絡金融平臺公司在提供金融服務的同時，作為資金的募集者、發放者以及擔保人都擔當了一定的信用風險。由於這些網絡金融平臺公司缺乏成熟的風險評估體系與實際操作經驗，在防範風險方面無法與商業銀行成熟的運作模式相比，因此對借款人的信用風險難以有效控制。

(四)流動性風險

有些網絡金融平臺公司對歸集的資金及貸出的資金沒有進行合理的期限匹配，造成期限錯配，屆時資金投放到長期項目上而無力週轉短期到期需要償還的資金，極易引發流動性風險。

(五)聲譽風險

互聯網金融作為「草根金融」和傳統銀行格局下的「攪局者」，民營資本色彩濃厚；資本金不足，抵禦風險與償付能力較弱；缺乏長期數據累積，風險計量模型科學性有待驗證。在金融行業這個以信譽度、誠信度、透明度為生存之本的行業，互聯網金融缺乏傳統國有銀行或股份制商業銀行中隱形的政府信用做擔保和可靠的資本金補充渠道，因此天然地處於競爭劣勢地位。

知識連結：互聯網金融產物——餘額寶和花唄

一、餘額寶

餘額寶是由第三方支付平臺支付寶打造的一項餘額增值服務，是於2013年6月13日上線的存款業務。通過餘額寶，用戶不僅能夠得到較高的收益，還能隨時消費支付和轉出，無任何手續費。用戶在支付寶網站內就可以直接購買基金等理財產品，獲得相對較高的收益，同時餘額寶內的資金還能隨時用於網上購物、支付寶轉帳等支付功能。轉入餘額寶的資金在第二個工作日由基金公司進行份額確認，對已確認的份額會開始計算收益。

餘額寶支持支付寶帳戶餘額支付、儲蓄卡快捷支付的資金轉入且不收取任何手續費。通過餘額寶，用戶存留在支付寶的資金不僅能拿到「利息」，而且比銀行活期存款利息收益更高。根據其官方介紹，2017年，10萬元一年定期儲蓄利息為1,500~2,100元，如通過餘額寶能得到收益為4,000元左右，收益約是銀行利息的兩倍。

餘額寶的服務特點如下：

第一，操作流程簡單。餘額寶服務是將基金公司的基金直銷系統內置到支付寶網站

中，用戶將資金轉入餘額寶，實際上是進行貨幣基金的購買，餘額寶的收益也不是「利息」，而是用戶購買貨幣基金的收益。整個流程與給支付寶充值、提現或購物支付一樣簡單。

第二，最低購買金額沒有限制。餘額寶的目標是讓那些零花錢也能獲得增值的機會，讓用戶哪怕一兩元、一兩百元都能享受到理財的快樂。

第三，收益較高，使用靈活。餘額寶不僅能夠提供高收益，還全面支持網購消費、支付寶轉帳等幾乎所有的支付寶功能，這意味著資金在餘額寶中一方面在時刻保持增值，另一方面又能隨時用於消費。同時，與餘額寶合作的天弘增利寶貨幣基金，支持T+0即時贖回，轉入支付寶餘額寶中的資金可以隨時轉出至支付寶餘額，也可直接提現到銀行卡。

二、花唄

花唄是互聯網時代的依託於場景的信用消費工具，用戶在消費時，可以使用花唄的額度，享受「先消費，後付款」的購物體驗。

花唄產品有以下特點：

第一，當月買，下月再還款（淘寶天貓交易時除部分淘寶旅行、充值、電影票等特定項目外為確認收貨後下月還款，其他平臺交易時下單付款後下月還款）。

第二，免費使用消費額度購物（若使用花唄分期購，買家需按商家設定的費率，承擔指定費用）。

第三，還款方便，支持支付寶自動還款花唄申請開通後，將獲得500~50,000元不等的消費額度。用戶在消費時，可以預支花唄的額度，享受「先消費，後付款」的購物體驗。對年輕用戶而言，花唄的吸引力在於可憑信用額度購物，而且免息期最高可達41天。

花唄支持多場景購物使用。目前共接入了40多家外部消費平臺：大部分電商購物平臺，如亞馬遜、蘇寧等；本地生活服務類網站，如口碑網、美團網、大眾點評網等；主流3C類官方商城，如樂視、海爾、小米、OPPO等官方商城；部分海外購物網站。

與信用卡不同的是，花唄的授信額度根據消費者的網購情況、支付習慣、信用風險等綜合考慮，通過大數據運算，結合風控模型，授予用戶500~50,000元不等的消費額度。花唄的額度依據用戶在平臺上所累積的消費、還款等行為授予，用戶在平臺上的各種行為是動態和變化的，相應的額度也是動態的，當用戶一段週期內的行為良好，並且符合提額政策，其相應額度則可能會提升。花唄無法通過他人代開通或提額，請不要輕信他人洩露個人信息。

用戶在消費時，可以預支花唄的額度，在確認收貨後的下個月的10號進行還款，免息期最長可達41天。除了「這月買，下月還，超長免息」的消費體驗，花唄還推出了花唄分期的功能，消費者可以分3個月、6個月、9個月、12個月進行還款。

每個月10號為花唄的還款日，用戶需要將已經產生的花唄帳單在還款日還清。到期還款日當天系統依次自動扣除支付寶帳戶餘額、餘額寶（需開通餘額寶代扣功能）、借記

卡快捷支付用於還款已出帳單未還部分，也可以主動進行還款。為避免逾期，請確保支付寶帳戶金額充足。如果逾期不還每天將收取萬分之五的逾期費。

類似花唄的互聯網金融產品還有京東白條、網易白條等。

（花唄）

【案例 3-2】進入 2018 年，萬萬沒想到，互聯網金融行業的雷雨天來得這麼快。2018 年 6 月僅北上廣三地，就有 41 家平臺停業。2018 年 7 月，全國又有 40 多家 P2P 平臺「暴雷」，其中 1 家失聯、7 家跑路、8 家經偵介入調查，一些顯示出提現困難。這並不是偶然。其實早在 2008 年上半年，就有監測數據顯示，中國在營運的 2,835 家 P2P 平臺，6 個月的時間消亡了 721 家。

圖 3-1 為 2016—2018 年 P2P 正常營運平臺數量統計。

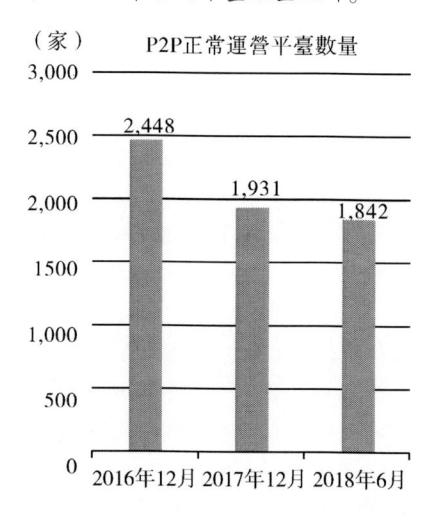

圖 3-1　2016—2018 年 P2P 正常營運平臺數量

表 3-3 為 2018 年 7 月 2~3 日部分存在問題的 P2P 平臺名單。

表 3-3　　　　　　　　　2018 年 7 月 P2P 問題平臺名單

	平臺名稱	所在地	狀態
2018/7/2	瓷 E 貸	寧波	失聯
	保瀾貸	上海	提現困難
	分錢網	北京	停業
	惠盈理財	杭州	失聯
	薩飛資本	上海	失聯
	佑米金融	杭州	失聯
	光合聯萌	上海	良性退出
2018/7/3	E 人一鋪	上海	提現困難
	萬霖財富	杭州	失聯
	小金庫	深圳	清盤
	乾廣旺利	北京	失聯
	聯萌金服	鎮江	詐騙
	金超財富	瀋陽	詐騙
	樂溢達投資	上海	失聯
	博大投資	上海	詐騙
	美信資產	深圳	詐騙

真可謂「其興也勃焉，其亡也忽焉」。移動互聯網之殘酷，互聯網金融行業之浮躁，金融經濟影響之重大，在這個夏天給所有人上了一課。互聯網金融從一開始，就是「在刀尖上跳舞」。2014 年以來，監管的話題就時時被提及。而這次網貸集中「爆雷」，也讓監管再一次進入深水區。近日，中國人民銀行與互聯網金融風險專項整治工作領導小組召開了一次大會，提出再用 1～2 年時間完成互聯網金融風險專項整治，化解存量風險，消除風險隱患。中國人民銀行副行長潘功勝認為，防範化解重大金融風險，將是中央確定的「三大攻堅戰」之首，是當前及今後一段時間的首要工作任務。

項目小結

個人理財風險管理是個人理財規劃中最重要的部分。本項目主要向大家介紹個人或家庭應該如何利用現金管理、儲蓄存款、消費信貸、信用卡和個人互聯網金融產品來進行個人理財的風險管理。

現金規劃是對家庭或個人日常的、日復一日的現金及現金等價物進行管理的一項活動，就是確保個人或家庭有足夠的費用來支付計劃中和計劃外的費用，並且個人或家庭的

消費模式是在個人或家庭的預算限制之內的。

根據應急備用金的應對能力指標建立和衡量應急備用金，確保個人或家庭有緊急情況需要花錢時的應對和彌補能力。

選擇合適的現金規劃工具。現金是現金規劃的重要工具，流動性最強；相關儲蓄品種有活期儲蓄、定活兩便儲蓄、整存整取定期儲蓄、零存整取定期儲蓄、整存零取儲蓄、存本取息儲蓄、個人通知存款、定額定期儲蓄。投資者可以考慮配置流動性強、便利性高、收益較高、風險較低的各種個人互聯網理財產品。

在某些時候，家庭有未預料到的支出，而現金和現金等價物額度不夠時，需要利用其他融資工具，包括信用卡、消費信貸等。

技能實訓

B君家住廣州市番禺區，上班在天河區，擁有一輛外地車牌的小汽車。廣州市在2018年8月開始實施汽車「開四停四」政策，為不影響正常上班和生活用車，在競拍車牌號和購置第二輛車之間，B君選擇了購置第二輛車，這次選擇的是寶馬牌汽車，鑒於資金有限，B君參考寶馬4S店提供金融政策的「悠貸金融計劃」和「悅貸金融計劃」購車方案進行購車。

「悠貸金融計劃」購車方案如下：新BMW1系三廂運動轎車悠貸金融方案，首付比例20%~60%，貸款期限36個月，客戶利率6.88%，年度還款占貸款金額的13%~20%。

「悅貸金融計劃」購車方案如下：新BMW1系三廂運動轎車悅貸金融方案，首付比例20%起，貸款期限12個月、24個月、36個月，客戶利率0.88%、4.88%、6.88%，年度還款占貸款金額的13%~20%。

實訓任務：請幫助B君優化車貸消費，做好風險管理（見表3-4）。

表3-4　　　　　　　　　　車貸消費明細表

車型	車價 （元）	首付金額 （元）	貸款期限 （月）	客戶利率 （%）	年度還款 （元）	月供金額 （元）

（實訓答案）

項目四　個人稅收籌劃

學習目標

1. 瞭解個人所得稅相關知識
2. 掌握個人所得稅的計算方式
3. 能夠根據實際收入計算應繳納個人所得稅
4. 瞭解個人稅收籌劃的基本方法，掌握個人稅收籌劃實務知識。

重點及難點

1. 不同的個人所得項目的個人所得稅應納稅額的計算，個人稅收籌劃的基本方法。
2. 個人稅收項目基本籌劃實際操作。

【案例導入】

美國的富蘭克林曾說過：「只有死亡和納稅是不可避免的。」繳納稅收是不可避免的，是每個公民應盡的義務。個人所得稅與廣大勞動者息息相關，在履行繳納個人所得稅義務的同時，我們還應學會利用各種合法手段提高家庭的綜合理財收益，進行個人所得稅合理避稅，尤其是隨著收入的增加，通過稅務籌劃合理合法避稅也是有效的理財手段之一。

D君是一位長期從事自由撰稿的文字工作者，每月發稿10篇左右，每篇稿酬在2,000~2,500元，每月的收入在22,000元左右。由於D君的文章「自帶流量」，有著很多粉絲捧場，當地的報社和雜誌社多次邀請D君加入做記者或編輯，每月工資22,000元。如果D君不願意受雇，也可請其為指定版面或專欄每個月撰寫10篇文章，可得勞務報酬22,000元。

D君如何利用職業身分的稅收差異進行個人所得稅籌劃呢？

(D君的個人所得稅籌劃)

任務一　瞭解個人所得稅

一、個人所得稅基本知識

（一）個人所得稅概述

個人所得稅是以個人（自然人）取得的各項應稅所得為對象徵收的一種稅。個人所得稅法是調整徵稅機關與自然人（居民、非居民人）之間在個人所得稅的徵納與管理過程中所發生的社會關係的法律規範的總稱。

個人所得稅的納稅人是指在中國境內有住所，或者雖無住所但在境內居住滿一年，以及無住所又不居住或居住不滿一年但有從中國境內取得所得的個人，包括中國公民、個體工商戶、外籍個人等。

個人所得稅的納稅義務人，既包括居民納稅義務人，也包括非居民納稅義務人。居民納稅義務人負有完全納稅的義務，必須就其來源於中國境內、境外的全部所得繳納個人所得稅；而非居民納稅義務人僅就其來源於中國境內的所得，繳納個人所得稅。

下列所得，不論支付地點是否在中國境內，均為來源於中國境內的所得：

（1）因任職、受雇、履約等在中國境內提供勞務取得的所得。
（2）將財產出租給承租人在中國境內使用而取得的所得。
（3）轉讓中國境內的建築物、土地使用權等財產或在中國境內轉讓其他財產取得的所得。
（4）許可各種特許權在中國境內使用而取得的所得。
（5）從中國境內的公司、企業以及其他經濟組織或個人取得的利息、股息、紅利所得。

知識連結

（個人所得稅自行納稅申報表）

（二）個人所得稅的徵稅範圍

1. 工資、薪金所得

工資、薪金所得是指個人因任職或受雇而取得的工資、薪金、獎金、年終加薪、勞動

分紅、津貼、補貼以及與任職或受雇有關的其他所得。

除工資、薪金外，獎金、年終加薪、勞動分紅、津貼、補貼等也包括在工資、薪金的範圍之內。但要注意的是，以下補貼、津貼不在應徵收個人所得稅的工資、薪金所得的範圍之內：

（1）獨生子女補貼。

（2）執行公務員工資制度未納入基本工資總額的補貼、津貼差額和家屬成員的副食品補貼。

（3）托兒補助費。

（4）差旅費津貼、誤餐補助等。

（5）按規定比例實際繳付的失業保險金。

2. 個體工商戶的生產、經營所得

個體工商戶的生產、經營所得包括以下四個方面：

（1）個體工商戶從事工業、手工業、建築業、交通運輸業、商業、飲食業、服務業、修理業以及其他行業生產、經營取得的所得。

（2）個人經政府有關部門批准，取得執照，從事辦學、醫療、諮詢以及其他有償服務活動取得的所得。

（3）其他個人從事個體工商業生產、經營取得的所得。

（4）上述個體工商戶和個人取得的與生產、經營有關的各項應納稅所得。

3. 對企事業單位的承包經營、承租經營所得

對企事業單位的承包經營、承租經營所得是指個人承包經營、承租經營以及轉包、轉租取得的所得，包括個人按月或按次取得的工資、薪金性質的所得。

個人對企事業單位承包、承租的方式不同，所得項目的確定也不同。

（1）企業實行個人承包後，如果工商登記仍為企業的，不管其分配方式如何，均應先按照企業所得稅的有關規定繳納企業所得稅。承包經營者、承租經營者按照承包、承租經營合同取得的所得，依照有關規定繳納個人所得稅。

（2）企業實行個人承包、承租經營後，如果工商登記改變為個體工商戶的，依照個體工商戶的生產、經營所得徵收個人所得稅，不再徵收企業所得稅；企業實行個人承包、承租經營後，如果不能提供完整、準確的納稅資料並正確計算應納稅所得額的，由主管稅務機關核定其應納稅所得額。

4. 勞務報酬所得

勞務報酬所得是指個人從事設計、裝潢、安裝、制圖、化驗、測試、醫療、法律、會計、諮詢、講學、新聞、廣播、翻譯、審稿、書畫、雕刻、影視、錄音、錄像、演出、表演、廣告、展覽、技術服務、介紹服務、經紀服務、代辦服務以及其他勞務取得的所得。個人擔任董事職務取得的收入，也屬於勞務報酬所得性質。

5. 稿酬所得

稿酬所得是指個人因其作品以圖書、報刊形式出版、發表而取得的所得。此處所說的作品，包括文學作品、書畫作品、攝影作品以及其他作品。原作者去世後，其作品所有權繼承者取得的稿酬，也應徵收個人所得稅。

6. 特許權使用費所得

特許權使用費所得是指個人提供專利權、商標權、著作權、非專利技術以及其他特許權的使用權取得的所得；提供著作權的使用權取得的所得，不包括稿酬所得。

特許權主要涉及以下權利：

（1）專利權。專利權是指由國家專利主管機關依法授予專利申請人在一定時期內對其發明創造獨自享有的使用和轉讓的權利。

（2）商標權。商標權是指商標註冊人依法取得的獨自享有對其註冊商標專門在某類商品或產品上使用特定的名稱或圖案的權利。

（3）著作權。著作權是指作者對其創作的文學、科學和藝術作品依法享有的各種權利，如發表權、修改權、保護作品完整權、使用權等。

（4）非專利技術。非專利技術是指未申請專利權的處於秘密狀態的先進技術或各種訣竅。

7. 利息、股息、紅利所得

利息、股息、紅利所得是指個人擁有債權、股權而取得的利息、股息、紅利所得。

8. 財產租賃所得

財產租賃所得是指個人出租建築物、土地使用權、機器設備、車船以及其他財產取得的所得。

9. 財產轉讓所得

財產轉讓所得是指個人轉讓有價證券、股權、建築物、土地使用權、機器設備、車船以及其他財產取得的所得。

10. 偶然所得

偶然所得是指個人得獎、中獎、中彩以及其他偶然性質的所得。

11. 經國務院財政部門確定的其他所得

如果個人取得的所得，難以界定應納稅所得項目的，由主管稅務機關確定。

如果難以界定個人所得屬於哪一項應稅項目，由主管稅務機關審查確定。

（三）個人所得稅的徵收方式

中國個人所得稅以所得人為納稅義務人，以支付所得的單位或個人為扣繳義務人，徵收方式實行源泉扣繳與自行申報並用法，注重源泉扣繳。

個人所得稅的徵收方式可分為按月計徵和按年計徵。

（四）個人所得稅的稅率

中國的個人所得稅實行分類所得稅制，即對不同類別的應稅所得分別徵稅，並對不同類別的所得實行不同的稅率，分別適用超額累進稅率和比例稅率（見表4-1）。

表4-1　　　　　　　　　　　各項所得對應的稅率表

序號	所得項目	稅率	備註
1	工資薪金所得	3%～45%	七級超額累進稅率
2	個體工商戶的生產、經營所得和對企事業單位的承包經營、承租經營所得	5%～35%	五級超額累進稅率
3	勞務報酬	20%	一次性收入畸高，加成徵收
4	稿酬所得	20%	按應納稅額減徵30%
5	利息、股息、紅利所得	5%～20%	個人的存款利息暫免徵收利息稅
6	特許權使用費、財產租賃所得、財產轉讓所得、偶然所得、其他所得	20%	偶然所得沒有費用扣除額度

（四）減免稅項目

1. 免納個人所得稅的範圍

（1）省級人民政府、國務院部委和中國人民解放軍軍以上單位以及外國組織、國際組織頒布的科學、教育、技術、文化、衛生、體育、環境保護等方面的獎金。

（2）國債和國家發行的金融債券的利息。

（3）獨生子女費。

（4）執行公務員工資制度未納入基本工資總額的補貼、津貼差額和家屬成員的副食品補貼。

（5）托兒補助費。

（6）按規定報銷的差旅費津貼、誤餐補助。

（7）從福利費或工會經費中支付的臨時性生活困難補助。

（8）民政部門支付的救濟性補助。

（9）按照國家統一規定發給的補貼、津貼。

（10）保險賠款、撫恤金。

（11）軍人的轉業費、復員費。

（12）按照國家統一規定發給幹部、職工的安家費、退職費、退休工資、離休工資、離休生活補助費。

（13）按照國家或地方政府規定的比例提取並向指定金融機構實際繳付的住房公積金、醫療保險金、基本養老保險金、失業保險金。

（14）殘疾、孤老人員和烈屬個人直接從事生產經營所得。

（15）對國有企業職工，因企業依照《中華人民共和國企業破產法》宣告破產，從破產企業取得的一次性安置費收入。

（16）按照中國有關法律規定應予免稅的各國駐華使館、領事館的外交代表、領事官員和其他人員的所得。

（17）中國參加的國際公約、簽訂的協議，包括中國與相關國家、地區簽訂的避免雙重徵稅協定、安排中規定免稅的所得。

（18）經國務院財政部門批准免稅的所得。

2. 個人所得稅的減徵

稅法規定有下列情形之一的，經批准，可以減徵個人所得稅：

（1）納稅人因嚴重自然災害造成重大損失的，報主管稅務機關批准可在一定期限和幅度內減徵個人所得稅。

（2）其他經國務院財政部門批准減稅的。

3. 單項免稅規定

（1）對個人購買社會福利有獎募捐獎券、體育彩票和中國福利賑災彩票，凡一次中獎收入不超過 1 萬元的，暫免徵收個人所得稅；對一次中獎收入超過 1 萬元的，應按稅法規定全額徵收個人所得稅。

（2）對個人獲得曾憲梓教育基金會教師獎、香港柏寧頓（中國）教育基金會首屆「孺子牛金球獎」、「長江學者成就獎」、第五屆「宋慶齡兒童文學獎」「國際青少年消除貧困獎」、參與「長江小小科學家」活動獲得的獎金，免予徵收個人所得稅。

（3）對教育部頒發的「特聘教授獎金」免予徵收個人所得稅。

（4）對鄉鎮（含鄉鎮）以上人民政府或經縣（含縣）以上人民政府主管部門批准成立的有機構、有章程的見義勇為基金會或類似組織，獎勵見義勇為者的獎金或獎品，經主管稅務機關核准，免予徵收個人所得稅。

（5）個人轉讓股票所得繼續暫免徵收個人所得稅。

（6）股份制企業用資本公積金轉增股本不屬於股息、紅利性質的分配，對個人取得的轉增股本數額，不作為個人所得，不徵收個人所得稅。

（7）對個人取得的教育儲蓄存款利息所得以及國務院財政部門確定的其他專項儲蓄存款或儲蓄性專項基金存款的利息所得，免徵個人所得稅。

（8）按照國家或省級地方政府規定的比例繳付的住房公積金、醫療保險金、基本養老保險金、失業保險基金存入銀行個人帳戶取得的利息收入免徵個人所得稅。

（9）個人轉讓自用達 5 年以上且是唯一的家庭生活用房取得的所得。

（10）個人舉報、協查各種違法、犯罪行為而獲得的獎金。

（11）個人辦理代扣代繳稅款手續，按規定取得的扣繳手續費。

4. 捐贈扣除

根據《中華人民共和國個人所得稅法》及其實施條例的規定，個人將其所得對教育事業和其他公益事業的捐贈，是指個人將其所得通過中國境內的社會團體、國家機關向教育和其他社會公益事業以及遭受嚴重自然災害地區、貧困地區的捐贈。

捐贈額未超過納稅義務人申報的應納稅所得額30%的部分，可以從其應納稅所得額中扣除。

（1）對個人通過非營利性的社會團體和國家機關對公益性青少年活動場所（其中包括新建）的捐贈，在繳納個人所得稅前準予全額扣除。

（2）個人通過非營利性的社會團體和國家機關（包括紅十字會）向紅十字事業的捐贈，在計算繳納個人所得稅時準予全額扣除。

（3）個人通過非營利性的社會團體和政府部門向福利性、非營利性的老年服務機構的捐贈，在計算繳納個人所得稅時準予全額扣除。

（4）個人通過非營利性的社會團體和國家機關向農村義務教育的捐贈，準予在繳納個人所得稅前的所得額中全額扣除。

（5）個人通過非營利性的社會團體和國家機關向慈善機構、基金會的公益、救濟性捐贈，在計算繳納個人所得稅時準予全額扣除。

（6）納稅人將其應納稅所得通過光華科技基金會向教育、民政部門以及遭受自然災害地區、貧困地區的公益、救濟性捐贈，個人在應納稅所得額30%以內的部分，準予在稅前扣除。

（7）納稅人向中國人口福利基金會的公益、救濟性捐贈，個人在申報應納稅所得額30%以內的部分，準予在稅前扣除。

二、個人所得稅的計算

（一）工資、薪金所得個人所得稅計算

工資薪金所得實行按月計徵的辦法，以個人每月收入額固定減除費用扣除標準3,500元後的餘額為應納稅所得額。個人繳納的「三險一金」，即基本養老保險金、醫療保險金、失業保險金以及住房公積金，按照國務院有關規定從應納稅所得額中扣除。

計算公式如下：

應納稅所得額＝工資總額－「三險一金」－扣除標準

應納所得稅額＝應納稅所得額×適用稅率－速算扣除數

工資、薪金所得，適用七級超額累進稅率，稅率為3%～45%。具體如表4-2所示。

表 4-2　　　　　　　　個人所得稅稅率表（工資、薪金所得）

級數	應納稅所得額（含稅）	稅率（%）	速算扣除數
1	不超過 1,500 元的	3	0
2	超過 1,500 元至 4,500 元的部分	10	105
3	超過 4,500 元至 9,000 元的部分	20	555
4	超過 9,000 元至 35,000 元的部分	25	1,005
5	超過 35,000 元至 55,000 元的部分	30	2,755
6	超過 55,000 元至 80,000 元的部分	35	5,505
7	超過 80,000 元部分	45	13,505

【案例 4-1】C 君 2018 年 5 月工資收入 5,000 元，加班費 300 元，個人繳納「三險一金」200 元。計算其個人所得稅應納稅額。

案例分析：

應納稅所得額＝(5,000＋300)－200－3,500＝1,600（元）

應納個人所得稅額＝1,600×10%－105＝55（元）

（二）全年一次性獎金個人所得稅計算

全年一次性獎金是指行政機關、企事業單位等扣繳義務人根據其全年經濟效益和對雇員全年工作業績的綜合考核情況，向雇員發放的一次性獎金。

上述一次性獎金也包括年終加薪及實行年薪制和績效工資辦法的單位根據考核情況兌現的年薪和績效工資。

納稅人取得全年一次性獎金，單獨作為一個月工資、薪金所得計算納稅，將取得的全年一次性獎金，除以 12 個月，按其商數確定適用稅率和速算扣除數，由扣繳義務人發放時代扣代繳：

計算公式如下：

（1）如果當月工資薪金所得高於（或等於）稅法規定的費用扣除額的，適用公式為：

應納稅額＝個人當月取得全年一次性獎金×適用稅率－速算扣除數

（2）如果當月工資薪金所得低於稅法規定的費用扣除額的，適用公式為

應納稅額＝（個人當月取得全年一次性獎金－個人當月工資薪金所得與費用扣除額的差額）×適用稅率－速算扣除數

在一個納稅年度內，對每一個納稅人，該計稅辦法只允許採用一次。

【案例 4-2】D 君 2018 年 1 月工資 6,300 元，個人繳納「三險一金」300 元，當月取得年終獎 24,000 元。請計算 D 君本月應繳納個人所得稅稅額。

案例分析：當月工資應繳納個人所得稅＝(6,300－300－3,500)×10%－105＝145（元）

年終一次性獎金應納所得稅額計算步驟如下：

24,000/12＝2,000（元），對應工資、薪金稅率表，確定適用稅率為10%，速算扣除數為105。因此，年終一次性獎金應繳納個人所得稅額＝24,000×10%－105＝2,295（元）。

D君本月應繳納個人所得稅稅額＝145＋2,295＝2,440（元）

（三）個體工商戶的生產、經營所得個人所得稅計算

個體工商戶的生產、經營所得包括以下四個方面：

（1）個體工商戶從事工業、手工業、建築業、交通運輸業、商業、飲食業、服務業、修理業以及其他行業生產、經營取得的所得。

（2）個人經政府有關部門批准，取得執照，從事辦學、醫療、諮詢以及其他有償服務活動取得的所得。

（3）其他個人從事個體工商業生產、經營取得的所得。

（4）上述個體工商戶和個人取得的與生產、經營有關的各項應納稅所得。

個體工商戶的生產、經營所得以每一納稅年度的收入總額，減除成本、費用以及損失後的餘額，為應納稅所得額。個體工商戶的費用扣除標準統一為42,000元/年，折算到月即3,500元/月。個體工商戶向其從業人員實際支付的合理的工資、薪金支出，允許在稅前扣除，但是個體工商戶業主的工資不得在稅前扣除。計稅公式如下：

應納稅額＝應納稅所得額×適用稅率－速算扣除數

應納稅所得額＝總收入－成本、費用－損失

個體工商戶的生產、經營所得適用5級超額累進稅率，如表4-3所示。

表4-3　　　　　個人所得稅稅率表（個體工商戶的生產、經營所得）

級數	含稅級距	不含稅級距	稅率（%）	速算扣除數
1	不超過15,000元的	不超過14,250元的	5	0
2	超過15,000元至30,000元的部分	超過14,250元至27,750元的部分	10	750
3	超過30,000元至60,000元的部分	超過27,750元至51,750元的部分	20	3,750
4	超過60,000元至100,000元的部分	超過51,750元至79,750元的部分	30	9,750
5	超過100,000元的部分	超過79,750元的部分	35	14,750

說明：含稅級距適用於個體工商戶的生產、經營所得和由納稅人負擔稅款的對企事業單位的承包經營、承租經營所得；不含稅級距適用於由他人（單位）代付稅款的對企事業單位的承包經營、承租所得。

【案例4-3】E君開了一家餐館，屬於個體工商戶，由於地處黃金地段，再加上E君經營靈活，餐館多年來一直處於盈利狀態。2017年，其全年取得以下收入：

餐館營業收入18萬元；

E君每月工資收入2,500元。

全年發生的費用共11.8萬元（包括E君的費用扣除標準4.2萬元），上繳各種稅費1.2萬元。

E君全年的應納稅額為多少呢？

案例分析：根據規定，E君經營的個體餐館取得的餐館營業收入不應扣除工資，因此E君2017年度應納個人所得稅為：

餐館收入應納稅額=(180,000-118,000-12,000)×20%-3,750=6,250（元）

（四）對企事業單位的承包經營、承租經營所得個人所得稅計算

對企事業單位的承包經營、承租經營所得是指個人承包經營、承租經營以及轉包、轉租取得的所得，包括個人按月或按次取得的工資、薪金性質的所得。

個人對企事業單位承包、承租的方式不同，所得項目的確定也不同。

（1）企業實行個人承包後，如果工商登記仍為企業的，不管其分配方式如何，均應先按照企業所得稅的有關規定繳納企業所得稅。承包經營者、承租經營者按照承包、承租經營合同取得的所得，依照有關規定繳納個人所得稅。

（2）企業實行個人承包、承租經營後，如果工商登記改變為個體工商戶的，依照個體工商戶的生產、經營所得徵收個人所得稅，不再徵收企業所得稅；企業實行個人承包、承租經營後，如果不能提供完整、準確的納稅資料並正確計算應納稅所得額的，由主管稅務機關核定其應納稅所得額。

對企事業單位的承包經營、承租經營所得同樣適用5級超額累進稅率，具體稅率同個體工商戶生產、經營所得稅率。計稅公式如下：

應納稅額=應納稅所得額×適用稅率-速算扣除數

應納稅所得額=總收入-費用扣除

（五）勞務報酬的個人所得稅計算

勞務報酬所得是指個人從事設計、裝潢、安裝、製圖、化驗、測試、醫療、法律、會計、諮詢、講學、新聞、廣播、翻譯、審稿、書畫、雕刻、影視、錄音、錄像、演出、表演、廣告、展覽、技術服務、介紹服務、經紀服務、代辦服務以及其他勞務取得的所得。個人擔任董事職務取得的收入，也屬於勞務報酬所得性質。

勞務報酬所得，適用比例稅率，稅率為20%。對勞務報酬所得一次收入畸高的，可以實行加徵收。勞務報酬所得一次收入畸高是指個人一次取得的勞務報酬，其應納稅所得額超過20,000元。應納稅所得額超過20,000元至50,000元的部分，依照稅法規定計算應納稅額後再按照應納稅額加徵五成；超過50,000元的部分，加徵十成。

計稅公式如下：

應納稅所得額=一次收入額-費用扣除

應納稅額=應納稅所得額×適用稅率-速算扣除數

費用扣除是指每次收入不超過4,000元的,定額減除費用800元;每次收入在4,000元以上的,定率扣除20%的費用。「次」的規定是:屬於一次性收入的,以取得該項收入為一次,按次確定應納所得額;屬於同一項目連續性收入的,以一個月內取得的收入為一次,據以確定應納稅所得額。

獲得勞務報酬所得的納稅人從其收入中支付給仲介人和相關人員的報酬,除另有規定者外,在定率扣除20%的費用後,一律不再扣除。

勞務報酬適用稅率如表4-4所示。

表4-4　　　　　　　　　　個人所得稅稅率表（勞務報酬）

級數	含稅級距	不含稅級距	稅率(%)	速算扣除數
1	不超過20,000元的	不超過16,000元的	20	0
2	超過20,000元至50,000元的部分	超過16,000元至37,000元的部分	30	2,000
3	超過50,000元的部分	超過37,000元的部分	40	7,000

說明:表中的含稅級距、不含稅級距,均為按照稅法規定減除有關費用後的所得額;含稅級距適用於由納稅人負擔稅款的勞務報酬所得,不含稅級距適用於由他人(單位)代付稅款的勞務報酬所得。

【案例4-4】F君是某地小有名氣的歌手,於2018年6月外出參加商業性演出,一次取得勞務報酬10萬元。請計算F君當月應繳納的個人所得稅(不考慮其他稅費)。

案例分析:F君一次演出取得的應納稅所得額超過20,000元,按稅法規定應實行加成徵稅。

應納稅所得額=100,000×(1-20%)=80,000（元）

應納稅額=80,000×40%-7,000=25,000（元）

(六)稿酬所得的個人所得稅計算

稿酬所得是指個人因其作品以圖書、報刊形式出版、發表而取得的所得。此處所說的作品,包括文學作品、書畫作品、攝影作品以及其他作品。原作者去世後,其作品所有權繼承者取得的稿酬,也應徵收個人所得稅。

稿酬所得,適用比例稅率,稅率為20%,並按應納稅額減徵30%,實際稅率為14%。

稿酬所得應納所得稅額計算公式如下:

應納稅所得額=每次收入額-費用扣除

應納所得稅額=應納稅所得額×適用稅率×(1-30%)

費用扣除規定如下:每次收入不超過4,000元的,定額減除費用800元;每次收入在4,000元以上的,定率扣除20%的費用。

關於每次收入的確定的規定如下:

(1)個人每次以圖書、報刊方式出版、發表同一作品,不論出版單位是預付還是分筆

支付稿酬，或者加印該作品後再付稿酬，均應合併為一次徵稅。

（2）在兩處或兩處以上出版、發表或再版同一作品而取得的稿酬，則可以分別各處取得的所得或再版所得分次徵稅。

（3）個人的同一作品在報刊上連載，應合併其因連載而取得的所得為一次。連載之後又出書取得稿酬的，或者先出書後連載取得稿酬的，應視同再版稿酬分次徵稅。

（4）作者去世後，對取得其遺作稿酬的個人，按稿酬所得徵稅。

【案例4-5】某大學教授2018年2月因其編著的教材出版，獲得稿酬10,000元，2018年6月因教材加印，又得到稿酬5,000元。計算該教授取得的稿酬應繳納的個人所得稅。

案例分析：該教授稿酬所得按規定應屬於一次性收入，須合併計算應納稅額（實際繳納稅額）。

應納稅所得額=(10,000+5,000)×(1-20%)×20%=2,400（元）

實際繳納稅額=2,400×(1-30%)=1,680（元）

（七）特許權使用費所得的個人所得稅計算

特許權使用費所得是指個人提供專利權、商標權、著作權、非專利技術以及其他特許權的使用權取得的所得；提供著作權的使用權取得的所得，不包括稿酬所得。

特許權主要涉及以下權利：

（1）專利權。專利權是指由國家專利主管機關依法授予專利申請人在一定時期內對其發明創造獨自享有的使用和轉讓的權利。

（2）商標權。商標權是指商標註冊人依法取得的獨自享有對其註冊商標專門在某類商品或產品上使用特定的名稱或圖案的權利。

（3）著作權。著作權是指作者對其創作的文學、科學和藝術作品依法享有的各種權利，如發表權、修改權、保護作品完整權、使用權等。

（4）非專利技術。非專利技術是指未申請專利權的處於秘密狀態的先進技術或各種訣竅。

特許權使用費所得應納所得稅額計算公式如下：

應納稅所得額=每次收入額-費用扣除

應納所得稅額=應納稅所得額×適用稅率

費用扣除規定如下：每次收入不超過4,000元的，定額減除費用800元；每次收入在4,000元以上的，定率扣除20%的費用。

對個人從事技術轉讓中所支付的仲介費，若能提供有效合法憑證，允許從其所得中扣除。

【案例4-6】2018年4月，某電視劇製作中心編劇王某從該中心取得工資5,000元、第一季度的獎金3,000元以及劇本使用費12,000元。王某4月應繳納的個人所得稅為多少元？

案例分析：季度獎金並入當月工資，按照工資薪金所得繳納個人所得稅；劇本使用費按照特許權使用所得繳納個人所得稅。

王某當月應繳納個人所得稅＝（5,000＋3,000－2,000）×10％－105＋12,000×（1－20％）×20％＝345＋1,920＝2,265（元）

（八）財產租賃所得的個人所得稅計算

財產租賃所得是指個人出租建築物、土地使用權、機器設備、車船以及其他財產取得的所得。

財產租賃所得應納所得稅額計算公式如下：

應納稅所得額＝每次收入額－費用扣除

應納所得稅額＝應納稅所得額×適用稅率

適用的稅率如下：

（1）財產租賃所得適用20％的比例稅率。

（2）個人按市場價格出租的居民住房取得的所得，減按10％的稅率徵收。

費用扣除規定如下：每次收入不超過4,000元的，定額減除費用800元；每次收入在4,000元以上的，定率減除20％的費用；一個月扣除一次費用。

依次扣除以下費用：

（1）財產租賃過程中繳納的稅費。

（2）由納稅人負擔的該出租財產實際開支的修繕費用（不超過800元）。

（3）稅法規定的費用扣除標準。

【案例4-7】張某於2018年5月將其自有的房屋出租給一個體業主居住，租期1年，年租金24,000元；8月，張某因房屋陳舊而進行了簡單維修，發生維修費用1,500元（取得合法有效憑證）。張某2018年9月應繳納個人所得稅額是多少？

案例分析：2018年8月發生的修繕費1,500元當月可扣除800元，9月可扣除餘下的700元。

張某2018年9月應納個人所得稅＝［24,000÷12－800－700］×10％＝50（元）

（九）財產轉讓所得的個人所得稅計算

財產轉讓所得是指個人轉讓有價證券、股權、建築物、土地使用權、機器設備、車船以及其他財產取得的所得。

財產轉讓所得應納所得稅額計算公式如下：

應納稅所得額＝每次收入額－財產原值－合理稅費

應納所得稅額＝應納稅所得額×適用稅率

其中，財產原值是指以下內容：

（1）有價證券、股權，為買入價買入時按照規定繳納的有關費用以及投入的原始成本。

（2）建築物，為建造費或購進價格以及其他有關費用。

（3）土地使用權，為取得土地使用權支付的金額、開發土地的費用以及其他有關費用。

（4）機器設備、車船，為購進價格、運輸費、安裝費以及其他有關費用。

（5）其他財產，參照以上方法確定。

合理稅費是指賣出財產時按照規定支付的有關費用；轉讓債權財產原值的確認，債權、有價證券的原值為買入價以及買入時按規定繳納的有關費用。一般情況下，轉讓債權的成本採用加權平均法來確定。

【案例4-8】孫某於2018年5月轉讓私有住房一套，取得轉讓收入800,000元。該套住房購進時的原價為350,000元，轉讓時支付有關稅費28,000元。計算孫某轉讓住房應繳納個人所得稅。

案例分析：應納稅所得額＝800,000－350,000－28,000＝422,000（元）

應納所得稅額＝422,000×20%＝84,400（元）

（九）利息、股息、紅利所得的個人所得稅計算

利息、股息、紅利所得是指個人擁有債權、股權而取得的利息、股息、紅利所得。

利息、股息、紅利所得應納所得稅額計算公式如下：

應納所得稅稅額＝應納稅所得額（每次收入額）×適用稅率（20%）

其中，有關應納稅所得的確定的規定如下：

（1）股份制企業以股票形式向股東個人支付應得的股息、紅利時，應以派發紅股的股票票面金額為所得額，計算徵收個人所得稅。

（2）對個人投資者從上市公司取得的股息紅利所得，自2005年6月13日起暫減按50%計入個人應納稅所得額。

（3）對證券投資基金從上市公司分配取得的股息紅利所得，在代扣代繳個人所得稅時，也暫減按50%計入個人應納稅所得額。

自2008年10月9日（含）起，暫免徵收儲蓄存款利息所得稅。

【案例4-9】張先生為自由職業者，2018年4月取得如下所得：

①從A上市公司取得股息所得16,000元。

②從B非上市公司取得股息所得7,000元。

③兌現4月14日到期的一年期銀行儲蓄存款利息所得1,500元。

請分別求出其應納個人所得稅。

案例分析：

①取得上市公司的股息所得減半徵收個人所得稅。

股息所得應納個人所得稅＝16,000×50%×20%＝1,600（元）

②非上市公司取得股息應納個人所得稅＝7,000×20%＝1,400（元）

③自 2008 年 10 月 9 日（含）起，暫免徵收儲蓄存款利息所得稅。

儲蓄存款利息應納個人所得稅為零。

（十一）偶然所得的個人所得稅計算

偶然所得是指個人得獎、中獎、中彩票以及其他偶然性質的所得，以每次取得該項收入為一次，不扣除任何費用。除有特殊規定外，每次收入額就是應納稅所得額。注意：公益性彩票中獎所得，一次中獎收入在 1 萬元以下的免稅，超過 1 萬元的全額徵稅。

應納所得稅額＝應納稅所得額（每次收入額）×適用稅率

【案例 4-10】若楊某購買體育彩票中獎 100,000 元，則其應繳個人所得稅為多少？

案例分析：應納所得稅額＝100,000×20%＝20,000（元）

任務二　個人所得稅籌劃

中國目前的稅制結構為「分類所得稅」。從個人所得稅角度解釋，就是把收入按照不同的類別分項徵收，每一項的起徵點、稅率甚至優惠措施都有所不同。如果個人有很多類型的收入，每一項所得都合法，並且低於徵稅標準，就無需繳稅。這個規律就是：你的收入構成越是多元化，繳納的稅金就越低。如此這般，稅金降到零也不奇怪。

隨著中國經濟的快速發展，居民收入水準不斷提高，越來越多的人成為個人所得稅的納稅人。從維護切身禮儀、減輕稅收負擔的角度出發，個人所得稅的納稅籌劃越來越受到個人和家庭的高度重視。如何對個人所得稅進行稅收籌劃，怎樣合理避稅、節稅就成了個人和家庭關心的理財話題之一。

稅收籌劃必須在事前進行，也就是提前做好準備。如果等到所有的結果都出來了，再去想辦法減少個人所得稅就比較困難了。目前，進行個人稅收籌劃時主要有兩個思路：一個思路是通過主動降低收入來避稅；另一個思路是在收入確定的情況下，將其拆分成各種收入形式，收入來源越多樣，繳納的個人所得稅就越低。

一、利用稅收優惠籌劃

稅收優惠，用現在比較通用的說法稱為稅式支出或稅收支出，是政府為了扶持某些特定地區、行業、企業和業務的發展，或者對某些具有實際困難的納稅人給予照顧，通過一些制度上的安排，給予某些特定納稅人以特殊的稅收政策。例如，免除其應繳納的全部或部分稅款，或者按照其繳納稅款的一定比例給予返還等。一般而言，稅收優惠的形式有稅收豁免、免徵額、起徵點、稅收扣除、優惠退稅、加速折舊、優惠稅率、盈虧相抵、稅收饒讓、延期納稅等。這種在稅法中規定用以減輕某些特定納稅人稅收負擔的規定，就是稅收優惠政策。隨著稅收制度的發展與完善，稅收優惠政策的範圍和作用也越來越大，對於

納稅人來說，稅收籌劃的機會也就越來越多。這種籌劃要求納稅人非常熟悉國家稅收政策，尤其是優惠政策，在這種前提下才可能進行該種籌劃。

（一）利用稅收臨界點、免徵點和起徵點籌劃

中國個人所得稅規定的工薪所得的免徵點是3,500元，勞務報酬、稿酬、財產租賃所得和特許權使用費所得起徵點為800元。另外，稅法規定個人所得稅實行代扣代繳、代徵代繳，即實行源泉扣繳的管理辦法。因此，合理安排收入渠道及支付次數，充分利用免徵額的規定，可以使免徵額達到最大化，以減少應納稅款，從而降低稅負。例如，在勞務費報酬的安排上可以通過多次支付的方法使每次支付額在800元以下，由於每次的收入所得均在免徵額以下，因此取得免於繳納個人所得稅的稅收收益。

【案例4-11】某企業為季節性生產企業，其職工實行計件工資，該企業一年中只有4個月在生產。生產期間，職工平均工資為5,000元/月。針對該企業現狀，應如何進行個人所得稅稅收籌劃？

案例分析：若按企業實際情況，則在生產的4個月中，企業每位職工每月應繳個人所得稅＝（5,000-3,500）×3%＝45元。4個月每人應納個人所得稅共180元。若企業將每名職工年工資20,000元（5,000×4）平均分攤到各月，即在不生產月份照發工資，每月工資額為1,666.67元，則該企業職工的工資收入達不到免徵點，無需納稅。

【案例4-12】劉某為某縣國有企業的負責人，月工資收入2,500元（包括各類津貼和月獎金）。年終企業發給劉某年終獎金20,000元，同時縣政府因劉某將企業經營得好，又發給劉某30,000元獎勵金。對此，劉某應如何進行個人所得稅籌劃可降低稅負？

案例分析：若劉某在12月一次性領取50,000元獎金，那麼劉某12月、1月、2月應納個人所得稅計算如下：

12月應納個人所得稅＝（2,500+50,000-3,500）×30%-2,755＝11,945（元）

1月、2月應納個人所得稅均為0元。

這樣，劉某3個月共繳個人所得稅11,945元。

如果劉某在12月和1月分兩次領取政府獎30,000元，在1月和2月分兩次領取本單位獎金20,000元，那麼應納個人所得稅計算如下：

12月應納個人所得稅＝（2,500+15,000-3,500）×25%-1,005＝2,495（元）

1月應納個人所得稅＝（2,500+15,000+5,000-3,500）×25%-1,005＝3,745（元）

2月應納個人所得稅＝（2,500+15,000-3,500）×25%-1,005＝2,495（元）

劉某3個月共納稅款8,735元，這樣通過籌劃後共少繳個人所得稅稅款3,210元。該實例通過將收入攤入各月的做法使適用稅率檔次降低，從而達到減輕稅負的目的。

【案例4-13】陳某為某行政單位軟件開發員，利用業餘時間為某電腦公司開發軟件並提供一年的維護服務，按約定可得勞務報酬24,000元。陳某可以要求對方事先一次性支付該報酬，也可以要求對方按軟件維護期12個月支付，每月支付2,000元。針對陳某的

情況，其應該如何進行個人所得稅籌劃？

案例分析：儘管後一種付款方式會有一定的違約風險，但考慮個人所得稅因素後，兩種付款方案利弊會有新變化。

若對方一次支付，則陳某應納個人所得稅＝24,000×(1-20%)×20%＝3,840（元）

若對方分次支付，則陳某每月應納個人所得稅＝(2,000-800)×20%＝240（元）

12個月共計繳稅2,400元，比一次支付報酬少繳納個人所得稅1,440元。

該案例中陳某可以要求對方按月支付勞務報酬，因為是多次勞務報酬所得，每次可扣除20%的費用。經過多次分攤、多次扣除來實現降低稅負的目的。

（二）熟悉和利用稅收優惠政策

在個人出租住房的稅收徵繳方面，名義稅負較重，但是國家對此給予了大量的稅收優惠，予以支持。具體而言，增值稅在「營改增」後按5%的徵收率減按1.5%計算徵收，除此之外繳納城市維護建設稅和教育費附加也有條件地享受減免稅政策。個人按市場價格出租住房取得的所得按照10%的稅率繳納個稅。房產稅的稅率也有大幅降低，由12%減為4%。同時，免徵城鎮土地使用稅和印花稅。這為人們進行稅收籌劃提供了空間。

【學習任務】

甲有一套住房準備出租，現有乙、丙兩人分別出價3,000元/月與2,900元/月要求租用。其中，乙租入該房後將用於經營餐飲業，丙用於居住，租給誰更合算呢？

（三）正確計算各項扣除稅費，有效節省個人所得稅

依照相關規定，納稅人出租財產取得財產租賃收入，在計算徵稅時，除可依法減去規定費用和有關稅費外，還準予扣除能夠提供有效、準確憑證，證明由納稅人負擔的該出租財產實際開支的修繕費用。允許扣除的修繕費用，以每次800元為限，一次扣除不完的，準予在下一次繼續扣除，直至扣完為止。國家稅務總局《關於個人所得稅若干業務問題的批覆》（國稅函〔2002〕146號）明確了關於財產租賃所得計算個人所得稅時稅前扣除有關稅費的次序問題。個人出租財產取得的財產租賃收入，在計算繳納個人所得稅時，應依次扣除以下費用：

(1) 財產租賃過程中繳納的稅費。

(2) 由納稅人負擔的該出租財產實際開支的修繕費用。

(3) 稅法規定的費用扣除標準。

這為人們進行相應的個人所得稅籌劃創造了條件。

【案例4-14】馬先生準備在下月初把地處市區的一套老房子出租，租期為12個月。主管稅務機關根據馬先生的房屋出租收入減去應納的稅費及其他相關費用後，核定月應納稅所得額為10,000元。同時，馬先生還有意向將該房子進行裝修。經維修隊的技術員測算，房屋維修費要10,000元。如果現在裝修，只需一個星期的時間就可維修好，不會影

響房屋出租。馬先生到底什麼時候裝修更划算呢？

案例分析：

方案一：房屋出租期滿後維修。

稅法規定，對個人出租房屋取得的所得暫減按10%的稅率徵收個人所得稅。馬先生應納稅所得額為10,000元，每月應納個人所得稅為1,000元（10,000×10%），即在12個月的房屋租賃期內，馬先生總共應納個人所得稅12,000元（1,000×12）。

方案二：馬上對房屋進行維修。

假定維費用為10,000元，依照上述規定，房屋租賃期的第1個月至第12個月，每月應納稅所得額為9,200元（10,000-800），每月應納個人所得稅為920元（9,200×10%），在房屋租賃期的第1個月至第12個月內，累計可扣除房屋維修費9,600元（800×12），剩餘房屋維修費400元（10,000-9,600），可以在以後的房屋租金中扣除。馬先生在出租房屋12個月的時間內，實際繳納個人所得稅應為11,040元（920×12）。

該房產1年租期滿後，採用方案二可以節稅960元（12,000-11,040）。如果今後仍對外出租，該房產維修費可以在以後扣除。當然，納稅人在支付維修費時，一定要向維修隊索取合法、有效的房屋維修發票，並及時報經主管稅務機關核實，經稅務機關確認後才能扣除。

二、利用納稅人身分進行籌劃

（一）居民納稅人與非居民納稅義務人的轉換

在實行收入來源地管轄權的國家，對臨時入境者和非居民大多提供稅收優惠。中國稅法規定，外國人在中國境內居住時間連續或累計居住不超過90日，或者在稅收協定規定的期間內連續或累計居住不超過183日的個人，其來源於中國境內的所得，由中國境外雇主支付並且不是由該雇主設在中國境內機構負擔的工資、薪金所得免於繳納所得稅。

簡單地說，非居民納稅人的納稅義務遠輕於居民納稅人的納稅義務，因此個人在進行稅收籌劃時往往願意將居民納稅人的身分變成非居民納稅人的身分，從而減輕自己的稅負。

減輕稅負的方式主要有兩種：一種是改變自己的住所，一般就是改變自己的國籍。例如，高稅率國家的居民可以通過移民，使自己成為低稅率國家的居民，這在國際避稅中經常被使用。另一種是根據各國具體規定的臨時離境日期，恰當地安排自己的離境時間，從而減輕稅負。當然，進行這種籌劃應當在法律允許的範圍之內，而且應該進行成本收益分析，如果節約的稅收比籌劃的成本高，那就沒有必要了。

【案例4-15】美國公民布朗先生受雇於美國某公司，2017年8月1日起到中國境內分公司協助籌辦某項目。2017年11月5日，布朗先生回美國述職。其間，由美國總公司支付其報酬折合人民幣320,000元。請問：布朗先生是否需要在中國申報繳納個人所得稅？

案例分析：布朗先生在中國境內無住所，並且居住時間不足1年，屬於非居民納稅人。作為非居民納稅人，布朗先生在中國累計居住96天，沒有超過183天，並且所得均為中國境外雇主支付。因此，其免於在中國申報繳納個人所得稅。

需要提醒的是，如果布朗先生是擔任中國境內企業的董事或高層管理職務的個人，其取得的由該中國境內企業支付的董事費或工資、薪金，需要在中國申報繳納個人所得稅。

（二）利用經營所得的納稅人身分籌劃

根據有關規定，企業實行個人承包經營、承租經營後，如果工商登記仍為企業的，不管其分配方式如何，均應先按照企業所得稅的有關規定繳納企業所得稅。然後，根據其利潤分配方式對承包、承租經營所得徵收個人所得稅。也就是說，如果企業在被個人承包後沒有改變性質的話，那麼承包、承租經營者除了繳納個人所得稅外，還要繳納企業所得稅。這裡就出現了重複徵稅的問題，使得總體稅負增加，從而最後歸到個人手中的收入就會大大減少。承包、承租者經營者如果有條件的話，可以考慮改變企業的性質為個體戶或者其他性質，這樣就可以免繳納企業所得稅，節省部分稅款，使得總體收益最大化。

【案例4-16】王女士欲承包一企業，承包期為2018年3月1日至2018年12月31日。2018年3月1日至2018年12月31日期間，企業固定資產折舊5,000元，上交租賃費50,000元，預計實現會計利潤53,000元（已扣除租賃費，未扣除折舊費），王女士不領取工資。已知該地區規定的業主費用扣除標準為每月3,500元。請問：王女士如何進行稅收籌劃？

案例分析：

方案一：將原企業的工商登記改為個體工商戶，按個體工商戶的生產經營所得計算繳納個人所得稅。按照規定，個體工商戶在生產經營過程中以經營租賃方式租入固定資產的租賃費，可以據實扣除。假定該企業所在地區規定的業主費用扣除標準為每月2,000元，則：

本年度應納所得稅額=53,000-3,500×10=18,000（元）

換算為全年的所得稅=18,000÷10×12=21,600（元）

按全年所得計算的應納稅額=21,600×10%-750=1,410（元）

實際應納稅額=4,170÷12×10=3,475（元）

王女士實際取得的稅後利潤=53,000-1,410=51,590（元）

方案二：如果王女士仍使用原企業的營業執照，則按規定在繳納企業所得稅後，還要就其稅後所得再按承包、承租經營所得繳納個人所得稅。在這種情況下，原企業的固定資產仍屬該企業持有，按規定可提取折舊，但上繳的租賃費不得在企業所得稅前扣除，也不得把租賃費當成管理費用進行扣除。

該企業應納稅所得額=53,000-5,000（折舊）+50,000（租賃費）=98,000（元）

應納企業所得稅=98,000×25%=24,500（元）

王女士實際取得承包、租賃收入=48,000-24,500=23,500（元）
應納個人所得稅=0（元）[（23,500-3,500×10）<0]
王女士實際取得稅後利潤=23,500（元）
通過比較，方案一比方案二多獲得利潤28,090元（51,590-23,500）。

三、從徵稅範圍角度籌劃

（一）收入項目費用化

收入項目費用化，即通過報銷費用支出的方法降低個人收入總額，以達到減輕稅負的目的。例如，納稅人可以通過報銷職工醫藥費、旅遊費以及資料費、交通費等形式使收入支付形式費用化，以減少應納稅所得額。

【案例4-17】2018年，黃某是廣州一建築公司招聘的技術工人，合同上約定員工每月工資總額為8,000元。由於是技術工人，工作地點經常變動，還經常加班加點，不能按時就餐，簽訂合同的時候已經約定了工資總額，公司不再另外給予補助；同時，由於種種原因，公司也未辦理養老保險、住房公積金等保障性繳費。

按照目前的扣稅辦法，黃某每月按照工資薪金所得應繳納個人所得稅為（8,000-3,500）×10%-105=345元；全年應繳個人所得稅為825×12=4,140元。

根據黃某的情況，進行個人所得稅納稅籌劃。

案例分析：建議該公司根據員工的實際情況，在工資總額不變的情況下進行如下所得稅籌劃：

①核定誤餐補助標準，如每月600元，由黃某取得餐飲發票到公司報銷。誤餐補助不屬於工資、薪金性質的補貼、津貼，或者不屬於納稅人本人工資、薪金所得項目的收入，不徵稅。

②公司給員工繳納養老保險、住房公積金等，如每月繳費2,000元。養老保險、住房公積金等可以在稅前扣除。

這樣處理後，每月黃某領取工資為8,000-600-2,000=5,400元，應繳個人所得稅為（5,400-3,500）×10%-105=85元；全年應繳納個人所得稅為85×12=1,020元。這樣處理後比籌劃前少繳個人所得稅為4,140-1,020=3,120元。

（二）收入項目福利化

由於工資、薪金實行累進稅制，對個人的支出只確定一個固定扣除額，收入越高支付稅金越多，因此如果企業將帶有普遍性的職工福利以現金的形式直接支付給個人，將增加個人的稅收負擔，如果由企業提供各種福利設施，不將其轉化為現金，則不會視為工資收入，也就不必計算個人所得稅，從而可以減輕個人稅負。

【案例4-18】經濟學家何教授應某公司邀請到廣州講課，對方答應支付講課費10萬元（包干）。根據稅法有關規定，何教授應按照勞務報酬繳納個人所得稅。

案例分析：勞務報酬所得，每次收入不超過4,000元的，減除費用800元；4,000元以上的，減除20%的費用，其餘額為應納稅所得額。因此，何教授本次勞務報酬所得的應納稅所得額為100,000×(1-20%)=80,000元。

根據《中華人民共和國個人所得稅法實施條例》第十一條的規定，勞務報酬所得一次收入畸高，即應納稅所得額超過20,000元。應納稅所得額超過20,000至50,000元的部分，依照稅法規定計算應納稅額後再按照應納稅額加徵五成；超過50,000元的部分，加徵十成。

應納稅額=20,000×20%+30,000×20%×(1+50%)+30,000×20%×(1+100%)
=25,000（元）

何教授本次講課所得10萬元中包括差旅費、食宿費等所有支出，到廣州之行的所有花銷預計為4萬元。如果何教授與該公司簽訂合同時約定只收取講課報酬6萬元，另外來回機票、食宿等支出費用，可以提供票據，讓企業以報銷形式支付。這樣一來，何教授應繳納個人所得稅計算過程如下：

應納稅所得額=60,000×(1-20%)=48,000（元）

應納稅額=20,000×20%+28,000×20%×(1+50%)=12,400（元）

如此籌劃後節稅12,600元。

比籌劃前少繳=25,000-12,400=12,600（元）

【學習任務】

因工作需要，某公司於2018年1月獎勵給張某一輛汽車，價值20萬元，在車輛註冊登記部門登記為張某個人所有。張某掐指一算，按照規定，單位為個人購買汽車，要並入當月的工資、薪金收入計徵個人所得稅，如此一來，假如不考慮其他因素，他需要為這輛車繳納個人所得稅高達76,495元。張某犯愁了，有什麼辦法可以解決這個問題呢？

（提示：車輛所有權歸公司，使用權歸張某是否行得通？）

項目小結

本項目主要介紹了個人稅務規劃。具體來說包括什麼是個人所得稅、個人所得稅的計算方法、中國個人所得稅的減免規定以及合法、合理避稅的技巧等。

技能實訓

相同數額的工資、薪金所得與勞務報酬所得所適用的稅率不同，充分認識這一區別，並加以合法利用，能達到節稅的目的。尤其是對個人所得中存在工資、薪金所得和勞務報

酬所得的高收入人群，納稅籌劃會給他們帶來更大的實惠。

請對以下三種情況進行分析，考慮以何種方式計算和申報個人所得稅有利於合法減輕稅負。

郭先生 2018 年 2 月從 A 公司取得工資、薪金 3,000 元，由於單位工資太低，郭先生同月在 B 公司找了一份兼職，取得收入 5,000 元。

馬先生是一名高級工程師，2018 年 3 月從 A 公司取得收入 62,500 元。

毛小姐 2018 年 5 月從 A 公司獲得工資收入共 40,000 元。另外，該月毛小姐還獲得某設計院的勞務報酬收入 40,000 元。

（提示：一般而言，當工資、薪金比較少時，工資、薪金所得適用的稅率比勞務報酬所得適用的稅率低，將勞務報酬所得轉化為工資、薪金所得，合併按工資、薪金所得繳納個人所得稅是合理的；當工資、薪金收入相當高時，適用的稅率已累進到比較高的水準，此時，將工資、薪金所得轉化為勞務報酬所得可以節約應納稅額；當兩項收入都較大時，將工資、薪金所得和勞務報酬所得分開計算亦能節稅。）

（中國影視從業人員收入與稅收籌劃之談）

項目五　保險產品理財

學習目標
1. 掌握保險的定義、特性、分類保險職能等基礎知識
2. 閱讀和分析保險合同的基本內容

重點及難點
1. 正確選擇保險產品
2. 編製保險規劃

【案例導入】

現代社會是一個異彩紛呈的多元化社會，每個人在享受到現代社會的繁華與富饒的同時，又深深感受到個人前途的不確定性和各種風險的存在，買保險已經成為現代人必不可少的選擇。

有一個關於保險的小故事，說的是一個失事船舶的船長是如何說服幾位不同國籍的乘客抱著救生圈跳入海中的。船長對英國人說：「這是一項體育運動。」船長對法國人說：「在海裡跳舞，這很浪漫。」船長對德國人說：「這是命令。」船長對美國人則說：「你已經被保險了。」

正如故事中所講的，在美國，不管是國家元首、明星巨匠，還是平民百姓，保險是人們生活中不可缺少的一環，像飲食、居住一樣，是生存中必要的一部分。人壽、醫藥、房屋、汽車、遊船、家具等都保了險，各種保險像一條條木柵，連成一圈，圍在人的周圍。

在中國，保險行業的發展相對落後，老百姓的保險意識相當淡薄。大部分人對基金和理財產品的投資收益非常關心，卻甚少有人提及保險，甚至有人將買保險與上當受騙聯繫起來。因此，在中國絕大多數人的心目中，保險理念和保險意識真的基本上是一片空白。

那麼，什麼是保險？保險的重要性何在？什麼人應該買保險？應該如何選擇保險呢？

(旅行遇難，保險積極發揮作用)

任務一　認識保險產品

一、保險概述

(一) 保險的含義

根據《中華人民共和國保險法》第二條的規定，本法所稱保險，是指投保人根據合同約定，向保險人支付保險費，保險人對於合同約定的可能發生的事故因其發生所造成的財產損失承擔賠償保險金責任，或者當被保險人死亡、傷殘、疾病或者達到合同約定的年齡、期限等條件時承擔給付保險金責任的商業保險行為。

保險作為一種客觀事物，經歷了萌芽、產生、成長和發展的歷程，從形式上看表現為互助保險、合作保險、商業保險和社會保險。通常我們所說的保險是狹義的保險，即商業保險。廣義的保險指的是無論何種形式的保險，就其自然屬性而言，都可以將其概括為保險是集合具有同類風險的眾多單位和個人，以合理計算風險分擔金的形式，向少數因該風險事故發生而受到經濟損失的成員提供保險經濟保障的一種行為。

(二) 保險的特徵

1. 互助性

保險的互助性通過保險人用多數投保人繳納的保險費建立的保險基金對少數受到損失的被保險人提供補償或給付得以體現。

2. 契約性

從法律的角度看，保險是一種契約行為。保險雙方當事人通過合同的形式約定雙方的權利義務，並且合同的履行以及變更等都要受到法律的制約。

3. 經濟性

保險是通過保險補償或給付而實現的一種經濟保障活動。從保險的供給來看，在保險經營中，投保人通過繳納保險費，購買保險產品，將自身面臨的風險損失轉嫁給保險人，保險人收取保險費，形成保險基金，用於未來的賠付。

4. 科學性

保險是一種科學處理風險的有效措施。保險人運用概率論和「大數法則」等理論，通過將大量的面臨相同風險的個體集中起來，對整體風險發生的概率進行測算，計算出保險產品的價格，從而建立科學的保險基金，保障保險業的穩健發展。

(三) 保險的標的和費率

保險的標的，即保險對象。人身保險的標的是被保險人的身體和生命，而廣義的財產保險以財產及其有關經濟利益和損害賠償責任為保險標的。其中，財產損失保險的標的是

被保險的財產，責任保險的標的是被保險人所要承擔的經濟賠償責任，信用保險的標的是被保險人的信用導致的經濟損失。

保險費率是保險費與保險金額的比例，保險費率又被稱為保險價格。保險費率通常以每百元或每千元保險金額應繳納的保險費來表示。

（四）保險的原則

1. 保險利益原則

保險利益又稱為可保權益、可保利益，是指投保人對保險標的具有的法律上承認的利益。通常，投保人會因為保險標的的損害或喪失而遭受經濟上的損失，因為保險標的的保全而獲得收益。只有當保險利益是法律上認可的，經濟上確定的而不是預期的利益時，保險利益才能成立。一般來說，財產保險的保險利益在保險事故發生時存在，這時才能補償損失；人身保險的保險利益必須在訂立保險合同時存在，用來防止道德風險。

以壽險為例，投保人對自身及其配偶具有無限的可保權益，在一些國家和地區，投保人與受保人如有血緣關係，也可以構成可保權益。另外，債權人對未還清欠款的債務人也具有可保權益。

2. 最大誠信原則

最大誠信原則保證保險合同當事雙方能夠誠實守信，對自己的義務善意履行。具體包括如下內容：

（1）保險人的告知義務：保險人應該對保險合同的內容，即術語、目的進行明確說明。

（2）投保人的如實告知義務：投保人應該對保險標的的狀況如實告知。

（3）投保人或被保險人的保證義務：投保人或被保險人對於行為或不作為、某種狀態存在或不存在的擔保。保證較明確的一種是保險合同上明確規定的保證，比如盜竊險中保證安裝防盜門、人身保險中駕駛車輛必須有有效的駕駛證；不需明確的保證稱為默示保證，如海上保險中，投保人默示保證適航能力、不改變航道、航行的合法性等。因為保證條款對被保險人限制十分嚴格，所以各國法律都限制保險人使用默示保證，只有一些約定俗成的事項可以成為默示保證。

3. 棄權和禁止反言原則

棄權是當事人放棄在合同中的某種權利。例如，投保人明確告知保險人保險標的的危險程度足以影響承保，保險人卻保持沉默並收取了保險費，這時構成保險人放棄了拒保權。又如，保險事故發生，受益人在合同規定的期限不索賠，構成受益人放棄主張保險金的權利。禁止反言是指既然已經放棄某種權利，就不得再主張該權利。比如上面第一個例子，保險人不能在承保後再向投保人主張拒保的權利。

4. 損失補償原則

損失補償原則是保險人必須在保險事故發生導致保險標的遭受損失時根據保險責任的

範圍對受益人進行補償。其含義為保險人對約定的保險事故導致的損失進行補償，受益人不能因保險金的給付獲得額外利益。一般來說，財產保險遵循該原則，但是因為人的生命和身體價值難以估計，所以人身保險並不適用該原則，不過也有學者認為健康險的醫療費用也應遵循這一原則，否則有不當得利之嫌。

5. 近因原則

近因原則指的是判斷風險事故與保險標的的損失之間的關係，從而確定保險補償或給付責任的基本原則。近因是保險標的損害發生的最直接、最有效、起決定性作用的原因，而並不是指最近的原因。如果近因屬於被保風險，則保險人應賠償；如果近因屬於除外責任或未保風險，則保險人不負責賠償。

（五）保險的分類

按照保障範圍不同，保險可以分為財產保險、責任保險、信用保證保險和人身保險。

1. 財產保險

財產保險是指以各類物質財產及其相關利益或責任、信用作為保險標的的一種保險。財產保險是對因保險事故的發生導致財產的損失，以金錢或實物進行補償的一種保險。

財產保險有廣義和狹義之分。狹義的財產保險是指以有形的物質財富及其相關利益為保險標的的一種保險，有時也稱為財產損失保險；廣義的財產保險的保險標的不僅包括有形的物質財富及其相關利益，還包括無形的財產及其相關利益，如以損害賠償責任為保險標的的責任保險與以信用風險為保險標的的信用保證保險等。我們這裡指的是狹義的財產保險。

火災保險是承保陸地上存放在一定地域範圍內，基本上處於靜止狀態下的財產，比如機器、建築物、各種原材料或產品、家庭生活用具等因火災引起的損失。

海上保險實質上是一種運輸保險，是各類保險業務中發展最早的一種保險，保險人對海上危險引起的保險標的的損失負賠償責任。

貨物運輸保險是除了海上保險以外的貨物運輸保險，主要承保內陸、江河、沿海以及航空運輸過程中貨物發生的損失。

各種運輸工具保險主要承保各種運輸工具在行駛和停放過程中發生的損失，主要包括汽車保險、航空保險、船舶保險、鐵路車輛保險。

工程保險承保各種工程期間一切意外損失和第三者人身傷害與財產損失。

災後利益損失保險指保險人對財產遭受保險事故後可能引起的各種無形利益損失承擔保險責任的保險。

盜竊保險承保財物因強盜搶劫或竊賊偷竊等行為造成的損失。

農業保險主要承保各種農作物或經濟作物和各類牲畜、家禽等因自然災害或意外事故造成的損失。

2. 責任保險

責任保險是一種以被保險人的民事損害賠償責任作為保險對象的保險。不論企業、團體、家庭或個人，在進行各項生產業務活動或在日常生活中，由於疏忽、過失等行為造成對他人的損害，根據法律或契約對受害人承擔的經濟賠償責任，都可以在投保有關責任保險之後，由保險公司負責賠償。責任保險是以被保險人的民事損害賠償責任作為保險標的的保險。

3. 信用保證保險

信用保證保險是保險人為被保證人向權利人提供擔保的保險。信用保證保險是以訂立合同的一方要求保險人承擔合同的對方的信用風險為內容的保險。信用保證保險是以義務人為被保證人按照合同規定要求保險人擔保對權利人應履行義務的保險。

4. 人身保險

人身保險是以人的生命或身體作為保險標的，以人的生（生育）、老（衰老）、病（疾病）、殘（殘疾）、亡（死亡）等為保險事故的一種保險。人身保險的基本內容包括：投保人與保險人訂立保險合同，確立各自的權利與義務，投保人向保險人繳納一定數量的保險費；在保險期限內，當被保險人發生死亡、殘疾、疾病等保險事故，或者被保險人生存到期滿時，保險人向被保險人或其受益人給付一定數量的保險金。因此，凡是與人的生命延續或終結以及人的身體健康或健全程度有直接關係的商業保險形式均可稱為人身保險。人身保險除了有人壽保險外，還有人身意外傷害險保和健康保險。

（1）人壽保險。人壽保險簡稱壽險，是一種以人的生死為保險對象的保險，是被保險人在保險責任期內生存或死亡，由保險人根據契約規定給付保險金的一種保險。人壽保險是以人的壽命為保險標的，以人的生存或死亡為保險事件的一種人身保險。當被保險人死亡或達到合同約定的年齡、期限時，保險人向被保險人或其受益人給付保險金。

傳統意義上的人壽保險，典型的形式是死亡保險、生存保險和兩全保險。傳統人壽保險的主要特點是固定給付，但缺乏靈活性和適應性。隨著壽險業競爭的日趨激烈和市場風險的加大，出現了一些新的能較適應市場需求及規避風險的險種，即現代人壽保險。現代人壽保險的典型形式主要有變額人壽保險、萬能人壽保險及變額萬能人壽保險。除此之外，還有特種人壽保險，其典型形式主要有年金保險、簡易人壽保險、弱體保險。

①傳統人壽保險。

第一，死亡保險。死亡保險是以被保險人的死亡為給付保險金條件的保險。按照保險期限的不同，死亡保險可分為定期死亡保險和終身死亡保險。定期死亡保險習慣上稱為定期壽險，是指由保險人在一定期限內提供死亡保障的一種人壽保險。定期壽險只對在保險期限內死亡的被保險人給付保險金，保險期限的長短非常靈活，可長可短。終身死亡保險簡稱終身壽險，是一種不定期的死亡保險，即保險人對被保險人終身提供死亡保障的一種人壽保險，無論被保險人何時死亡，保險人都要給付死亡保險金。終身死亡保險的最大優點是被保險人可以得到永久性的保障。

第二，生存保險。生存保險是以被保險人的生存為給付保險金條件的保險，即當被保險人於保險期滿或達到合同約定的年齡時仍然生存，保險人負責給付保險金。生存保險主要是為年老的人提供養老保障或為子女提供教育金等。年金保險是一種有規則、定期向被保險人給付保險金的生存保險。在壽險實務中，生存保險一般不作為獨立的險種。

第三，兩全保險。兩全保險又稱生死合險，是以被保險人的生存或死亡為給付保險金條件的保險。兩全保險既提供死亡保障又提供生存保障，具有保障性和儲蓄性雙重功能。兩全保險中的死亡給付對象是受益人，期滿生存給付的對象是被保險人，因此既保障受益人的利益又保障被保險人本人的利益。

②現代人壽保險。

第一，變額人壽保險。變額人壽保險是一種保險金額隨其保費分離帳戶的投資收益的變化而變化的終身壽險。變額人壽保險可以有效抵消通貨膨脹給壽險帶來的不利影響。變額人壽保險可以是分紅型的也可以是非分紅型的。

第二，萬能人壽保險。萬能人壽保險是一種繳費靈活、保額可調整、非約束性的壽險。萬能人壽保險的保單持有人在繳納一定數量的首期保費後，可以按照自己的意願選擇任何時候繳納任何數量的保費，只要保單的現金價值足以支付保單的相關費用，有時甚至可以不再繳費。保單持有人可以在具備可保性的前提下提高保額，也可以根據自己的需要降低保額。

第三，變額萬能人壽保險。變額萬能人壽保險是一種融合了保費繳納靈活的萬能人壽保險與投資靈活的變額人壽保險後而形成的新的險種。變額萬能人壽保險遵循萬能人壽保險的保費繳納方式，而且保單持有人可以根據自己的意願將保額降至保單規定的最低水準，也可以在具備可保性時，將保額提高。變額萬能人壽保險與萬能人壽保險的不同在於變額萬能人壽保險的資產保存在一個或幾個分離帳戶中，這一特點與變額人壽保險相同。

③特種人壽保險。

第一，年金保險。年金保險是生存保險的特殊形態，是被保險人在生存期間每年給付一定金額的生存保險。死亡保險的目的在於保障自身死亡後家庭經濟生活的安全，年金保險的目的則是防備自身老年時經濟生活的不安定。

第二，簡易人壽保險。簡易人壽保險是指用簡易的方法經營的人壽保險。簡易人壽保險是一種小額的、免驗體格的、適應一般低工資收入職工需要的保險。簡易人壽保險的繳費期較短，保險金額有一定的限制，並且不用經過體格檢查。簡易人壽保險的保險費略高於普通人壽保險的保險費。

第三，弱體保險。弱體保險又稱次健體保險，是指將風險程度較高，即死亡率較高的人作為保險對象，在附加一定條件後承保的保險形式。根據被保險人的風險程度，弱體保險在承保時，通常採用的方法有保險金削減給付法、年齡增加法和特別保險費徵收法。

（2）人身意外傷害保險。人身意外傷害保險是指保險人以被保險人因意外傷害事故而造成死亡、殘廢為給付保險金條件的一種人身保險。

人身意外傷害保險是一類特殊的人身保險，既有人身保險的特點，又有自身的特點。人身意外傷害保險的特點表現如下：

①人身意外傷害保險的純保險費是根據保額損失率計算的，主要取決於被保險人的職業、工種或從事的活動，而不像人壽保險是依據生命表和利息率計算的。

②人身意外傷害保險的保險期限一般較短，通常為一年，有的只有幾天甚至只有幾個小時。例如，專門針對旅遊的遊客意外傷害保險的保險期限只有旅遊期間的短短幾天，航空意外傷害保險的保險期限只有短短幾個小時。人身意外傷害保險的保險期間較短，使得其經營上與財產保險有很多相同之處。例如，年末未到期責任準備金是按當年保險費收入的一定百分比計算，保險經營過程中的資金運用也只限於短期投資等。

③人身意外傷害保險承保的條件較寬鬆，一般無須進行健康檢查。

④人身意外傷害保險期限有關於責任期限的規定，即規定意外傷害發生在保險期限內，而且自遭受意外傷害之日起一定時期內造成的死亡、殘疾保險人承擔賠償責任。

⑤人身意外傷害保險的給付方式為定額給付，但因意外傷害發生的醫療費用按合同約定，以不定額方式進行補償。

財產保險公司通常經營團體人身意外傷害保險和個人人身意外傷害保險。人身意外傷害保險可以獲多份保險單保險金賠償和給付。

（3）健康保險。健康保險是以人的身體為標的，當被保險人因意外事故或疾病造成殘疾、死亡、醫療費用支出以及喪失工作能力而使收入損失時，由保險人給付保險金的一種人身保險。一般來說，健康保險的保險責任包括兩大類：一類是被保險人因意外事故或疾病所致的醫療費用損失，即人們習慣上所稱的醫療保險或醫療費用保險；另一類是被保險人因意外事故或疾病所致的收入損失，這類健康保險的保單被稱為殘疾收入補償保險。

健康保險的基本類型如下：

①醫療保險。醫療保險是指提供醫療費用保障的保險。醫療費用包括醫療費、手術費、住院費、護理費等。常見的醫療保險包括普通醫療保險、住院保險、手術保險、特種疾病保險、住院津貼保險、綜合醫療保險等。

②殘疾收入補償保險。殘疾收入補償保險是指提供被保險人在殘廢、疾病或意外受傷後不能繼續工作所造成的收入損失的補償的保險。殘疾收入補償保險的給付方式一般有三種：一是按月或按周給付，二是按給付期限給付，三是按推遲期給付。

健康保險的特徵如下：

①健康保險保險金具有補償性質。在健康保險中，保險人支付的保險金是對被保險人因為醫治疾病所發生的醫療費用支出和由此而引起的其他費用損失的補償，但不是對被保險人的生命或身體的傷害進行補償。

②健康保險的承保條件比較嚴格。健康保險的承保條件比一般壽險的承保條件要更嚴格，其對疾病產生的因素，需要相當嚴格的審查，一般是根據被保險人的病歷來判斷。另

外,保單中常有等待期或觀察期的規定。

③健康保險的保險人可以行使代位求償權。由於健康保險具有損害保險性質,當被保險人發生的醫療費用損失是由於第三者的原因而造成的時,保險人在給付被保險人醫療保險金後,可以向第三者行使代位求償權。

④健康保險的風險具有變動性和不可預測性。由於健康保險涉及醫學上的技術問題,同時在醫療費用的開支中又有不少人為因素,加之醫療技術日益發展,醫療器械和藥品不斷更新,使得醫療支出的水準也不斷上升。這一切都使得健康保險的風險具有變動性和不可預測性。在實務中,健康保險大多採用短期保險合同,通常不超過一年。

(健康保險產品)

二、保額的確定

保額,即保險金額的簡稱,是指保險人承擔賠償或給付保險金責任的最高限額,也是保險公司支付合理費用賠償的最高限額,還是計算保險費的主要依據。

很多人在購買保險產品特別是壽險時,投保多少常常是由保險業務員說了算,自己很少過問。實際上,購買壽險並不是保額越高越好。根據保險標的的不同,保額的確定方法也不相同。

在一般財產保險中,其保額根據保險價值而定,常以保險標的的實際價值作為保額,有效的保險金額必須在保險價值限度內,因此保額等於保險價值。有時在一般財產保險中,允許保額低於標的的實際價值,其不足部分則視為被保險人的自保,因此保額小於保險價值。多在貨物運輸險中,允許在貨物的實際價值加上貨物銷售的合理利潤作為保額,因此保額大於保險價值。

對於責任、信用保證保險,保額按統一標準確定,不由投保人選擇,由保險雙方在簽訂保險合同時依據投保標的的具體情況商定一個最高的賠償限額。有些責任保險投保時雖然並不確定保額,但會確定保險總賠償限額和單次或單人賠償限額。

在人身保險中,由於人的生命價值難以用貨幣衡量,因此不能依據人的生命價值確定保額,而是根據被保險人的經濟保障需要與支付保險費的能力由保險雙方當事人協商確定保額。

對於財產保險或責任保險、信用保證保險而言,其保額的確定相對更加客觀和簡單,最難準確確定保額的應該是人壽類保險產品。多數人購買壽險的目的是通過死亡保險金的

給付，使那些在經濟上依賴被保險人的人，在被保險人死亡之後生活可以保持與以前相仿的水準。而「生命價值法則」就是人們確定壽險保額的基本原則。

「生命價值法則」是以一個人的生命價值作為依據，來考慮應購買多少保額的保險。該法則可以分三步：第一，估計被保險人以後的年均收入；第二，確定退休年齡；第三，從年收入中扣除各種稅收、保費、生活費等支出後剩餘的錢。據此計算，可以得出被保險人的生命價值。

【案例5-1】李先生今年35歲，假設其65歲退休，退休前年平均收入是9萬元，平均年收入的1/3自己花掉，2/3用於家人。請用「生命價值法則」計算李先生的生命價值，並考慮壽險保額。

案例分析：按「生命價值法則」，李先生的生命價值計算如下：

生命價值＝（65-35）×（9-3）＝180（萬元）

那麼，這180萬元即可以作為考慮現階段該購買多少保額壽險的標準之一。

有關「生命價值法則」還有一個更加科學的計算方法，那就是根據投保人的收入情況，把每年的增長幅度計算進去，然後算出退休前的收入總值，再扣除通貨膨脹的因素，計算出一個數值，可以作為保額的參照。不過，這個計算過程相對比較複雜。

在計算出生命價值之後，還要考慮家庭需求情況。這個規則是考慮當事故發生時，可確保至親的生活準備金總額。

計算方式是將在生至親所需生活費、教育費、供養金、對外負債、喪葬費等，扣除既有資產，所得缺額作為保額的粗略估算依據。需要注意的是，如被保險人可以從自己購買的人壽保險、企業等處獲得一定的保險保障，最終確定保額時，還應適當扣除這些保障。

【案例5-2】仍以李先生為例，假設其家庭目前年平均收入為13萬元左右，每年最大支出就是大約3萬元的房貸，房貸要還20年，加上其他開支，總支出5.5萬元左右，李先生家現有一價值40萬元的房屋。請從家庭需求的角度考慮壽險保額。

案例分析：考慮李先生家最大的開支房貸要還20年，他還需要以保險補償家庭未來30年的開支，那麼確定他的家庭需求計算如下：

家庭需求＝5.5×20+（5.5-3）×10-40＝95（萬元）

綜合兩種法則，李先生合適的壽險保額在95萬~180萬元。當然，隨著生活條件和收入水準的改變，保額也應隨之調整。

（家庭財產綜合保險條款主要內容）

任務二　保險規劃

著名學者胡適談及保險時曾經這樣說過：「保險的意義，只是今日作明日的準備，生時作死時的準備，父母做兒女的準備，兒女幼小時做兒女長大時的準備，如此而已。今天預備明天，這是真穩健；生時預備死時，這是真曠達；父母預備兒女，這是真慈愛。能做到這三步的人，才能算作是現代人。」

一、保險規劃的定義

保險規劃是指通過經濟單位（個人或家庭）對風險的識別、衡量和評價，並在此基礎上選擇與優化組合各種風險管理技術，對風險實施有效控制和妥善處理風險所致損失的後果，以最小的成本獲取最大的安全保障和經濟利益。

保險規劃要解決的問題如表5-1所示。

表 5-1　　　　　　　　　保險規劃要解決的問題

如果生病了，必須面對哪些問題？	1. 對醫療品質的要求是什麼？
	2. 短期生病期間的工作收入是否受影響？長期生病期間的工作崗位是否受影響？
	3. 若長期生病，收入下降，家人受到影響的程度有多大？
如果發生殘疾，必須面對哪些問題？	1. 家庭開支費用受到何種影響程度？
	2. 自己能負擔殘疾治療的費用嗎？
	3. 自己能負擔殘疾康復的費用嗎？
如果發生死亡，必須面對哪些問題？	1. 家中的生活來源誰來承擔？
	2. 子女成長、教育費用誰來承擔？
	3. 父母贍養誰來承擔？
未來人生要實現的財務目標有哪些？	1. 房子要購買、置換嗎？
	2. 子女的教育費用準備好了嗎？
	3. 退休的生活準備好了嗎？

保險規劃是針對人生中的風險，定量分析保險需求額度，並做出最適當的財務安排，幫助個人或家庭選擇合適的保險產品並確定合理的期限和金額，避免風險發生時給生活帶來的衝擊，達到財務自由的境界，保障高品質的生活狀態。

二、保險規劃遵循的原則

（一）基於實際需求選擇

由於市場上保險產品種類繁多、魚龍混雜的原因，其產品側重點各有不同，保障責任的範圍、保費、保障期限等大相徑庭。再加上人與人之間、家庭與家庭之間不可避免地存在差異性，人們的需求自然也千差萬別。因此，在做家庭保險規劃時以實際需求為導向是最基礎也是最重要的。例如，A君在單位因工作需要，經常到外地出差，那麼就應該買一份專門的人身意外保險，而不要每次出差都購買乘客人身意外保險。

（二）家庭支柱優先購買保險

對於一個家庭而言，家庭支柱的重要性自然不言而喻，承擔的勞動強度越大，暴露在外遭遇意外和疾病的可能性也就越高。家庭支柱稍有不慎，必然會給家庭帶來不可估量的影響。因此，家庭支柱必須要優先購買保險，以不變應萬變。

（三）根據人生的不同階段因時而變

家庭保險規劃還應該根據不同年齡段和家庭狀況而有不同的側重，呈現動態性和階梯性，在此基礎上不斷調整，適當增減。

人生不同階段的保險需求如表5-2所示。

表5-2　　　　　　　　　　人生不同階段的保險需求

生命週期	特徵	理財目標	保險需求
單身期 （大學畢業至成立家庭）	經濟收入低、基本沒有資產	增加學習機會，加強職業培訓，提高收入水準	意外保險、醫療保險、責任保險
家庭形成期 （結婚至孩子出生）	置業、生育、家庭消費逐漸提高	儲蓄購房首付款，增加定期存款、股票和基金等方面投資	意外保險、醫療保險、責任保險、人壽保險、財產保險
家庭成長期 （孩子出生至讀大學）	子女教育計劃、醫療費用、家庭消費比例高	房貸償還、儲備教育金，多元化投資方式建立	意外保險、醫療保險、責任保險、人壽保險、財產保險、教育保險
家庭成熟期I （孩子讀大學）	子女教育費用、醫療費用、退休計劃、財務負擔重	進行多元化投資組合，退休準備計劃	意外保險、醫療保險、責任保險、人壽保險、財產保險、教育保險、養老保險
家庭成熟期II （孩子工作至自己退休）	經濟狀況穩定，財務負擔逐漸減輕	重點準備退休金，降低投資組合風險	意外保險、醫療保險、責任保險、人壽保險、財產保險、養老保險
家庭衰老期 （退休後）	收入減少，保健、醫療費用增加	固定收益投資為主	醫療保險、養老保險

（四）保額、保費合情合理

作為必要的風險保障額度，購買得太少，起不到保障家庭的作用；購買得太多，隨之而來的保費壓力則會影響到生活品質。因此，保額的標準最好是如果有風險發生的話，保險公司支付的理賠金額可以完全覆蓋風險帶來的損失。

【案例5-3】A君擁有一輛價值40萬元的汽車，某天外出旅遊時在高速路上出了車禍。請問在下列不同情況下，保險公司的賠償額度分別為多少？

①在甲保險公司購買一份40萬元保額的保險，車輛全毀。

②在乙保險公司購買一份20萬元保額的保險，車輛損失金額為16萬元。

③分別在甲保險公司購買一份24萬元保額的保險，在乙保險公司購買一份16萬元保額的保險，車輛損失金額為20萬元。

案例分析：

①甲保險公司支付足額賠償，支付40萬元。

②乙保險公司按比例支付賠償，賠償金額＝20/40×16＝8（萬元）

③根據重複保險分攤原則：

甲保險公司應賠償金額＝24/40×20＝12（萬元）

乙保險公司應賠償金額＝16/40×20＝8（萬元）

由於人的價值估量是由眾多因素影響的，隨著因素的變化其價值也在隨時變化。例如，由於人的年齡每年在增長，在其他因素不變的情況下，生命價值和家庭的財務需求每年會變小，其保險就會從足額投保逐漸變成超額投保。如果收入和消費每年都在增長，而其他因素不變，其價值會逐漸增大，原有保險就會變成不足額投保。因此，保險金額需要每年重新計算，以便調整。

（五）險種搭配

個人或家庭應根據自身的經濟能力和適應性選擇險種，結合家庭、工作和個人的實際情況來決定保險的側重點，優先選擇純保障型的險種進行搭配，以求全面保障。例如，家庭在選擇健康保險時，要考慮家庭成員有無社會醫療保障，有社會醫療保障就選擇重大疾病保險加住院補貼保險，沒有社會醫療保障就選擇重大疾病保險加住院費用保險。

【案例5-4】黃女士今年36歲，作為畢業於西南財經大學金融學專業的高才生，她一直非常注重保險和理財，之前已經買了重疾險、壽險和意外險等多種健康保險，最近代理人又找到她要她再補充一份住院醫療險，她有沒有必要再買一份呢？怎麼買才劃算呢？在黃女士的保險購置中，自己和孩子的保險總共已經有6份了，保障方面各有不同，但是住院醫療部分又沒有涵蓋，還需要買嗎？請你給黃女士合理的保險險種搭配建議。

（案例分析）

三、保險規劃的步驟

保險規劃的目的在於根據自身的經濟狀況和保險需求的深入分析,幫助自身選擇合適的保險產品並確定合理的期限和金額。個人在進行家庭風險管理時,一般也要遵循一個固定的流程,這樣才科學嚴謹。通過以下步驟可以自我分析、判斷並進行家庭風險管理。

(一)第一步:風險評估

家庭不同階段面臨的風險是有差異的,家庭成員從事的工作不同和在家庭中所處的不同地位風險也有差異,風險對家庭成員帶來的傷害也是不同的。因此,家庭風險管理中,首先應該對家庭中存在的風險進行風險評估。

(二)第二步:瞭解投保常識

瞭解投保常識,懂得投保規則,可以幫助人們降低保險保障成本,規避或堵塞家庭風險漏洞,提高家庭保障的完整性和有效性。例如,保險合同艱澀難懂,因此許多保險購買者沒有詳細閱讀過合同,但是合同中的重點內容(如保險利益、免責條款等)必須弄明白。代理人的談話記錄也應簽字保存。這樣才能確保參保人的風險管理真實有效。

(三)第三步:進行保險規劃

保險規劃的內容包括選定具體的保險產品,並根據自身(或參保人)的具體情況合理搭配不同險種;以保險財產的實際價值和人身的評估價值為依據確定保險金額;確定保險期限。

(1)首先,我們要確定一下自己家庭成員的範圍,包括自己的父母、子女和愛人。在這個家庭中,哪一位是家庭的主要經濟來源,如果這位成員發生風險時,家庭會遇到怎樣的困擾,需要為父母準備多少養老金,為子女準備多少成長金和教育金,為愛人準備多少生活金?這些數額相加基本就是這個家庭成員需要擁有的壽險和意外險的保額,通常可以設計為壽險和意外險各占一半。

(2)其次我們要考慮的是家庭經濟「頂梁柱」的重疾險,因為這對一個家庭來講也是無法承擔的風險。一般來說,按目前的醫療費用,重疾險的保額一個人準備20萬元也就夠了,考慮到是家庭的經濟「頂梁柱」,有條件的話也可以適當多準備一些。

(3)再次,我們應該考慮的是家庭其他成員的重疾險,因為這也是我們家庭面臨的一個巨大的風險漏洞,如果不加以解決,可能帶給我們的就是無法承受的痛苦。

(4)然後,我們應該考慮的還有醫療險,因為醫療費用也是使家庭收入負增長的一個主要原因。

(5)最後我們需要考慮的是養老險和子女教育險。養老險和子女教育險,究竟誰先考慮,這沒有一定的原則。一般地,認為哪一項需求比較緊迫就優先考慮。養老和子女教育是人人都會遇到的問題,因此也就很難利用大多數人分擔少數人的風險的原則去設計保險了。通常,養老險和子女教育險都是由保戶自己將錢存入保險公司,保險公司利用穩健的

投資渠道幫助客戶投資增值。由於保險公司都會扣除一定的初始費用，保險公司複利增值利率較銀行高的優勢要經過 10 年以上才能體現出來，通常 20 年後，這筆錢的票面價值會增長 1.5~2 倍。因此，存養老險和子女教育險的時間，最好是在需求發生前 20 年提前準備。

我們手中的錢通常有三種理財方式：第一種是存入銀行，這部分錢面臨著通貨膨脹的風險；第二種是投資債券、基金、證券，這些投資方式或多或少面臨著大小不等的風險；第三種則是保險，我們不能說保險是一種很好的投資工具，我們只能說保險是一種最保險的理財工具，因為從抵禦通貨膨脹的角度來講，保險優於銀行；從投資風險的角度來講，保險優於債券、基金、證券等投資方式。

（四）第四步：保額與保費的分配與計算

保險專家指出，兩大通行規則可以確定買保險的保額與保費。一些人計劃為自己和家人投保，但又為該花多少錢、購買多少保額而權衡不定。一些保險專家指出，買保險也有通行規則，掌握兩個「10」，保額、保費如何設定就盡在掌握之中了。

（1）保額：年收入的 10 倍。有關人壽保險的資深人士指出，通常保險額度可以設定為家庭年收入的 10 倍。

舉例說，假設朱先生是家裡的經濟「頂梁柱」，年薪 10 萬元。若他意外身故後，家人一下子失去了家庭主要的經濟收入。如果保險賠償額度是 100 萬元的話，那麼可以保證這個家庭在未來的 10~20 年期間的生活水準和質量不會出現太大的波動。

（2）保費：年收入的 10%。保險業界人士指出，總保費支出為家庭年收入 10% 左右比較適宜，低收入者可以低於這一比例，高收入者可以適當超過這一比例。

一旦購買保險，若非躉交，就是十幾年甚至幾十年的繳費。若保費過高，時間一長，家庭經濟就會有一定壓力；若保費過低，家庭又很難獲得足夠的保險額度。年收入的 10% 是一個對多數家庭都較合適的支出比例。

（五）第五步：定期做好保單診斷

許多人買了保險之後通常就將保單束之高閣，只有在發生事故時才會將保單拿出來看。其實，我們的生活環境會改變，擁有的保單也應該隨著我們的需求而改變保障內容。因此，每年應該檢視一次保單，看看是否有需要調整的地方，這樣才能更好地控制好家庭風險。

項目小結

本項目主要介紹了個人或家庭中存在的一些風險以及防範風險的措施——保險規劃。家庭存在的風險主要包括：家庭風險中最低端的鏈環——收入風險、意外風險；家庭的一

般風險——債務風險、流動性風險和購買力風險；家庭的投資風險——利率風險和市場風險。

保險是進行家庭風險管理最有效的方法之一，家庭風險管理和保險規劃的目的在於根據自身的經濟狀況與保險需求的深入分析，幫助自身選擇合適的保險產品並確定合理的期限和金額。

項目實訓

D 君年齡 30 歲，畢業於廣州某高校建築工程專業，目前在廣州一家房地產公司任職銷售主管，年收入約 10 萬元，由於日常工作業績壓力大，無暇照顧好自己，身體健康狀況不甚理想。今年年初，D 君剛在蘿崗區購買新房一套，每月房貸 3,000 元，貸款期限為 20 年，手頭上還有個人儲蓄 15 萬元。D 君想通過購買商業保險補償日常的醫療費用支出，考慮購買一份短期的住院醫療保險，保額 10 萬元，年繳費 3,800 元。

請根據資料分析 D 君購買的保險能否滿足其要求？你對 D 君有什麼保險購買方面的建議？

項目六　證券產品理財

學習目標

1. 瞭解證券產品的種類
2. 瞭解證券產品的收益和風險

重點及難點

1. 掌握證券產品投資的程序
2. 分析證券產品的收益和風險

【案例導入】

　　A君30歲，工作8年，個人年收入約25萬元，穩中趨升，其中工資及獎金20萬元左右，單位股份紅利約5萬元。A君的配偶年收入2萬元左右（以上均為稅後收入）。A君的兒子3歲多，A君的父母都有退休工資和社保，年收入三四萬元，無其他負擔。A君全家都有社保，同時A君本人及兒子均有購買的保額為5萬元的壽險（保單現金價值約1萬元），年交保費1,800元/人左右，交費期為20年，無其他商業保險。A君擁有一套140平方米住房，距市中心約8千米，市價約40萬元，無貸款，無其他負債。

　　家庭資金運用和投資情況：A君持有的單位股份對應的實際淨資產約50萬元，變現需7折（投資成本約20萬元）；借給親戚8萬元（2年左右可以還清）；持有上市股票，市值約5萬元（成本約10萬元）；偏債平衡型開放基金1只，價值5萬元；貨幣基金18萬元；公積金帳戶10萬元；銀行活期存款1萬元。因日常開銷大部分由父母承擔，A君家其他開銷不超過2萬元。

　　家庭理財目標：3年內在市中心購買一套約130平方米的住房；子女教育基金籌劃；保留部分資金，投資股票型基金等理財產品。

　　討論：

（1）分析A君的家庭財產特點？

（2）A君金融財產配置合理與否？

（3）A君家庭財產安全性是否有保障？

　　通過本項目的深入學習幫助進行A君家庭財產的科學合理優化配置。

任務一　認識證券理財產品

一、投資概述

(一) 投資的含義

投資是指投資者運用自己持有的資本，用來購買實際資產或金融資產，或者取得這些資產的權利，目的是在一定時期內預期獲得資產增值或一定收入。一般情況下，投資可分為實物投資和金融投資兩部分。

(1) 實物投資一般包括對有形資產，如土地、機器、廠房等的投資，具有與生產經營緊密聯繫、投資回收期較長、投資變現速度慢、流動性差等特點。

(2) 金融投資包括對各種金融工具，如股票、固定收益證券、金融信託、基金產品、黃金、外匯和金融衍生品等的投資。

無論是哪種形式的投資，其最大的特徵就是用確定的現值犧牲換取可能的（不確定的）未來收益。因此，投資必須具備三個要素：

第一，收益。投資是為了獲得未來報酬而採取的一種經濟行為，收益即投資取得的報酬。

第二，時間。投資是一個行為過程，從投入到可能的未來報酬的獲得，要經過一定的時間間隔。而投資資金被占用的時間價值與預期的通貨膨脹率關係，可能侵蝕購買力，導致未來收益的不確定性。

第三，風險。投資獲取的報酬是不確定的，即以風險為代價的時間間隔越長，由於不可預測因素越多，不確定性就越大，即風險越大。

(二) 投資的目標

人們在開始投資理財累積「第一桶金」時，必須確定合理的投資目標，目標應該高於目前擁有資產的淨值，但又不能超出太多，因為太宏偉的目標不切實際，反而會帶來眾多負面效果。合理的目標應該接近於可以達成的水準，同時要考慮同期投資市場的平均報酬率水準，以此作為基準。針對不同的投資需求，投資目標可分為短期投資目標、中期投資目標和長期投資目標。

短期投資目標通常採用現金投資和固定利息投資兩種類型。我們可以從市場風險、通貨膨脹、利率風險和流動性等因素評估不同的投資品種，識別並評價投資信息的來源，評價不同種類的符合理財目標的證券投資品種。

中期投資目標主要考慮投資成長性和收益性，但同時也意味著風險水準上升，出現投資虧損的概率會大一些。

長期投資目標主要考慮投資成長性，還可以考慮具有稅收效應的投資產品，如養老金、槓桿投資等。

在確定投資目標之後，為很好地實現這一目標，通常需要把握個人資本、收入的狀況以及發展潛力等方面，根據不同的風險承受能力，設計多個收益不同的固定投資組合。也可以根據不同個人的投資理念、投資目標、風險承受能力，設計多個投資組合方案。

【案例6-1】史玉柱因銀行股（民生銀行）方面的投資而聲名大噪，但巨人系公司其實早在證券、保險、互聯網金融等板塊多線佈局。2015年，史玉柱斥資42億港元（約合36.5億元人民幣）購入海通證券H股2.48億股成為海通證券H股第5大股東，持股比例達9.76%。同年8月17日，史玉柱聯合馬雲、雲峰金融等投資者出資131億元收購美國萬通保險亞洲有限公司。2017年，巨人網絡與中民投等其他15位股東出資成立互聯網金融公司薔薇控股，註冊資本達118億元。巨人投資與泛海控股、雲峰基金、鼎暉等組成財團，以44億美元（約合300億元人民幣）的價格收購美國賭場巨頭凱撒集團旗下專注休閒社交手機游戲業務的Playtika公司的100%股權。

請分析史玉柱的巨人系公司投資的資本版圖，「巨人」的投資都跨了哪些界？

（案例分析）

二、證券理財產品的種類

（一）產品一：股票

1. 股票的定義

股票是股份公司在籌集資本時向出資人發行的股份憑證。股票代表著股票持有者（即股東）對股份公司的所有權。這種所有權是一種綜合權利，如參加股東大會、投票表決、參與公司的重大決策的權利，並收取股息或分享紅利等權利。同一類別的每一份股票代表的公司所有權是相等的。每個股東擁有的公司所有權份額的大小，取決於其持有的股票數量占公司總本的比重。股票一般可以通過買賣方式有償轉讓，股東能通過股票轉讓收回其投資，但不能要求公司返還其出資。股東與公司之間的關係不是債權債務關係。股東是公司的所有者，以其出資額為限對公司負有限責任，承擔風險，分享收益。

2. 股票的特點

（1）不可償還性。股票是一種無償還期限的有價證券，投資者認購了股票後，就不能再要求退股，只能到二級市場賣給第三者。股票的轉讓只意味著公司股東的改變，並不減

少公司資本。從期限上看，只要公司存在，公司發行的股票就存在，股票的期限等於公司存續的期限。

（2）參與性。股東有權出席股東大會，選舉公司董事會，參與公司重大決策。股票持有者的投資意志和享有的經濟利益，通常是通過行使股東參與權來實現的。股東參與公司決策的權利大小，取決於其持有的股份的多少。從實踐中看，只要股東持有的股票數量達到左右決策結果所需的實際多數時，就能掌握公司的決策控制權。

（3）收益性。股東憑其持有的股票，有權從公司領取股息或紅利，獲取投資的收益。股息或紅利的大小，主要取決於公司的盈利水準和公司的盈利分配政策。股票的收益性，還表現在股票投資者可以獲得價差收入或實現資產保值增值。通過低價買入和高價賣出股票，投資者可以賺取價差利潤。

以美國可口可樂公司的股票為例。如果在1984年年底投資1,000美元買入該公司股票，到1994年7月便能以11,654美元的市場價格賣出，賺取10多倍的利潤。在通貨膨脹時，股票價格會隨著公司原有資產重置價格上升而上漲，從而避免了資產貶值。股票通常被視為在高通貨膨脹期間可優先選擇的投資對象。

（4）流通性。股票的流通性是指股票在不同投資者之間的可交易性。流通性通常以可流通的股票數量、股票成交量以及股價對交易量的敏感程度來衡量。可流通股數越多，成交量越大，價格對成交量越不敏感（價格不會隨著成交量一同變化），股票的流通性就越好，反之就越差。股票的流通使投資者可以在市場上賣出所持有的股票，取得現金。通過股票的流通和股價的變動，可以看出人們對於相關行業和上市公司的發展前景與盈利潛力的判斷。那些在流通市場上吸引大量投資者、股價不斷上漲的行業和公司，可以通過增發股票，不斷吸收大量資本進入生產經營活動，起到了優化資源配置的效果。

（5）價格波動性和風險性。股票在交易市場上作為交易對象，同商品一樣，有自己的市場行情和市場價格。由於股票價格要受到如公司經營狀況、供求關係、銀行利率、大眾心理等多種因素的影響，其波動有很大的不確定性。正是這種不確定性，有可能使股票投資者遭受損失。價格波動的不確定性越大，投資風險也越大。因此，股票是一種高風險的金融產品。

3. 股票的收益和風險

股票投資收益是指投資者從購入股票開始到出售股票為止整個持有期間的收入，由股息、資本利得和資本增值收益組成。

股息有現金紅利和紅股兩種形式。在「熊市」階段，持股者往往希望得到現金紅利，因為股價在不斷下跌；在「牛市」階段，持股者又希望得到紅股，因為股價在持續上漲。

資本增值收益是指上市公司在使用資本公積進行轉增時送股，與紅股的來源是未分配利潤有著明顯不同。上市公司在實施轉增時必須使用資本公積的股本溢價部分，而這部分的來源往往依靠上市公司實施首發融資或再融資等方式才能獲得。

資本利得是指股票持有者持股票到市場上進行交易，當股票的市場價格高於買入價格時，賣出股票就可以賺取差價收益。目前，中國股市尚不對該部分實施徵稅，但在境外發達國家和地區都是徵稅的，不過形成虧損也可以抵減應納稅所得額。

股票的風險可以簡單地分為系統性風險和非系統性風險。系統性風險是指針對整個市場的利空因素，包括升息、上調稅費以及其他突發性事件等。非系統性風險是指個股風險，往往僅影響單個上市公司或單個行業板塊，包括退市風險、長期停牌風險、行業調控政策等。

【案例6-2】2018年6月，崔永元爆料了影視圈的「陰陽合同」現象後，一大波上市的影視公司股價大跌，瞬間蒸發了144億元市值，其中，華誼兄弟公司的股份受到的影響頗深，一天內就蒸發了22.76億元市值。在2015年中國股市處於「牛市」的時候，華誼兄弟公司的股份市值超過500億元（最高的時候華誼兄弟公司控股加上參股的股市價值超過800億元），但上市快九年，如今市值又跌回了200億元。

影視行業的股票與其他實體行業的股票相比，市值較小，但因為明星效應和曝光率高，使其股票價值容易受到外界因素影響，讓投資者尤其是中小股民難以把握。當行業股市的價格波動的不確定性越大，投資風險也越大。

4. 股票投資的分析方法

股票投資分析方法主要有兩大類：一類是基本分析法，另一類是技術分析法。

（1）基本分析法。基本分析法通過對決定股票內在價值和影響股票價格的宏觀經濟形勢、行業狀況、公司經營狀況等進行分析，評估股票的投資價值和合理價值，與股票市場價值進行比較，相應形成買賣的建議。

基本分析法包括分析下面三個方面的內容：

①宏觀經濟分析。研究經濟政策（貨幣政策、財政政策、稅收政策、產業政策等）和經濟指標（國內生產總值、失業率、通貨膨脹率、利率、匯率等）對股票市場的影響。

②行業分析。具體分析產業前景、區域經濟發展對上市公司的影響。

③公司分析。具體分析上市公司行業地位、市場前景、財務狀況。

（2）技術分析法。技術分析法從股票的成交量、價格、達到這些價格和成交量所用的時間、價格波動的空間幾個方面分析走勢並預測未來。目前常用的有K線理論、波浪理論、形態理論、趨勢線理論和技術指標分析等。

基本分析法能夠比較全面地把握股票價格的基本走勢，但對短期的市場變動不敏感；技術分析法貼近市場，對市場短期變化反應快，但難以判斷長期的趨勢，特別是對於政策因素，難有預見性。基本分析法和技術分析法各有優缺點與適用範圍。基本分析法能把握中長期的價格趨勢，而技術分析法則為短期買入、賣出時機選擇提供參考。投資者在具體運用時應該把兩者有機結合起來，選擇合適的投資分析方法，方可實現效用最大化。

5. 股票投資的五大步驟

股票投資風險具有明顯的兩重性，即股票投資風險的存在既是客觀的、絕對的，又是主觀的、相對的。股票投資風險既是不可完全避免的，又是可以控制的。投資者對股票風險的控制就是針對風險的兩重性，運用一系列投資策略和技術手段把承受風險的成本降到最低限度。

股票投資具有高風險、高收益的特點。理性的股票投資過程應該包括確定投資策略、進行股票投資分析、確立投資組合、評估投資業績、修正投資策略五個步驟。進行股票投資分析作為其中一環，是成功進行股票投資的重要基礎。

（1）確定投資策略。股票投資是一種高風險的投資，人們常說：「風險越大，收益就越大。」換一個角度說，也就是需要承受的壓力越大，收益就越大。投資者在涉足股票投資的時候，必須結合個人的實際狀況，制定出可行的投資政策。這實質上是確定個人資產的投資組合的問題，投資者應掌握好風險分散原則和量力而行原則。

①風險分散原則。投資者在支配個人財產時，要牢記「不要把雞蛋放在一個籃子裡」。與房產、珠寶首飾、古董字畫相比，股票流動性好，變現能力強；與銀行儲蓄、債券相比，股票價格波動幅度大。各種投資渠道都有自己的優缺點，盡可能地迴避風險和實現收益最大化，成為個人理財的兩大目標。

②量力而行原則。股票價格變動較大，投資者不能只想盈利，還要有賠錢的心理準備和實際承受能力。《中華人民共和國證券法》明文禁止透支、挪用公款炒股，正是體現了這種風險控制的思想。投資者必須結合個人的財力和心理承受能力，制定合理的投資策略。

（2）進行股票投資分析。受市場供求、政策傾向、利率變動、匯率變動、公司經營狀況變動等多種因素影響，股票價格呈現波動性、風險性的特徵。何時介入股票市場、購買何種股票對投資者的收益有直接影響。股票投資分析成為股票投資步驟中很重要的一個環節，其目的在於預測價格趨勢和價值發現，從而為投資者提供介入時機和介入品種決策的依據。

（3）確立投資組合。在進行股票投資時，投資者一方面希望收益最大化，另一方面又要求風險最小。兩者的平衡點，即在可接受的風險水準之內，實現收益最大化的投資方案，構成最佳的投資組合。

根據個人財務狀況、心理狀況和承受能力，投資者分別具有低風險傾向或高風險傾向。低風險傾向者宜組建穩健型投資組合，投資於常年收益穩定、市盈率較低、派息率較高的股票，如公用事業股。高風險傾向者可組建激進型投資組合，著眼於上市公司的成長性，多選擇一些涉足高科技領域或有資產重組題材的「黑馬」型上市公司。

（4）評估投資業績。評估投資業績指定期評估投資業債、測算投資收益率、檢討決策中的成敗得失，在股票投資中有承上啓下的作用。

（5）修正投資策略。隨著時間推移，市場和政策等各種因素發生變化，投資者對股票的評價和對收益的預期也相應發生變化。在評估前一段業績的基礎上，重新修正投資策略非常必要。如此又重複進行確定投資政策→進行股票投資分析→確立投資組合→評估投資業績的過程，股票投資的五大步驟相輔相成，以保證投資者預期目標的實現。

（二）產品二：債券

1. 債券的定義

債券是國家政府、金融機構、企業等機構直接向社會借債籌措資金時，向投資者發行，承諾按規定利率支付利息並按約定條件償還本金的債權債務憑證。由此，債券包含了以下四層含義：

第一層含義：債券的發行人（政府、金融機構、企業等機構）是資金的借入者。

第二層含義：購買債券的投資者是資金的借出者。

第三層含義：發行人（借入者）需要在一定時期還本付息。

第四層含義：債券是債的證明書，具有法律效力。債券購買者與發行者之間是一種債權債務關係，債券發行人即債務人，投資者（或債券持有人）即債權人。

2. 債券的基本要素

債券是一種債務憑證，反應了發行者與購買者之間的債權債務關係。債券儘管種類多種多樣，但是在內容上都要包含一些基本的要素。這些要素是指發行的債券上必須載明的基本內容，這是明確債權人和債務人權利與義務的主要約定。債券的基本要素具體包括：

（1）債券面值。債券的面值是指債券的票面價值，是發行人對債券持有人在債券到期後應償還的本金數額，也是企業向債券持有人按期支付利息的計算依據。債券的面值與債券實際的發行價格並不一定是一致的，發行價格大於面值稱為溢價發行，小於面值稱為折價發行。

（2）票面利率。債券的票面利率是指債券利息與債券面值的比率，是發行人承諾以後一定時期支付給債券持有人報酬的計算標準。債券票面利率的確定主要受到銀行利率、發行者的資信狀況、償還期限和利息計算方法以及當時資金市場上資金供求情況等因素的影響。

（3）付息期。債券的付息期是指企業發行債券後的利息支付的時間。付息期可以是到期一次支付，或1年、半年、3個月支付一次。在考慮貨幣時間價值和通貨膨脹因素的情況下，付息期對債券投資者的實際收益有很大影響。到期一次付息的債券，其利息通常是按單利計算的；年內分期付息的債券，其利息是按複利計算的。

（4）償還期。債券償還期是指企業債券上載明的償還債券本金的期限，即債券發行日至到期日之間的時間間隔。公司要結合自身資金週轉狀況及外部資本市場的各種影響因素來確定公司債券的償還期。

上述四個要素是債券票面的基本要素，但在發行時並不一定全部在票面上印製出來。

例如，在很多情況下，債券發行者是以公告或條例形式向社會公布債券的期限和利率。此外，一些債券還包含有其他要素，如還本付息方式。

3. 債券的特徵

債券作為一種債權債務憑證，與其他有價證券一樣，也是一種虛擬資本，而非真實資本，債券是經濟運行中實際運用的真實資本的證書。債券作為一種重要的融資手段具有如下特徵：

（1）償還性。債券一般都規定有償還期限，發行人必須按約定條件償還本金並支付利息。

（2）流通性。債券一般都可以在流通市場上自由轉讓。

（3）安全性。與股票相比，債券通常規定有固定的利率，與企業績效沒有直接聯繫，收益比較穩定，風險較小。此外，在企業破產時，債券持有者享有優先於股票持有者對企業剩餘資產的索取權。

（4）收益性。債券的收益性主要表現在兩個方面，一方面是投資債券可以給投資者定期或不定期地帶來利息收入；另一方面是投資者可以利用債券價格的變動，買賣債券賺取差額。

4. 債券的種類

（1）按發行主體劃分，債券可以分為政府債券、金融債券、公司（企業）債券。

①政府債券。政府債券是政府為籌集資金而發行的債券，主要包括國債、地方政府債券等，其中最主要的是國債。國債因其信譽好、利率優、風險小而又被稱為「金邊債券」。

②金融債券。金融債券是由銀行和非銀行金融機構發行的債券。在中國，目前金融債券主要由國家開發銀行、進出口銀行等政策性銀行發行。

③公司（企業）債券。公司（企業）債券是企業依照法定程序發行，約定在一定期限內還本付息的債券。公司債券的發行主體是股份公司，但非股份公司的企業也可以發行債券。因此，歸類時，公司債券和企業發行的債券合在一起，可直接稱為公司（企業）債券。

（2）按是否有財產擔保，債券可以分為抵押債券和信用債券。

①抵押債券。抵押債券是以企業財產作為擔保的債券，按抵押品的不同又可以分為一般抵押債券、不動產抵押債券、動產抵押債券和證券信託抵押債券。以不動產如房屋等作為擔保品，稱為不動產抵押債券；以動產如適銷商品等作為擔保品的，稱為動產抵押債券；以有價證券如股票及其他債券作為擔保品的，稱為證券信託抵押債券。一旦債券發行人違約，信託人就可以將擔保品變賣處置，以保證債權人的優先求償權。

②信用債券。信用債券是不以任何公司財產作為擔保，完全憑信用發行的債券。政府債券屬於此類債券。這種債券由於其發行人的絕對信用而具有堅實的可靠性。除此之外，一些公司也可以發行這種債券，即信用公司債。與抵押債券相比，信用債券的持有人承擔

的風險較大，因此往往要求較高的利率。為了保護投資人的利益，發行這種債券的公司往往受到種種限制，只有那些信譽卓著的大公司才有資格發行信用債券。除此以外，在債券契約中都要加入保護性條款，如不能將資產抵押其他債權人、不能兼併其他企業、未經債權人同意不能出售資產、不能發行其他長期債券等。

(3) 按債券形態分類，債券可以分為實物債券、憑證式債券、記帳式債券。

①實物債券（無記名債券）。實物債券（無記名債券）是一種具有標準格式實物券面的債券。實物債券與無實物債券相對應，簡單地說就是發給投資人的債券是紙質的而非電腦裡的數字。在實物債券券面上，一般印製了債券面額、債券利率、債券期限、債券發行人全稱、還本付息方式等各種債券票面要素。

實物債券不記名、不掛失，可上市流通。實物債券是一般意義上的債券，很多國家通過法律或法規對實物債券的格式予以明確規定。實物債券由於其發行成本較高，將會被逐步取消。

②憑證式債券。憑證式國債是指國家採取不印刷實物券，而用填製「國庫券收款憑證」的方式發行的國債。中國從1994年開始發行憑證式國債。憑證式國債具有類似儲蓄，又優於儲蓄的特點，通常被稱為儲蓄式國債，是以儲蓄為目的的個人投資者理想的投資方式。憑證式國債從購買之日起計息，可記名、可掛失，但不能上市流通。憑證式國債與儲蓄類似，但利息比儲蓄高。

③記帳式債券。記帳式債券是指沒有實物形態的票券，以電腦記帳方式記錄債權，通過證券交易所的交易系統發行和交易。中國近年來通過滬、深交易所的交易系統發行和交易的記帳式國債就是這方面的實例。如果投資者進行記帳式債券的買賣，就必須在證券交易所設立帳戶。因此，記帳式國債又稱為無紙化國債。因為記帳式國債發行和交易均無紙化，所以交易效率高、成本低，是未來債券發展的趨勢。

(4) 按是否可以轉換為公司股票劃分，債券可以分為可轉換債券和不可轉換債券。

①可轉換債券。可轉換債券是指在特定時期內可以按某一固定的比例轉換成普通股的債券。可轉換債券具有債務與權益雙重屬性，屬於一種混合性籌資方式。由於可轉換債券賦予債券持有人將來成為公司股東的權利，因此其利率通常低於不可轉換債券。若將來轉換成功，在轉換前發行企業達到了低成本籌資的目的，轉換後又可以節省股票的發行成本。根據《中華人民共和國公司法》的規定，發行可轉換債券應由國務院證券管理部門批准，發行公司應同時具備發行公司債券和發行股票的條件。

②不可轉換債券。不可轉換債券是指不能轉換為普通股的債券，又稱為普通債券。因為不可轉換債券沒有賦予債券持有人將來成為公司股東的權利，所以其利率一般高於可轉換債券。

(5) 按付息的方式劃分，債券可以分為零息債券、定息債券、浮息債券。

①零息債券。零息債券也叫貼現債券，是指債券券面上不附有息票，在票面上不規定

利率，發行時按規定的折扣率，以低於債券面值的價格發行，到期時按面值支付本息的債券。從利息支付方式上來看，貼現國債以低於面額的價格發行，可以看成利息預付，因此又可以稱為利息預付債券、貼水債券，是期限比較短的折現債券。

②定息債券。定息債券也叫固定利率債券，是將利率印在票面上並按其向債券持有人支付利息的債券。該利率不隨市場利率的變化而調整，因此固定利率債券可以較好地抵制通貨緊縮風險。

③浮息債券。浮息債券又叫浮動利率債券，浮動利率債券的息票率是隨市場利率變動而調整的利率。因為浮動利率債券的利率同當前市場利率掛鈎，而當前市場利率又考慮到了通貨膨脹率的影響，所以浮動利率債券可以較好地抵制通貨膨脹風險。浮動利率債券的利率通常根據市場基準利率加上一定的利差來確定。浮動利率債券往往是中長期債券。

（6）按是否能夠提前償還劃分，債券可以分為可贖回債券和不可贖回債券。

①可贖回債券。可贖回債券是指在債券到期前，發行人可以以事先約定的贖回價格收回的債券。公司發行可贖回債券主要是考慮到公司未來的投資機會和迴避利率風險等問題，以增加公司資本結構調整的靈活性。發行可贖回債券最關鍵的問題是贖回期限和贖回價格的制定

②不可贖回債券。不可贖回債券是指不能在債券到期前收回的債券。

（7）按償還方式不同劃分，債券可以分為一次到期債券和分期到期債券。

①一次到期債券。一次到期債券是發行公司於債券到期日一次償還全部債券本金的債券。

②分期到期債券。分期到期債券是指在債券發行的當時就規定有不同到期日的債券，即分批償還本金的債券。分期到期債券可以減輕發行公司集中還本的財務負擔。

（8）按債券的計息方式分類，債券可以分為單利債券、複利債券、累進利率債券。

①單利債券。單利債券是指在計息時，不論期限長短，僅按本金計息，所生利息不再加入本金計算下期利息的債券。

②複利債券。複利債券與單利債券相對應，是指計算利息時，按一定期限將所生利息加入本金再計算利息，逐期滾算的債券。

③累進利率債券。累進利率債券是指年利率以利率逐年累進方法計息的債券。累進利率債券的利率隨著時間的推移，後期利率比前期利率更高，呈累進狀態。

5. 債券的發行

（1）債券發行的條件。根據《中華人民共和國公司法》的規定，中國債券發行的主體主要是公司制企業和國有企業。企業發行債券的條件如下：

①股份有限公司的淨資產額不低於人民幣 3,000 萬元，有限責任公司的淨資產額不低於人民幣 6,000 萬元。

②累計債券總額不超過淨資產的 40%。

③最近 3 年平均可分配利潤足以支付公司債券 1 年的利息。
④籌資的資金投向符合國家的產業政策。
⑤債券利息率不得超過國務院限定的利率水準。
⑥其他條件。

（2）債券的發行價格。債券的發行價格是指債券原始投資者購入債券時應支付的市場價格。債券的發行價格與債券的面值可能一致也可能不一致。

在理論上，債券的發行價格是債券的面值和要支付的年利息按發行當時的市場利率折現所得到的現值。由此可見，票面利率和市場利率的關係影響到債券的發行價格。當債券票面利率等於市場利率時，債券發行價格等於面值；當債券票面利率低於市場利率時，企業仍以面值發行就不能吸引投資者，因此一般要折價發行；當債券票面利率高於市場利率時，企業仍以面值發行就會增加發行成本，因此一般要溢價發行。

在實務中，根據上述原理計算的債券發行價格一般是確定債券實際發行價格的基礎，還要結合債券發行公司自身的信譽情況。

6. 債券的交易方式

上市債券的交易方式大致有債券現貨交易、債券回購交易、債券期貨交易。目前在深、滬證券交易所交易的債券有現貨交易和回購交易。

（1）現貨交易。現貨交易又叫現金現貨交易，是債券買賣雙方對債券的買賣價格均表示滿意，在成交後立即辦理交割，或者在很短的時間內辦理交割的一種交易方式。例如，投資者可以直接通過證券帳戶在深圳證券交易所全國各證券經營網點買賣已經上市的債券品種。

（2）回購交易。回購交易是指債券出券方和購券方在達成一筆交易的同時，規定出券方必須在未來某一約定時間以雙方約定的價格再從購券方那裡購回原先售出的那筆債券，並以商定的利率（價格）支付利息。目前深、滬證券交易所均有債券回購交易，但只允許機構法人開戶交易，個人投資者不能參與。

（3）期貨交易。債券期貨交易是一批交易雙方成交以後，交割和清算按照期貨合約中規定的價格在未來某一特定時間進行的交易。目前深、滬證券交易所均不開通債券期貨交易。

7. 債券投資的收益和風險

（1）債券投資的收益。人們投資債券時，最關心的就是債券收益有多少。債券投資收益主要來源於三個方面，即利息收入、償還盈虧（資本利得）和利息再投資所得的收益。為了精確衡量債券收益，一般使用債券收益率這個指標。債券收益率是債券收益與其投入本金的比率，通常用年率表示。債券收益不同於債券利息。債券利息僅指債券票面利率與債券面值的乘積。由於人們在債券持有期內，可以在債券市場上進行買賣，賺取價差，因此債券收益除利息收入外，還包括買賣盈虧差價。

決定債券收益率的主要因素有債券的票面利率、期限、面值和購買價格。最基本的債券收益率計算公式為：

債券收益率＝(到期本息和－發行價格)／(發行價格×償還期限)×100%

由於債券持有人可能在債券償還期內轉讓債券，因此債券的收益率還可以分為債券出售者的收益率、債券購買者的收益率和債券持有期間的收益率。計算公式如下：

債券出售者的收益率＝（賣出價格－發行價格＋持有期間的利息）／（發行價格×持有年限）×100%

債券購買者的收益率＝（到期本息和－買入價格）／（買入價格×剩餘期限）×100%

債券持有期間的收益率＝（賣出價格－買入價格＋持有期間的利息）／（買入價格×持有年限）×100%

【案例6-3】A君於2017年1月1日以102元的價格購買了一張面值為100元、利率為10%、每年1月1日支付一次利息的2011年發行5年期國庫券，並持有到2018年1月1日到期。請分別計算債券購買者和債券出售者的收益率。

債券購買者的收益率＝（100+100×10%－102）／（102×1）×100%＝7.8%

債券出售者的收益率＝（102－100+100×10%×4）／（100×4）×100%＝10.5%

【案例6-4】B君於2013年1月1日以120元的價格購買了面值為100元、利率為10%、每年1月1日支付一次利息的2012年發行的10年期國庫券，並持有到2018年1月1日以140元的價格賣出。計算債券持有期間的收益率。

債券持有期間的收益率＝（140－120+100×10%×5）／（120×5）×100%＝11.7%

以上計算公式沒有考慮把獲得的利息進行再投資的因素。把所獲利息的再投資收益計入債券收益，據此計算出來的收益率，即為複利收益率。

影響債券投資收益的因素主要包括以下幾個方面：

①債券的利率。債券利率越高，債券收益也越高；反之，收益越低。形成利率差別的主要因素是利率、殘存期限、發行者的信用度和市場性等。

②債券價格與面值的差額。當債券價格高於其面值時，債券收益率低於票面利息率；反之，則高於票面利息率。

③債券的還本期限。還本期限越長，票面利息率越高。

④市場供求、貨幣政策和財政政策。市場供求、貨幣政策和財政政策對債券價格產生影響，直接影響到投資者的成本，成本越高則收益率越低，成本越低則收益率越高。因此，除了利率差別會影響投資者的收益之外，市場供求、貨幣政策和財政政策也是我們考慮投資收益時不可忽略的因素。

（2）債券投資的風險。儘管與股票相比，債券投資安全很多，但是同樣存在著風險，債券投資面臨的風險主要如下：

①利率風險，即利率的變動導致債券價格與收益率發生變動的風險。

②價格變動風險。債券市場價格常常變化，若其變化與投資者預測的不一致，那麼投資者的資本必將遭到損失。

③通貨膨脹風險。債券發行者在協議中承諾付給債券持有人的利息或本金的償還，都是事先議定的固定金額。當發生通貨膨脹時，貨幣的實際購買能力下降，就會造成在市場上能購買的東西卻相對減少，甚至有可能低於原來投資金額的購買力。

④信用風險。在企業債券的投資中，企業由於各種原因，存在著不能完全履行其責任的風險。

⑤轉讓風險。當投資者急於將手中的債券轉讓出去，有時候不得不在價格上打折，或者要支付一定的佣金。

⑥回收性風險。有回收性條款的債券，因為其常常有強制收回的可能，而這種可能又常常是市場利率下降、投資者按券面上的名義利率收取實際增額利息的時候，投資者的預期收益就會遭受損失。

⑦稅收風險。政府對債券稅收的減免或增加都影響到投資者對債券的投資收益。

⑧政策風險，即由於政策變化導致債券價格發生波動而產生的風險。

例如，突然給債券實行加息和保值貼補。

8. 債券投資的原則

投資債券既要有所收益，又要控制風險，因此根據債券的特點，投資債券原則如下：

（1）收益性原則。不同種類的債券收益多少不同，投資者應根據自己的實際情況選擇。例如，國家（包括地方政府）發行的債券，一般認為是沒有風險的投資；而企業債券則存在著能否按時償付本息的風險，作為對這種風險的報酬，企業債券的收益必然要比政府債券的收益高。

（2）安全性原則。投資債券相對於其他投資工具要安全得多，但這僅僅是相對的，債券投資的安全性問題依然存在，因為經濟環境有變、經營狀況有變、債券發行人的資信等級也不是一成不變，所以投資債券還應考慮不同債券投資的安全性。例如，就政府債券和企業債券而言，企業債券的安全性不如政府債券。

（3）流動性原則

債券的流動性強意味著能夠以較快的速度將債券兌換成貨幣，同時以貨幣計算的價值不受損失；反之，則表明債券的流動性差。影響債券流動性的主要因素是債券的期限，期限越長，流動性越弱，期限越短，流動性越強。另外，不同類型債券的流動性也不同。例如，政府債券在發行後就可以上市轉讓，因此流動性強。企業債券的流動性往往就有很大差別，對於那些資信卓著的大公司或規模小但經營良好的公司，其發行的債券流動性是很強的；反之，那些規模小、經營差的公司發行的債券的流動性要差得多。

【案例 6-5】
公司公募債券違約及處置案例

Q 公司 2012 年 4 月發行了 4.8 億元的公司債（以下簡稱「12Q 債」），存續期為 5 年、附第 3 年末投資者回售選擇權，發行利率為 6.78%，每年的 4 月 × 日為債券付息日。2015 年 4 月，因 Q 公司無法按時、足額籌集資金用於償付「12Q 債」本期債券應付利息及回售款項，構成對本期債券的實質違約。

發行人及債券基本情況

Q 公司於 2009 年 11 月在交易所上市，實際控制人為 M。公司原主營業務為高檔餐飲業，是國內第一家在 A 股上市的民營餐飲企業，後經多次轉型，主營業務涉及餐飲服務與管理、環保科技、網絡新媒體以及大數據處理。

2012 年 4 月，Q 公司發行了 4.8 億元存續期為 5 年、附第 3 年年末發行人上調票面利率選擇權及投資者回售選擇權的公司債，發行利率為 6.78%，每年的 4 月 × 日為債券付息日。

風險暴露過程

Q 公司 2013 年全年虧損 5.64 億元，2014 年上半年虧損 659 萬元，經營風險增大，業務轉型困難，並存在業績真實性等質疑。

2014 年 10 月，P 資信公司披露對「12Q 債」的不定期跟蹤評級報告，將其主體及債項評級均由 A 下調至 BBB，觸發交易所風險警示條件。交易所於 10 月 × 日對債券進行停牌處理，並於復牌後實行風險警示處理，債券更名為「STE 債」。

2015 年 4 月，因 Q 公司無法按時、足額籌集資金用於償付「12Q 債」本期債券應付利息及回售款項，構成對本期債券的實質違約。

因 Q 公司 2013 年、2014 年淨利潤分別為 −5.6 億元、−6.8 億元，連續兩年虧損，「STE 債」於 2015 年 6 月暫停上市。

違約風險事件處置情況

「12Q 債」違約處置難度大。從經營角度看，一是傳統餐飲業務業績繼續虧損，並且 Q 公司轉型的新業務發展停滯；二是 Q 公司前期形成的大額應收及預付款項約 1.5 億元無法收回；三是因涉及房屋合同糾紛等情況，Q 公司 7 個銀行帳號被凍結，日常經營無法正常進行。從重組角度看，一是 Q 公司市值約為 60 億元，估值較高，增加了借殼重組的難度；二是 Q 公司被證監會立案調查未有明確結論，重組存在障礙；三是實際控制人 2014 年國慶節期間出國後迄今未歸，更為重組增添難度。

鑒於上述原因，Q 公司於 2015 年 6 月啟動債務重組有關事項。因涉及相關利益方較多，涉及相關法律法規複雜，Q 公司需同相關各方多次溝通協調。通過 2015 年下半年重大資產出售和債務重組，Q 公司完成「12Q 債」債券兌付資金的籌集工作。2016 年 3 月 × 日，償債資金劃入結算公司分公司的指定銀行帳戶，結算公司已於 2016 年 3 月 × 日完成

派發工作。其中，本金為2.92億元，利息為353萬元，違約金為1,722.95萬元，合計3.13億元。至此，「12Q債」違約事件處置完畢。

（案例啟示）

（三）產品三：基金

1. 基金的定義

基金，即證券投資基金，是指通過發售基金份額，將眾多投資者的資金集中起來，形成獨立資產，由基金託管人託管，基金管理人管理，以投資組合的方法進行證券投資的一種利益共享、風險共擔的集合投資方式。具體來說，基金就是通過發行基金單位，集中投資者的資金，由基金託管人託管（一般是信譽卓著的銀行），由基金管理人（即基金管理公司）管理和運用資金，從事股票、債券等金融工具的投資。基金投資人享受證券投資的收益，也承擔因投資虧損而產生的風險。中國基金暫時都是契約型基金，是一種信託投資方式。

證券投資基金是一種間接的證券投資方式。基金管理公司通過發行基金單位，集中投資者的資金，由基金託管人（即具有資格的銀行）託管，由基金管理人管理和運用資金，從事股票、債券等金融工具投資，然後共擔投資風險、分享收益。根據不同標準，可以將證券投資基金劃分為不同的種類。

根據基金單位是否可增加或贖回，基金可分為開放式基金和封閉式基金。開放式基金不上市交易，一般通過銀行申購和贖回，基金規模不固定；封閉式基金有固定的存續期，其間基金規模固定，一般在證券交易場所上市交易，投資者通過二級市場買賣基金單位。

證券投資基金在美國稱為「共同基金」，在英國稱為「單位信託基金」，在日本稱為「證券投資信託基金」。

2. 證券投資基金的分類

（1）股票基金。股票基金是以股票為投資對象的投資基金，是投資基金的主要種類。股票基金的主要功能是將大眾投資者的小額投資集中為大額資金，投資於不同的股票組合，是股票市場的主要機構投資者。

與其他類型的基金相比，股票基金具有以下特點：

①與其他基金相比，股票基金的投資對象具有多樣性，投資目的也具有多樣性。

②與投資者直接投資於股票市場相比，股票基金具有分散風險、費用較低等特點。對一般投資者而言，個人資本畢竟是有限的，難以通過分散投資種類而降低投資風險。若投

資於股票基金，投資者不僅可以分享各類股票的收益，而且可以通過投資於股票基金而將風險分散於各類股票上，大大降低了投資風險。此外，投資者投資了股票基金，可以享受基金大額投資在成本上的相對優勢，降低投資成本，提高投資效益，獲得規模效益的好處。

③從資產流動性來看，股票基金具有流動性強、變現性好的特點。股票基金的投資對象是流動性強的股票，基金資產質量高、變現容易。

④對投資者來說，股票基金經營穩定、收益可觀。一般來說，股票基金的風險比股票投資的風險低，因此收益較穩定。不僅如此，封閉式股票基金上市後，投資者還可以通過在交易所交易獲得買賣差價。基金期滿後，投資者享有分配剩餘資產的權利。

⑤股票基金具有在國際市場上融資的功能和特點。就股票市場而言，其資本的國際化程度較外匯市場和債券市場低。一般來說，各國的股票基本上在本國市場上交易，股票投資者也只能投資於本國上市的股票或在當地上市的少數外國公司的股票。在國外，股票基金則突破了這一限制，投資者可以通過購買股票基金，投資於其他國家或地區的股票市場，從而對證券市場的國際化具有積極的推動作用。從海外股票市場的現狀來看，股票基金投資對象有很大一部分是外國公司股票。

（基金一覽）

2. 債券基金

債券基金顧名思義是以債券為主要投資標的的共同基金，除了債券之外，尚可投資於金融債券、附買回債券、定存、短期票券等，絕大多數以開放式基金形態發行，並採取不分配收益方式，合法節稅。目前，中國國內大部分債券基金屬性偏向於收益型債券基金，以獲取穩定的利息為主。因此，收益普遍呈現穩定成長。

（1）債券基金的優點。債券基金的優點如下：

①低風險、低收益。由於債券收益穩定、風險也較小，相對於股票基金，債券基金風險低但回報率也不高。

②費用較低。由於債券投資管理不如股票投資管理複雜，因此債券基金的管理費也相對較低。

③收益穩定。投資於債券定期都有利息回報，到期還承諾還本付息，因此債券基金的收益較為穩定。

④注重當期收益。債券基金主要追求當期較為固定的收入，相對於股票基金而言缺乏

增值的潛力，較適合於不願過多冒險、謀求當期穩定收益的投資者。

（2）債券基金投資策略。債券基金投資策略如下：

①確定投資有正確的理由。如果買債券基金的目的是為了增加投資組合的穩定性，或者獲得比現金更高的收益，這樣的策略是行得通的。如果認為買債券基金是不會虧損的，那就需要再考慮一下。債券基金也有風險，尤其是在升息的環境中。當利率上行的時候，債券的價格會下跌，這樣債券基金可能會出現負的回報。在國內，多數債券基金持有不少可轉債，有的還投資少量股票，股價尤其是可轉債價格的波動會加大債券基金回報的不確定性。

②瞭解債券基金持有些什麼。為了避免投資失誤，在購買前需要瞭解債券基金都持有些什麼。對於普通債券而言，兩個基本要素是利率敏感程度與信用素質。債券價格的漲跌與利率的升降成反向關係。利率上升的時候，債券價格便下滑。

③瞭解債券基金的信用。債券基金的信用取決於其投資債券的信用等級。投資人可以通過基金招募說明書瞭解對所投資債券信用等級有哪些限制，通過基金投資組合報告瞭解持有債券的信用等級。

④對於國內的組合類債券基金，投資人還需要瞭解其投資的可轉債及股票的比例。基金持有比較多的可轉債，可以提高收益能力，但也放大了風險。因為可轉債的價格受正股聯動影響，波動要大於普通債券。尤其是集中持有大量轉債的基金，其回報率受股市和可轉債市場的影響可能遠大於債市。

⑤震盪市中的避險工具。投資者在選擇股票基金的時候，將承受較大的波動風險。在這種市場格局下，流動性好、風險低且回報率高於儲蓄利率的債券基金可以降低投資者的風險。目前市場中債券基金的資產中80%以上都是由國債、金融債和高信用等級的企業債組成的，基本不存在信用風險。在控制好利率風險之後，債券基金淨值下跌的風險很小，收益非常穩定。因此，債券基金是較好的替代銀行存款的理財品種，迎合了中國居民理財的穩健收益和低風險需求。

當然，債券基金並非純粹投資債券，因此債券基金並不保本，同樣有虧損的風險，只是債券基金的投資風險遠遠低於股票基金。

3. 貨幣市場基金

貨幣市場基金是指投資於貨幣市場上短期有價證券的一種基金。該基金資產主要投資於短期貨幣工具，如國庫券、商業票據、銀行定期存單、政府短期債券、企業債券等短期有價證券。

貨幣市場基金最早創設於1972年的美國。到1986年年底為止，美國共有400多個貨幣市場基金，總資產超過2,900億美元。在美國，貨幣市場基金按風險大小可劃分為以下三類：

（1）國庫券貨幣市場基金。國庫券貨幣市場基金是主要投資於國庫券、由政府擔保的

有價證券等。這些證券到期時間一般不到1年，平均到期期限為120天。

（2）多樣化貨幣市場基金。多樣化貨幣市場基金就是通常所說的貨幣市場基金，通常投資於商業票據、國庫券、美國政府代理機構發行的證券、可轉讓存單、銀行承兌票據等各種有價證券，其到期時間同前述基金類似。

（3）免稅貨幣基金。免稅貨幣基金主要投資用於短期融資的高質量的市政證券，也包括市政中期債券和市政長期債券。免稅貨幣基金的優點是可以減免稅收，但通常比一般的貨幣市場基金的收益率低（大約低30%~40%），稅率不高時投資者選擇該基金並不劃算。

貨幣市場基金與傳統的基金比較具有以下特點：

（1）貨幣市場基金與其他投資於股票的基金最主要的不同在於基金單位的資產淨值是固定不變的，通常是每個基金單位1元。投資該基金後，投資者可以利用收益再投資，投資收益就不斷累積，增加投資者擁有的基金份額。例如，某投資者以100元投資於某貨幣市場基金，可以擁有100個基金單位，1年後，若投資報酬是8%，那麼該投資者就多8個基金單位，總共108個基金單位，價值108元。

（2）衡量貨幣市場基金表現好壞的標準是收益率，這與其他基金以淨資產價值增值獲利不同。

（3）流動性強、資本安全性高。這些特點主要源於貨幣市場是一個風險低、流動性強的市場。同時，投資者可以不受到期日限制，隨時可以根據需要轉讓基金單位。

（4）風險性低。貨幣市場工具的到期日通常很短，貨幣市場基金投資組合的平均期限一般為4~6個月，因此風險較低，其價格通常只受市場利率的影響。

（5）投資成本低。貨幣市場基金通常不收取贖回費用，並且其管理費用也較低，貨幣市場基金的年管理費用大約為基金資產淨值的0.25%~1%，比傳統的基金年管理費率（1%~2.5%）低。

（6）貨幣市場基金均為開放式基金。貨幣市場基金通常被視為無風險或低風險投資工具，適合資本短期投資生息以備不時之需，特別是在利率高、通貨膨脹率高、證券流動性下降、可信度降低時，可以使本金免遭損失。

（貨幣市場基金一覽）

3. 基金定投

定期定額投資基金，即基金定投，是基金申購業務的一種方式，投資者可以通過基金的銷售機構提交申請，約定每期扣款時間、扣款金額以及扣款方式，由銷售機構於約定扣

款日，在投資者指定資金帳戶內自動完成扣款及基金申購。

基金定投的特點如下：

①平均成本、分散風險。普通投資者很難適時掌握正確的投資時點，常常可能是在市場高點買入，在市場低點賣出。而採用基金定期定額投資方式，不論市場行情如何波動，每個月固定一天定額投資基金，由銀行自動扣款，自動依基金淨值計算可買到的基金份額數。這樣投資者購買基金的資金是按期投入的，投資的成本也比較平均。

②適合長期投資。由於定期定額是分批進場投資，當股市在盤整或下跌的時候，由於定期定額投資基金是分批承接的，因此反而可以越買越便宜，股市回升後的投資報酬率也勝過單筆投資。對於中國股市而言，長期看應是震盪上升的趨勢，因此定期定額投資基金非常適合長期投資理財計劃。

③更適合投資新興市場和小型股票基金。中長期定期定額投資績效波動性較大的新興市場或小型股票型海外基金，由於股市回調時間一般較長而速度較慢，但上漲時間的股市上漲速度較快，投資者往往可以在股市下跌時累積較多的基金份額，因此能夠在股市回升時獲取較佳的投資報酬率。根據理柏（Lipper）基金資料顯示，截至2005年6月底，2002年以來三年持續扣款投資在任一新興市場或小型公司股票類型基金的投資者至少有23%的平均報酬率。

④自動扣款，手續簡單。定期定額投資基金只需投資者去基金代銷機構辦理一次性的手續，此後每期的扣款申購均自動進行，一般以月為單位，但是也有以半月、季度等其他時間限期作為定期的單位的。相比而言，如果自己去購買基金，就需要投資者每次都親自到代銷機構辦理手續。因此，定期定額投資基金也被稱為「懶人理財術」，充分體現了其便利的特點。

（定投方案輕鬆選）

任務二　分析與選擇證券理財產品

投資規劃是根據客戶投資理財目標和風險承受能力，為客戶制訂合理的資產配置方案，構建投資組合來幫助客戶實現理財目標的過程。

投資與投資規劃很難嚴格區分開來，概括而言，投資更強調創造收益，而投資規劃更

強調實現目標。投資技術性更強，要對經濟環境、行業、具體的投資產品等進行細緻分析，進而構建投資組合以分散風險、獲取收益；投資規劃程序性更強，要利用投資過程創造的潛在收益來滿足自己或家庭的財務目標，投資只不過是工具，當然兩者的界限是模糊的。

從總體上來說，個人或家庭證券投資理財規劃的步驟如下：

一、確定投資目標

不同的投資者由於各自的具體情況不同，其投資目標自然不同。機構投資者投資目標一般由管理層決定，不同的管理人員有不同的風格，因此需要通過深入分析和綜合平衡做出最合理的決策。個人投資者的決策受個人經濟狀況、性格、知識層次與結構等方面的影響。無論哪種投資目標，投資人都要在風險與收益之間做出全面的平衡，才能做出最後的決策。

二、選擇投資品種和市場

不同的投資品種和市場有不同的風險和收益特徵，對投資人的資本額和個人素質等的要求是不同的，因此適用於不同的投資目標。

三、確定風險因素和程度

投資人依據自身綜合狀況確定了投資品種之後，即進入具體投資對象的風險收益分析評價階段，投資人要運用各種知識和手段分析其投資交易物的現在與未來面臨的風險狀況。

四、合理配置資金

不同的投資者有不同的資金配置側重點。個人投資者要確定可供投資的資金數量和具體操作資金的分配，如每一資金配置方式各投資多少，長期與短期投資占用資金比例等。對機構投資者而言，由於相對不缺乏資金及操作技巧，問題主要集中在資金來源和運用上。

五、投資方案的確定與實施

每個投資方案都是動態的，在不同的時期要根據環境的變化進行適當的調整。投資方案的調整主要來源於對環境的分析。一般情況下，我們主要從宏觀環境、行業環境以及公司或個人的環境出發，來進行投資方案的調整。

【案例6-6】謝女士今年37歲，其丈夫40歲，其孩子10歲。謝女士家庭收入為22.2萬元，夫妻雙方都有社保，每年繳納商業保費9,000元，每月償還車貸2,862元，還有10

個月將結束車貸。謝女士夫妻雙方父母養老費每年 10,000 元，孩子興趣班費用每月 1,000 元、車費、油費每月 1,000 元，生活費每月 5,000 元，每年旅遊費用 10,000 元。剩下的錢，每月存在「寶寶類」理財中，累積到 5 萬元就購買其他理財產品。謝女士現在手頭的基金有 20,000 元，虧損 1,000 元；理財產品 60,000 元，收益率約為 5%；美金 6,000 美元。謝女士家有定期存款 30,000 元，現金（含活期存款）8,000 元。謝女士家有一套自住房，價值 160 萬元，無房貸。

根據謝女士一家的經濟狀況，分析其家庭投資方案。

（案例分析）

任務三　證券產品理財規劃

確定科學的個人證券投資規劃，應主要考慮個人投資者的年齡和構建投資組合兩個因素。

一、個人投資者的年齡

不同年齡段的個人投資者，應該採取不同的證券投資理財策略。

（一）青年段

40 歲以前的青年段的個人投資者具有的特點主要表現為：從生理上看，身體健康，精力充沛；從職業上看，都有了一定的職業，並且隨著年齡的增長而逐漸穩定；從生活上看，從單身一人到戀愛建立家庭，再到孩子出生成長，一切都在有條不紊地發展著，長輩們也都處於事業的巔峰狀態之中；從經濟上看，資金實力相對有限，未來的前景充滿了變數；從負擔情況看，從上到下都比較輕。因此，在這個年齡段上的個人投資者，其證券理財行為不妨選擇一種由保守向激進發展，並逐漸偏向激進的方式。我們還可以把 40 歲以下的個人證券投資者再細分為三類，每一類型的投資者又可以有不同的配置策略。

第一類是剛剛走上工作崗位的人。這類投資者主要的理財目標是累積經驗。以貨幣市場基金或其他低風險證券理財產品作為他們的投資對象較為合適。之所以選擇貨幣市場基金，理由有四個：第一，貨幣市場基金本身就是基金管理公司的專業證券理財產品之一。個人投資者在初涉證券市場的時候，選擇這種具有專業理財背景的產品，是一種合理借助

外力、揚長避短的個人證券理財策略。第二，貨幣市場基金本身是一種低風險的理財品種，比較適合剛剛接觸證券理財產品的個人投資者購買。第三，貨幣市場基金的收益較高，通常可以超過商業銀行定期一年存款的稅後收益。第四，貨幣市場基金的流動性很好。

第二類是已經有了一定的積蓄並計劃結婚成家的人。這類投資者在經歷了入門階段的證券理財實踐後，就可以進入第二個階段。進入這個階段的標誌如下：第一，個人投資者已經累積了一定量的資金，有了可以做分散投資理財的資金基礎。第二，個人投資者通過貨幣市場基金的理財，對證券理財活動和證券理財對象已經有了一定的認識和瞭解。在這種情況下，個人投資者應該在一定的投資理念的指導下，逐步瞭解和投資其他類型的基金，如股票基金、偏股型基金和債券類產品。買入風險較高的股票基金，還有另外一個目的，就是個人投資者通過對投資對象風險與收益的比較，對投資對象較高風險的實際承受，可以逐漸瞭解股票，也可以體會基金管理人在股票理財方面的理念和方法，從而為自己進行股票理財奠定基礎。

第三類是已經結婚成家的人。這類投資者通過之前階段的理財活動，資金實力進一步增強，風險承受能力進一步提高。具有一定理財分析能力、掌握一定理財分析方法的個人投資者，可以由淺入深地開始自己的股票理財選擇，在較有把握之後，可以逐漸擴大股票的投資理財規模。

(二) 中年段

40~60歲的中年段的個人投資者具有的特點主要表現為：從生理上看，體魄依然健壯，精力依然充沛；從心理上看，生活的歷練已經使人成熟，做人做事都趨於穩重；從職業上看，基本已經定型，並已經取得相應的成就；從生活上看，家庭十分穩定，子女正在成長或已經成人，而長輩已經年邁，需要多多關心照顧；從經濟上看，資金實力充裕，人生中的黃金收入期在此階段；從負擔情況看，負擔雖然不重，但未來的生活計劃是必須要考慮的事情。因此，這個年齡段的個人投資者，其證券理財行為不妨選擇一種偏向於穩健的方式。按照個人投資者的年齡跨度及家庭生活情況和個人工作情況，可以把40~60歲中年段的投資者分為以下兩類：

第一類是子女尚未工作的個人投資者。這種情況的個人投資者的主要特徵有三點：一是家庭雖已建立了一段時間，但經濟實力還比較有限；二是子女教育的費用快速提高，已經成為家庭支出的重要項目；三是個人的投資風險承受能力進一步提高。這個階段的個人投資者，其理財策略應該是坐收貨幣市場基金收益的同時，伺機動用部分資金投資於股票和股票基金理財產品。不過，股票和股票基金的投資理財應該是階段性的，通常情況下不長期持有。

第二類是子女長大成人後的個人投資者。這種情況的個人投資者的主要特徵有兩點：一是孩子已經長大成人，走上社會，開始工作，有了收入；二是個人的收入也基本到了最

高點，個人的積蓄迅速增長。這個階段的個人投資者在具體的理財過程中，要投資一定數量的國債，同時繼續投資於貨幣市場基金。因為這種基金是一個以不變應萬變的理財品種。當然，有了以前的股票理財，再加上股票市場有博取高收益的機會，對於股票和股票型基金的投資還是少不了的。

（三）老年段

60歲以上的老年段的個人投資者具有的特點主要表現為：從生理上看，衰老已是不爭的事實；從心理上看，雖然已經退休在家，但在忙碌了大半輩子之後，閒了下來總是覺得不習慣，因此還有找點事情做做的心態；從生活上看，子女已經長大成人，並都建立了自己的家庭；從經濟上看，收入較退休前有一定下降甚至明顯下降；從負擔情況看，在收入減少但用於看病等方面的支出增加的情況下，家庭負擔也有可能呈現出相對加重的趨勢。因此，這個年齡段的個人投資者，其證券理財行為可以選擇一種偏向保守的方式。60歲以上老年段的個人證券理財的資產配置策略應為：國債40%左右，基金40%左右，股票20%左右。

處於老年段的個人投資者，一切行事都應該遵循保守的原則，包括個人證券理財。到了這個年齡段之後，收入只有退休金，健康狀況也呈下降趨勢，精力大不如前。因此，在個人證券理財的資產配置策略方面，也應遵循健康原則，投資對象以貨幣市場基金和固定收益類債券等低風險產品為主，甚至將全部投資都用在貨幣市場基金、中短期債券等低風險產品上。至於股票投資，20%的資產配置比例為上限。個人投資者可以選擇股票基金或股票投資，但如果精力有限，則乾脆既不投資股票，也不投資股票基金。總之，這個時候要做一個「守財奴」，守住錢財，盡量減少不必要的投資損失，以保證有充裕的資產安度晚年。

二、構建投資組合

投資學中的組合，通常是指個人或機構投資者擁有的各種資產的總稱。如果個人投資者投資規模很大，就需要根據自己的投資收益預期目標、風險承受能力以及對流動性的要求，把投資資金分別配置到不同的金融理財產品上。如果是分散配置到銀行、外匯、保險、證券等理財產品上，那麼就是一種範圍很大、投資品種較多的大組合概念；如果是分散配置到債券、股票、基金等證券理財產品方面，那麼投資範圍僅限於證券市場，就是一種小組合概念，這裡討論的是證券理財產品的組合。

個人投資者的證券組合策略，即證券資產配置策略，是證券理財策略的重要內容。之所以要構建證券組合，原因主要有兩點：一是盡可能地降低投資風險。單一品種的證券，特別是某一上市公司的股票的投資風險是顯而易見的。二是建立證券組合，實行分散投資。「不要把所有的雞蛋都放在一個籃子裡」，這樣可以有效地分散風險，特別是降低非系統性風險。資產組合理論表明：首先，證券組合的風險隨著組合包含的證券數量的增加而

降低，不同證券資產之間關聯性很低的多元化證券組合可以有效地降低非系統風險。其次，盡可能地增加投資收益，實現投資收益最大化。投資者的證券投資過程，就是在投資收益和投資風險之間尋求最佳平衡的過程。如果個人投資者僅投資於單個證券資產，則尋求這種平衡的空間相當狹小。而當投資者將各種不同的證券資產按不同比例進行組合時，其選擇最佳平衡的空間就相當大，從而使其可以在投資風險水準既定的條件下，實現投資收益的最大化。

證券組合一般以投資者的投資目標為標準來進行劃分。具體來說，證券組合通常可以分為收入型證券組合、增長型證券組合和混合型證券組合三種。收入型證券組合看中當期收益，以追求當期收益的最大化為目標；增長型證券組合看重長期增長，以追求未來的資本利得（即證券價格上升帶來的價差收益）為目標；混合型證券組合試圖兩者兼顧，使兩者達到某種均衡。個人投資者應根據自己的投資收益目標和風險偏好程度，在對未來證券市場走勢進行例行判斷的基礎上，確定自己應選擇哪一類證券組合。

項目小結

本項目介紹了有關投資規劃的內容，幫助大家認識和理解了什麼是投資、投資規劃以及各種投資產品的特徵。

投資是指投資者運用自己持有的資本，用來購買實際資產、金融資產或取得這些資產的權利，目的是在一定時期內預期獲得資產增值和一定收入。投資規劃是根據客戶投資理財目標和風險承受能力，為客戶制訂合理的資產配置方案，構建投資組合來幫助客戶實現理財目標的過程。

投資規劃的整個過程是確定投資目標、選擇投資品種和市場、確定風險因素和程度、合理配置資金以及投資方案的確定與實施。

個人或家庭投資理財時可以選擇的投資產品很多，不同的產品具有不同的風險特徵和收益性，本項目主要介紹了股票、債券、基金。

項目實訓

金融消費案例——做合格金融消費者 防金融投資性風險

2015年8月28日，D君與甲證券公司簽訂管理合同，委託甲證券公司購買其發售的「××理財1號」集合資產管理計劃，投資金額10萬元。管理合同載明：委託人保證委託資產的來源及用途合法，並已閱知本合同和集合計劃說明書全文，瞭解相關權利、義務和風險，自行承擔投資風險。管理人承諾以誠實信用、謹慎勤勉的原則管理和運用本集合計劃資產，但不保證本集合計劃資產一定盈利，也不保證最低收益。託管人承諾以誠實信

用、謹慎勤勉的原則履行託管職責，保護集合計劃資產的安全，但不保證本集合計劃資產投資不受損失，不保證最低收益。該合同還約定委託人義務包括按該合同約定承擔集合計劃的投資損失。管理合同簽章頁及說明書對投資風險、不保本保收益等事項進行了明確提示。之後 D 君投資發生虧損，2018 年 5 月 25 日，D 君同意將「××理財 1 號」展期，並於同年 9 月 10 日與甲證券公司簽訂了展期合同。D 君認為甲證券公司在推銷產品時進行了誇大宣傳，誤導其購買了涉案產品，遂訴至法院，請求判令甲證券公司承擔其本金損失 35,000 餘元及利息損失。

分析：

①證券公司對其產品的風險提示做了哪些揭示？
②D 君作為投資人應具備哪些基本投資認知？
③集合資產管理計劃作為理財服務創新產品，必須遵循哪些內容？
④作為投資者在購買類似理財創新產品時應注意哪些問題？

(實訓答案)

項目七　房地產投資理財

學習目標

1. 瞭解房地產投資的相關知識
2. 瞭解個人住房規劃

重點及難點

1. 正確評估房地產投資價值
2. 編製住房規劃

【案例導入】

廣州市天河區 2015—2018 年的房價走勢如圖 7-1 所示。

2018年天河區房价		更多>	2017年天河區房价		更多>
2018年7月房价	45 926元/m²	0.1%↑	2017年12月房价	43 743元/m²	0.01%↓
2018年6月房价	45 882元/m²	3.71%↑	2017年11月房价	44 501元/m²	1.45%↓
2018年5月房价	44 224元/m²	0.03%↑	2017年10月房价	45 158元/m²	0.02%↓
2018年4月房价	44 404元/m²	0.65%↓	2017年9月房价	46 500元/m²	0.3%↓
2018年3月房价	44 693元/m²	0.02%↑	2017年8月房价	46 641元/m²	0.8%↓

2016年天河區房价		更多>	2015年天河區房价		更多>
2016年12月房价	36 221元/m²	1.34%↑	2015年12月房价	26 447元/m²	--
2016年11月房价	35 743元/m²	3.48%↑	2015年11月房价	26 427元/m²	--
2016年10月房价	34 543元/m²	7.24%↑	2015年10月房价	26 488元/m²	--
2016年9月房价	32 213元/m²	2.24%↑	2015年9月房价	26 577元/m²	--
2016年8月房价	31 506元/m²	1.36%↑	2015年8月房价	26 616元/m²	1%↓

圖 7-1　廣州市天河區 2015—2018 年房價走勢

《廣州市城鎮非私營和私營單位就業人員年平均工資公報》數據顯示：

2016 年，廣州市城鎮非私營單位就業人員年平均工資 88,136 元，同比名義增長 10.8%，扣除物價因素，實際增長 7.9%；其中，在崗職工年平均工資為 89,096 元，同比

名義增長 9.8%，扣除物價因素，實際增長 6.9%。廣州市城鎮私營單位就業人員年平均工資為 55,223 元，同比名義增長 11.9%，扣除物價因素，實際增長 9.0%。

2017 年，廣州市城鎮非私營單位就業人員年平均工資 97,522 元，同比名義增長 10.6%，扣除物價因素，實際增長 8.1%。其中，在崗職工年平均工資為 98,612 元，同比名義增長 10.7%，扣除物價因素，實際增長 8.2%。廣州市城鎮私營單位就業人員年平均工資為 61,241 元，同比名義增長 10.9%，扣除物價因素，實際增長 8.4%。（數據來源：廣州市統計局）

分析：

①以廣州市 2017 年非私營單位就業人員年平均工資與 2017 年廣州市天河區平均房價為例，計算房價收入比例關係。

②結合所在城市（籍貫、讀書、工作），分析當地房地產投資市場發展趨勢。

「衣食住行」是人生四大基本需求，其中「住」又是花費金額最大的一項。在中國傳統文化中，住宅是家庭得以存在、運行並發展的空間，是家庭人際關係得以維繫、多功能活動得以順利履行的基礎。在某種程度上可以說，沒有住宅就沒有家庭。在個人理財規劃中與「住」相對應的就是房地產規劃。

任務一　認識房地產投資

一、房地產概述

在不同的社會形態中，房地產始終是人類賴以生存和生活的基本條件，是一切經濟活動的載體和基礎。在實際經濟生活中，房產和地產有著不可分割的聯繫，儘管其權屬關係可以不一致，但作為其實物形態的反應，房屋和土地是緊緊地結合在一起的。因此，人們習慣上將房產和地產合稱為房地產（Real Estate 或 Real Property）。房地產也被稱為不動產，是「房」和「地」涵蓋的內容，即土地和在土地上建造的所有設施（建築物和構築物），而由此衍生出來的各種物權，則是「產」涵蓋的內容。根據《房地產業基本術語標準》的規定，房地產被定義為：可開發的土地以及地上定著物、建築物，包括物質實體和依託在物質實體上的權益。

（一）房地產的特性

房地產主要有以下幾個特性：

1. 固定性

房地產的固定性包括自然地理位置的固定性、交通位置和社會經濟位置的相對固定性。由於房地產位置的固定性，使得房地產的開發、經營等一系列經濟活動都必須就地進

行，從而使房地產具有區域固定性的特點。房地產的價值與位置有著直接的關係，影響位置的因素有很多，如交通、商業環境、人口流動等，這些因素使得房地產不同位置的價值差異很大。

2. 耐久性

一般認為，作為有形資產和合法權益的載體的土地成分是不可毀滅的。土地可能被開採、腐蝕、淹沒或荒廢，但是在地球表面上指定的位置是永遠存在的。同時，土地在正常情形下是不會損壞的，具有永恆的使用價值。土地上的建築物一經建成，只要不是天災人禍或人為的損壞，其使用期限一般都可達數十年甚至上百年。因此，房地產相比一般商品具有更長久的使用期限。

3. 稀缺性

土地自然供給的絕對有限性決定了房地產供給的有限性。雖然人類可以不斷地改變和提高土地利用的技術，如移山填海、提高容積率、利用地下空間等方式，但這並不能有效地增加土地面積總量。土地面積總量是固定的，使得附著於土地的房屋等建築物不能無限地發展和擴張。

4. 異質性

由於每一棟房屋都會因用途、結構、材料和面積以及建造的地點、時間和房屋的氣候條件等的不同而產生諸多的相異之處，因此不可能出現大量供應同一房地產的情況，這就是房地產的異質性。房地產的異質性產生了房地產投資的級差效益性，即地域的不同決定了房地產的價格的不同。例如，處於一個城市市區的房地產，其價格通常遠遠高於郊區的房地產。即使在市區，也會因離市中心的遠近、人口的密集程度、文化教育的發展程度等不同而不同，黃金地段的房地產價格必然昂貴。

5. 權益可分割性

所有權是法定權利的結合體，它包括佔有權、使用權、受益權和處置權。在必要及法律許可的情況下，所有權中的這些權利可以分別出售或轉讓給不同的生產者和消費者。例如，當國家將土地使用權以一定的方式賦予土地使用者時，其法律意義不僅僅是土地所有權和使用權的分離，而是將土地使用權的一部分有條件地轉讓了。根據《中華人民共和國城鎮土地使用權出讓和轉讓條例》的有關規定，土地使用者合法得到的土地使用權可以依法出售、交換、贈予、出租和抵押。這意味著，土地使用者在獲得土地使用權的同時，也獲得了該土地的部分處分權。同時，土地使用者通過這些處分行為又可以得到經濟和非經濟的利益，從而享有了一定的收益權。

6. 保值增值性

房地產的保值性是指投入到房地產領域的資金的增值速度能抵消貨幣的貶值速度，或者說將資金投入到某宗房地產一段時間後所收回的資金，多數時候能夠買到當初的投資額可以購買到的同等的商品和服務。由於土地是不可再生的自然資源，隨著社會的發展、人

口的不斷增長，經濟的發展對土地的需求日益擴大，建築成本不斷提高，從這個角度看，房地產具有保值增值屬性。

7. 投資和消費的雙重屬性

房地產可以為人們提供居住的場所，也具有投資價值，因此房地產的價格受投資需求和消費需求的總體影響。消費需求一般隨著房價的上升而下降，但投資需求卻隨著房價的上升而上升。房地產的總需求則是消費需求與投資需求之和。當房價快速上漲時，有可能會造成總需求中投資需求所占的分量越來越重，從而可能會導致總需求曲線失真。

（二）房地產的分類

房地產根據不同的分類依據可分為不同的類型。

1. 按建築高度分類

按建築的高度和層數劃分，可以將住宅分為低層住宅、多層住宅、小高層住宅、高層住宅和超高層住宅。低層住宅一般為 1～3 層，如平房和別墅；多層住宅一般為 4～6 層；小高層住宅一般為 7～12 層；高層住宅一般為 13～24 層；超高層住宅一般為 24 層以上的住宅。

2. 按工程進度分類

按工程進度劃分，可以將房產劃分為期房和現房兩種。房屋的全面建成包括建築工程、設備安裝工程以及內外裝修工程結束，通過竣工驗收；達到「七通一平」，即上水通、下水通、排污通、配電通、氣通、電話通、道路通、場地平整。房地產管理部門把在建的、尚未完成建設的、不能交付使用的、沒有取得房地產產權證的房屋稱為期房。現房是指通過竣工驗收，可以交付使用，並取得房地產權證的房屋。

3. 按使用功能分類

按使用功能劃分，可以將房地產劃分為居住類房地產、商業類房地產、工業類房地產以及其他用途房地產等。

（1）居住類房地產。按照檔次的不同，居住類房地產又可以分為普通住宅、高檔住宅和簡易住宅。普通住宅是為普通個人提供的、符合國家住宅標準的住宅。高級住宅是為滿足市場中高收入階層的特殊需求而建造的高標準豪華型住宅，包括高級公寓、花園住宅和別墅等。簡易住宅主要指建築年代較早、功能短缺、設備不全、設施陳舊、結構單薄的住房。按市場化程度不同，居住類房地產還可以劃分為市場化商品住房和社會保障性住房。市場化商品住房包括向高收入家庭出售的實行市場價的公有住房，單位和個人在市場上購買的住宅商品房以及其他以市場價格交易的各類住宅。社會保障性住房是政府為了解決中低收入階層居民的居住問題，由政府直接投資建造並向低收入家庭提供，或者是政府以一定方式向社會房屋建設機構提供補助，由建房機構建設並以低於市場平均水準的價格向中低收入家庭出售或出租的住房。目前保障性住房大致可以劃分為以下幾種：經濟適用房、限價房、康住房、舊城住宅改造和農民拆遷安置房、農民工公寓等。

（2）商業類房地產。商業類房地產包括商店（商場、購物中心、商鋪和市場等）、旅館、寫字樓、餐館和遊藝場館（音樂城、歌舞廳、高爾夫球場等）。

（3）工業類房地產。工業類房地產主要包括廠房及工廠區內的其他房地產、倉庫及其他倉儲用房地產。

（4）其他用途房地產。其他用途房地產是指用於除上述居住、商業、工業目的以外的其他目的的房地產，如政府機關辦公樓、學校、高爾夫球場、加油站、停車場、宗教房地產、墓地等。

目前，中國實行房地合一的房地產管理制度，房屋的用途是由土地的規劃用途決定的，房、地用途必須一致。如果改變房屋原始設計用途，也就同時改變了土地用途，需經政府城市規劃管理部門批准，然後到房地產管理部門辦理變更登記手續。一般來說，住宅變為辦公用房、商業用房、賓館等經營性房屋的，需補繳土地使用權出讓金或補繳土地使用用費。

【案例 7-1】

廣州城中村改造案例

2018 年 1 月 25 日上午 8 點多，廣州市天河區冼村一二期回遷房的現場裡一片人聲沸騰。改建 8 年，冼村改建第一批分房工作終於在當日正式啟動。整個分房工作從 1 月 25 日開始，到 2 月 2 日結束，包含資格預審、搖排隊號、搖順序號、戶型申報、搖房號五個環節。幸運的村民，在春節前就可入住 552 套一期回遷新房。

目前冼村周邊的商品房每平方米的價格大概在 8 萬~10 萬元，而房租價格大概在 80~100 元/平方米，這就意味著，一套 88 平方米回遷房價值就可能在上千萬元左右，而房租至少在 8,000 元/月，可以說是廣州「最貴城中村」。

二、房地產理財

（一）房地產理財的概念

房地產理財包括消費和投資兩個方面。從消費的角度出發，「住」是人的一種基本權利與基本需要，住宅是休憩、居住的場所，住與衣、食、行並列成為老百姓最基本的生活需求。由於住宅具有使用年限長、價值量大、不可移動性和耐用性等特徵，購買住房基本上已經成為百姓的一件終身大事。特別地，隨著生活條件變得越來越好，人們往往會籌劃更換更大、更好的住宅，或者是為子女、老人提前購置房屋。對於大多數人來說，買房不是一筆小數目，往往需要提前進行一定的規劃。從投資的角度出發，房地產具有的特性與優點，決定了其存在升值的可能，投資商品房、商鋪以及房地產基金等模式已經逐漸進入大眾的視野，成為一種可行的理財渠道。

（二）房地產理財的方式

房地產理財的方式主要有以下幾種：

1. 直接購房

用現款或分期付款的方式直接購置房屋，可自住也可出租或出售，以獲得利潤。這種方式適合資金實力較強的家庭。

2. 以租代購

簽訂購租合同，租戶可在一定期限內買房，並以租金抵銷部分房款。這種方式適合起初資金不夠、以後收入增加有能力購買房產的家庭。

3. 以租養貸

如果租房和還貸的價格相當，那麼可以通過以租養貸的方式實現從房客到房主的轉變。一般來說，先付首期房款（一般是全部房款的 20%～30%），其餘部分通過銀行貸款解決。然後出租此房屋，用租金來償還貸款，貸款還清後將完全擁有此套房屋。此種方式與以租代購相反，適合當前已有相當大數量資金，但以後收入可能不穩定的家庭。

4. 房地產信託基金

房地產信託是指由專業化房地產信託公司或房地產企業，受託經營其他單位的自營房產、集體的合作房產和個人的私有房產。房產信託經營的業務範圍包括信託出租、出售、維修、託管和監督等。2003 年年初，上海國際信託投資有限公司推出了中國第一個房地產信託產品——上海國際大廈項目資金信託。通過發行股票或受益憑證募集資金，專門投資於房地產產業或項目，獲取投資收益和資本增值的一種產業基金，稱為房地產投資信託基金（Real Estate Investment Trusts，REITs）。

5. 房地產企業股票

房地產企業的股票代表了房地產開發營運公司的所有權。從投資的角度來看，房地產企業股票可以作為資產配置中的組成部分。

(三) 房地產理財的優缺點

1. 優點

(1) 收益性。房地產投資中，在有效使用信貸資金、充分利用財務槓桿的情況下，考慮到持有期內的增值，每年可能有 5%～10% 的收益。這相對於儲蓄、股票、債券等其他類型的投資來說，收益水準是較高的。

(2) 可以作為抵押品。房地產本身也是一種重要的信用保證。擁有房地產能提高投資者的信用評級，因此金融機構可以提供的貸款價值比例也相當高，而且常常還能為借款人提供利率方面的優惠。

(3) 能抵禦通貨膨脹的影響。當發生通貨膨脹時，房地產和其他有形資產的重置成本不斷上升，從而使得房地產和其他有形資產價值的上升。

2. 缺點

(1) 流動性相對較差。房地產不像其他金融產品那樣可以隨時變現或較容易變現，一般出售或出租都需要一定的時間。為了達到快速變現，可能要損失收益甚至虧損才行。因

此，房地產作為固定資產投資，一般是長期投資項目。在急需資金時，可以把房地產抵押進行貸款。

（2）投資金額比較大。購買房地產的起點較高，首付款一般在數十萬元，甚至上百萬元。大量自有資金的占用，使得在宏觀經濟出現短期危機時，投資者的淨資產迅速減少。

（3）投資回收期較長。房地產投資的回收期少則十年八年，長則二三十年，甚至更長時間。要承受這麼長時間的資金壓力和市場風險，要求投資者具有很強的資金實力。

（4）風險高。房地產投資是項政策性很強的經濟活動，如土地政策、城市規劃、房地產稅收、租金管制等的變化都可能給房地產投資帶來一定的政策風險。同時，國內房地產市場的不成熟，也給少數開發商及房產仲介提供了違規、欺騙的機會，如房屋的質量問題、合同的不公正、產權的不完善等，都可能給房地產投資帶來損失。這些道德風險在現階段特別明顯。

【案例7-2】

房地產理財：買房還是租房

A君從廣州某高校畢業後工作於某省級重點中學，成為一名中學教師，每月收入12,000元。由於經濟收入穩定，業餘生活較為豐富，日常消費支出占據了收入的大半以上，生活質量較高。工作4年後，A君在父母的資助下，在番禺區購置了一套二手兩居室的房子，由於父母幫忙支付房款首付，A君只負責每月6,000元的房貸。2018年，為了方便上班，A君在銀行貸款購買了一部小汽車，每個月增加了1,000元的汽車月供款和1,000元的養車費。由於A君每月的固定支出達到8,000元以上，剩餘的4,000元無法滿足購房和購車前的生活質量，日子過得比以前緊張了。

B君在武漢某高校畢業後，在廣州某會計師事務所工作，任職審計助理，每月收入約7,000~9,000元，月收入受業績影響。為了提升收入，須考取註冊會計師證書，B君業餘時間主要投入復習備考，日常消費較少。工作3年後，B君手中約有12萬元積蓄，親戚朋友建議其用積蓄作為首付，購買一套小居室住房，早點實現置業。但B君不願意買房，更願意租房子，認為目前居住的房子，離公司近，便於上班。當時房東購買該房的價格為48萬元，目前月租金為1,400元，年租金收入為16,800元，投資回報率為3.5%，如果計入前期裝修費用和後期維修費用，投資回報率約為3%。B君覺得3%的投資回報率比金融市場的理財產品投資回報率低，更願意將資金購買理財產品，用理財賺來的錢去支付房租，還有結餘。B君認為租房的固定支出是1,400元，加上日常消費，月支出能控制在2,500元以內，每月結餘有5,000元以上，更適合自己作為理財的資金來源。

分析：你認為該買房還是租房？

任務二　分析與選擇房地產投資

在房地產投資理財活動中，房地產價格構成、影響房地產價格的因素以及房地產估價是房地產理財規劃的主要內容。

一、房地產價格構成及影響因素

（一）房地產價格構成的基本要素

房地產的價格構成的基本要素主要包含以下幾個方面：

1. 土地價格或使用費

土地所有權轉讓或使用權出讓的價格在房地產中占很大的比重，它主要取決於土地的地理位置、用途、使用時間、建築容積率、建築安裝造價等因素。一般而言，地價在房產價格中所占的比重隨著地價的上漲和房屋的陳舊而相應地提高，隨著容積率和建築安裝造價的增加而下降。

2. 建築成本

房屋建築成本主要包括土地開發費、勘察設計費、動遷用房建築安裝工程費、房屋建築安裝工程費、管理費和貸款利息等。其中，土地開發費主要包括臨時房屋搭建費、臨時接水、電、煤氣和平整土地費等。管理費主要是指房屋建設中支付的各項管理費用，包括員工工資、辦公費、差旅費、車輛使用費和廣告費等。

3. 稅費

房地產開發企業在取得土地環節、建設開發環節、銷售環節主要涉及的稅種有增值稅、城市維護建設稅、教育費附加、地方教育附加、土地使用稅、土地增值稅、印花稅、契稅以及企業所得稅等。

4. 利潤

房地產開發企業作為一個相對獨立的利益主體，其開發經營目標也和其他利益主體一樣，追求利潤最大化，因此，利潤也就成了房地產價格不可或缺的一部分。

（二）房地產價格構成的其他要素

房地產價格的構成除了上述四項主要內容之外，還有其他一些次要內容，如房屋裝修標準的高低及質量的好壞、房屋設備質量的好壞、房屋附屬設施的完備程度等，這些因素在一定程度上也構成了房地產的價格。

1. 房屋裝修費

隨著精裝房的普及，房屋裝修標準也日益提高，房屋裝修成為房地產價格的重要構成要素。

2. 建築地段、樓層和朝向

地段差價是指同一地區的同類房地產，由於所處地段不同而引起的價格差異。樓層差價是根據高層或多層房屋的間距、總層數、提升工具、光照時間等具體情況的差異而引起的價格差異。朝向差價是根據當地的氣候、主風向、光照以及當地人們生活習慣等確定的房屋朝向差價。

3. 房屋的折舊和完好程度

房屋的折舊主要是指因時間等因素造成的房屋價值的降低。房屋的完好程度主要是指在具體的使用過程中，由於使用方法不同而造成的相同房屋的不同磨損程度。

二、價格影響因素

房地產的價格主要受以下因素的影響：

（一）政策因素

影響房地產價格的政策因素是指影響房地產價格的制度、政策、法規等方面的因素，包括土地制度、住房制度、城市規劃、稅收政策與市政管理等方面。土地制度明確了土地使用權和所有權等方面的內容，對房地產的價格將產生直接的影響。經濟適用房制度、安居工程等又對房地產的價格起到了調節的作用。城市規劃中確定地塊的規定用途、容積率、覆蓋率等指標對房地產價格也有很大的影響。稅收政策直接影響了房地產開發、購置和投資的成本，從而對房地產的供給和需求價格產生了雙向的影響。此外，市政設施的配套程度和管理水準也將直接影響房地產的環境水準，並進而影響房地產的價格。

（二）社會因素

影響房地產價格的社會因素主要有社會治安狀況、居民法律意識、人口因素、風俗習慣等方面。

1. 社會治安狀況

社會治安狀況直接影響到居民人身安全及財產的保障問題，從而對房地產的需求產生推動或抑製作用。

2. 居民法律意識

居民法律意識是指居民遵紀守法的自覺程度，這主要和居民的素質有密切關係。

3. 人口因素

人口因素包括人口的密度、人口素質和家庭規模等相關內容。房地產的需求主體是人，因此人口因素對房地產的價格影響至關重要。人口數量與房地產價格呈正相關。隨著外來人口或流動人口的增加，房地產的需求也會上升。人口數量衡量的是人口密度。人口密度對房地產價格的影響是雙向的：一方面，人口密度有可能刺激商業、服務業等產業的發展，提高房地產的價格；另一方面，人口密度過高會造成生活環境惡化，有可能降低房地產價格，特別是在大量低收入者湧入某一地區的情況下會出現這種現象。

4. 風俗習慣

在風俗習慣方面，一些地區的居民有「看風水」的習慣，凡是被判定為「風水好」的房產，購買者往往願意付出高出正常價格水準的價格進行購買；否則，即使價格很低也有可能銷售不出去。

(三) 經濟因素

經濟因素對房地產價格的影響是多方面的，而且較為複雜，各種經濟因素影響的程度和範圍也不盡相同。影響房地產價格的經濟因素主要有供求狀況、物價水準、利率水準等。

1. 供求狀況

房地產的供求狀況是國民經濟發展的重要反應，無論是供過於求還是供不應求，都不利於國民經濟的發展和人民生活條件的改善。供求關係的平衡狀況直接影響房地產價格的變動和走勢，從而促使市場趨於供求均衡的狀態。

2. 物價水準

物價水準的變動將直接影響貨幣的實際購買力狀況和人們對商品的需求，並進而影響到房地產價格。

3. 利率水準

利率是資金使用成本的反應。利率的上升不僅帶來房地產開發成本的提高，也將提高房地產投資者的機會成本，進而降低房地產的社會需求，導致房地產價格的降低。

(四) 自然因素

自然因素主要是指房地產所處的位置、地質、地勢、氣候條件和環境質量等因素。房地產所處的位置是房地產區位的反應，位置的優劣直接影響房地產所有者或使用者的經濟效益、社會影響和生活的滿足程度。房地產業有一句名言：「第一是地段，第二是地段，第三還是地段。」一般而言，居住用房地產的價格通常與周圍環境、交通狀況以及距市中心的遠近程度有密切的關係。商業用房地產的區位優劣則主要看其繁華程度及臨街狀況。房地產中的地段不單單指地產的自然地理位置，更多的是指房地產的經濟地理位置、環境地理位置和文化地理位置。

(五) 其他因素

除了前述的幾種影響因素外，房地產的價格還受住房質量、房型設計和相關配套等因素的影響。

1. 住房質量

建築質量和裝修標準是房地產的內在品質。建築方面主要考查建築商是否擁有相應的施工資質，是不是國內外知名企業等。在裝修上則要考查大堂、過道、外牆、窗、電梯的檔次和質量是否達到一定的水準。開發商的實力、信譽是一個項目成功與否的保障。

2. 房型設計

優質的房型首先講究實用性與美觀性兼顧，不僅滿足自住更能兼顧出租的需要，其次要講究房型設計的超前性，能適應未來家庭結構的變化。房型設計上做到廚、衛、臥、廳「四明」，動靜分區、干濕分區，面積上講究「有效面積最大化，無效面積最小化」。一般的家庭廚房面積6~8平方米，衛生間面積5~7平方米，臥室面積12~20平方米，起居室加餐廳面積30~40平方米，陽臺面積6~8平方米，也就是二室二廳的總面積在80~90平方米，三室二廳的總面積在100~140平方米，設計合理就能稱得上是好的房型設計。

3. 相關配套

居住區內相關配套是否方便合理，是衡量居住區質量的重要標準之一。隨著社會競爭的日益激烈，家長不惜花費重金購置教育資源質量好的學區房。在學校附近購買房產居住，將有利於家長管理孩子的生活和學習，孩子也可以提高學習的效率。菜場、食品店、小型超市等居民每天都要光顧的商店配套也是需要考慮的一個因素。此外，居住區的物業管理、公共活動空間也是影響房地產價格的重要因素。相關配套具體包括：

（1）街道辦事處、居委會、派出所等。

（2）菜場、糧油店、日雜店、理髮店、超市、銀行、郵局、醫院、公用電房、垃圾站等。

（3）托兒所、幼兒園、小學、中學等。

（4）餐飲及娛樂休閒設施等。

【案例7-3】

廣州市的學位房與房地產

每年的5月，廣州市各區紛紛公布小學招生地段，直接撬動了各區學位房的價格變動。

據海珠區2018年義務教育階段學校招生工作方案顯示，該區的重點小學「海珠區實驗小學」接收富基廣場教育配套。消息公布後，對富基廣場的二手房交易有一定的帶動作用，主要是增強了業主的信心，富基廣場二手房南向戶型很受歡迎，但放盤量較少，特別是較優質的盤源更少放盤。購買富基廣場的買家，預算一般是購買450萬元的三室住房。

華陽小學為省重點小學，位於天河北板塊的中心區域，一直頗受家長們的關注。華陽小學擁有兩個校區，在最新的小學招生地段劃分中，華陽小學華城校區的招生地段劃分有所變化，新增了廣州大道中1256號。由於增加了招生班數，在天河北板塊內可以入讀華陽小學的樓盤有僑怡苑，其小區較大，可入讀華陽小學本部，還有僑林苑也是入讀華陽小學本部，但是價格較僑怡苑高一些，小區也較小，受歡迎程度沒有僑怡苑高。

可見，在廣州的二手房地產價格變動因素中，學位房起了極其重要的作用，每一所重點小學、中學招生地段對口入學的學位房，每到招生時段，往往會出現一房難求的現象。

三、房地產估價

房地產估價的方法主要有市場比較法、成本估價法、收益法、假設開發法、長期趨勢法以及路線價法。

（一）市場比較法

市場比較法又稱比較法，是指將待估房地產與同一供需圈內近期已經交易的類似房地產進行比較，並根據後者已知的成交價格，修正得到待估房地產在一定時點、一定產權狀態下市場價值的一種估價方法。

這裡所述的類似房地產又稱比較案例，指在用途、所處地區等方面與被估房地產相同或相似的房地產。類似房地產在市場比較法中通常被稱為交易實例房地產。因此，市場比較法適用於有較多可比案例且要求房地產市場比較發達、比較案例與待估房地產具有替代性的情況。

市場比較法直接依賴於現實的市場價格資料和房屋的品質資料，更符合當事人的現實經濟行為，因此在房地產市場發達、交易活躍、存在大量的房地產實例的地區，其得出的評估價格具有客觀性、可信性。

市場比較法具體步驟如下：

1. 廣泛搜集市場交易資料

搜集大量的房地產市場交易案例資料，是運用市場比較法評估房地產價格的前提和基礎。如果資料缺失，則難以保證評估結果的客觀性，甚至無法採用比較法進行估價。因此，在搜集案例時要做到：一是搜集的交易案例資料內容應該全面，不能缺項漏項；二是交易案例資料的搜集要注意平時的累積；三是要注意案例資料搜集的多種途徑。

2. 選擇最符合條件的交易實例作為比較實例

在運用市場比較法進行房地產估價時，必須在眾多的案例資料中進行篩選，以選取與待估房地產具有相當替代性的交易案例作為比較案例。案例的比選有以下標準：

（1）比較案例與待估房地產要具有相同的用途。
（2）比較案例房地產的價格類型與待估房地產的估價目的要相同。
（3）交易案例應該是正常的交易，或者是可以修正為正常交易的交易。
（4）比較案例與待估房地產的建築結構要相同。
（5）比較案例房地產的交易日期與待估房地產的估價時點要盡量接近。
（6）比較案例與待估房地產應處於同一供需圈。
（7）比較案例應不少於三宗，一般以3~5宗為宜。

3. 比較案例修正

比較案例選取以後，還應分別對比較案例進行修正。

（1）交易情況修正。交易情況修正是指剔除交易過程中因為一些特殊因素而造成的房

地產價格偏差。房地產市場是不完全市場，在交易過程中由於信息不對稱、特殊交易情況等因素的存在，不可能做到完全競爭和絕對公平。因此，必須對具有一定偏差的比較案例進行交易情況修正。修正比率的計算公式為：

修正比率＝正常交易情況（100）/實例交易情況（x）

當比較實例價格低於正常交易價格時，x小於100；反之，x大於100。

（2）時間差異修正。由於比較案例的交易時間不可能與待估房地產的估價時點完全一致，因此在兩者之間會有一定的時差，時間差異修正就是要排除這種時差，以使比較案例與待估房地產在交易時間上沒有差異。在估價實務中，一般採用與待估房地產在用途、區位、類型等方面相同的房地產價格指數來表示。計算公式為：

修正估價時點的交易價格＝交易實例價格×估價時點指數/交易日期指數

（3）區域因素修正。區域因素修正是指刪除比較案例與待估房地產在所處位置及繁華程度、交通條件、基礎設施等方面的差異。由於這些因素又有許多次級因子，因此區域因素修正系數的計算比較複雜。區域因素修正的方法包括直接比較法和間接比較法。

直接比較法是指以待估房地產的狀況為基準，將比較實例的區域因素逐項與基準做比較並打分，以此求得因素修正比率。間接比較法是指以一個設想的標準房地產的狀況為基準，可比實例和待估房地產都逐項與這個基準做比較，然後依據對比分值求得因素修正比率。

【案例7-4】有兩個可比實例A與B，成交價分別為7,800元/平方米和8,000元/平方米。現分別以直接比較法和間接比較法對它們做區域因素修正，如表7-1和表7-2所示。

表7-1　　　　　　　　區域因素修正表（直接比較法）

區域因素	待估房地產	實例A	實例B
自然條件	25	28	22
交通條件	25	23	27
規劃限制	25	21	26
社會環境	25	24	28
總分值	100	96	103

修正比率計算如下：

實例A＝100/96

實例B＝100/103

修正後的成交價計算如下：

實例A＝7,800×100/96＝8,125（元/平方米）

實例 B＝8,000×100/103＝7,767（元/平方米）

表 7-2　　　　　　　　區域因素修正表（間接比較法）

區域因素	實例 A	實例 B	待估房地產
自然條件	25	20	22
交通條件	21	24	23
規劃限制	19	23	22
社會環境	23	28	25
總分值	88	95	92

修正比例計算如下：

實例 A＝92/88

實例 B＝92/95

修正後的成交價計算如下：

實例 A＝7,800×92/88＝8,154.5（元/平方米）

實例 B＝8,000×92/95＝7,747.4（元/平方米）

（3）微觀因素修正。微觀因素修正是指排除房地產本身使用功能、質量等方面的差異，這方面的因素主要有建築面積、位置、形狀、臨街狀況、容積率、土地使用權年限、建築質量、樓層、樓高、朝向、室內平面佈局、裝修標準、附屬設施等。與區域因素同樣，微觀因素本身也包含多個次級因素，因此兩者的因素修正方法相同。

4. 計算待估房地產價格

通過上述各種因素的修正，便可以得到各個比較案例的修正價格，在對這些比較案例進行一定的數學處理後便可以得到待估房地產的最終價格。確定待估房地產的最終價格可以用算術平均法、加權平均法或去中位數等方法。

【案例 7-5】某一宗房地產經過篩選取出三個交易實例，根據三個實例修正得出對象房地產的價格分別為 100 萬元、110 萬元和 130 萬元。該房地產的價格估計結果可以採用以下方法：

第一，算術平均法。

該房地產價格＝（100+110+130）/3＝113.3（萬元）

第二，加權平均法。

如果上述三個交易實例的權數分別為 0.3、0.5 和 0.2，則該房地產的價格＝100×0.3+110×0.5+130×0.2＝111（萬元）

第三，取中位數。

在三個交易實例中取一個數據在中間位置的，即 110 萬元。

(二) 成本估價法

成本估價法是以重新建造待估房地產或同類房地產的建築物部分所需花費的成本為基礎，扣除與新建築物相比價值損耗的部分，再加上房地產基礎地價來確定待估房地產價格的一種估價方法。

1. 特徵

成本估價法中的「成本」並非一般的會計成本，它具有非常獨特的含義，即具有完全性、現實性和客觀性。

所謂完全性，是指此處的成本對於房地產購買者而言是所需支付的全部金額，而不是指對於開發商而言的開發成本。因此，此處的成本包括顯性成本（會計成本）和隱性成本（機會成本）。具體來說，此處的成本不僅包括開發商的成本，還包括開發商的正常利潤和應納稅金。

所謂現實性，是指待估房地產在估價時點的重新建造成本，而不是其當初建造時發生的歷史成本。

所謂「客觀性」，是指在估價時點的經濟、技術條件下，重新開發待估房地產所需花費的社會平均成本，而非實際花費的個別開發商的私人成本。在這種情況下計算出的房地產價格才是待估房地產在估價時的重置價格。

2. 適用範圍和局限性

成本估價法主要適用於以下情況：

第一，由於房地產市場狹小，其市場可比實例不多，或者由於新開發地區形成獨立的地域環境而無法用其他方法估價。

第二，有的房地產特殊性較大，無法在市場上找到比較理想的房地產可比實例時，如學校、政府機關大樓等。

第三，抵押貸款、房地產拍賣的「底價」和拆遷房地產補償等特殊房地產的估價等。

成本估價法的局限性主要在於成本數據的可獲得性和折舊估算的準確計量上。此外，對於設計式樣及施工人員素質等因素造成的房地產質量上的差異性也很難用成本估價法準確地進行評估。

(三) 收益法

房地產估價收益法又稱房地產估價收益現值法、房地產估價收益資本化法、房地產估價收益還原法，是指通過預測房地產未來各年的正常純收益，並利用適當的資本化率將這種預期收益折現求和，以求取待估房地產在一定時點、一定產權狀態下的價格的一種估價方法。

1. 適用範圍

從廣義上講，絕大多數房地產都是可以產生收益的，但房地產產生的收益有些可以用貨幣來度量，有些則無法用貨幣來度量，如住房給所有者帶來的安全感、滿足感等。收益

法只能針對房地產產生的可以用貨幣度量的持續性收益進行價格評估。在經濟生活中，一些主要用於自用與公益性質的房地產，如獨立式住宅、學校等，其收益往往是難以用貨幣來度量的。而那些主要用來投資，以獲得持續性經濟收益的房地產，如公寓住宅、商業房地產（包括商店、辦公樓、賓館等）、企業用房地產（如倉庫、廠房等）通常被稱為收益性房地產，其收益一般是可以用貨幣來度量的。因此，收益法主要用於收益性房地產的價格評估。

總體來說，適用收益法進行評估的房地產主要包括以下兩個方面的要求：第一，房地產未來的收益可以用貨幣計量。由房地產提供的收益包括有形收益（如租金收入）和無形收益（如生活便捷性），收益法的收益主要是指有形收益。第二，資本化率是可以確定的。資本化率反應了房地產投資的風險程度、投資者預期的投資回報率水準以及投資的機會成本。資本化率的數值的確定因投資者需求、市場回報率水準和風險狀況的不同而不同。因此，在實際工作中的計算需要考慮多種因素的影響。

2. 局限性

儘管收益法具有充分的理論依據和廣泛的市場運用空間，但是其本身的預期性理論基礎的存在使得該方法存在以下幾個方面的局限：

第一，收益及資本化率的準確預測比較困難。收益法是建立在對收益和資本化率的準確預測的基礎之上的，但這是隨著市場的發展變化而變化的。其數值的高低受諸多因素的影響，不僅宏觀經濟、政治等因素的變化會影響收益法的計算結果，個體的判斷差異、金融工具的回報率水準、市場供求狀況的變化也會對該方法的運用產生影響。

第二，收益法不能對非收益性房地產和無形收益進行評估。對於一些非收益性房地產，如學校、公園等，其收益具有無法計量性，而一些房地產給人帶來的一些主觀上的無形收益（如舒適性和便捷性等因素）也無法進行嚴格的計量，這種情況下就不適宜用收益法進行房地產的評估。

（四）假設開發法

假設開發法又被稱為剩餘法，是指在求取具有開發潛力的土地的價格時，估計將其開發形成房地產可以實現的預期價格，然後扣除為建造和銷售該房地產花費的必要成本費用（如建築費、利息、稅收、銷售費用等）以及合理利潤，所得的剩餘作為土地價格的方法。在實際估價工作中，往往需要評估空地或因各種原因而需要開發土地的價格。對於具有開發潛力的土地或在開發的房地產，尤其是商業用地，其土地條件本身差異很大，開發方案、開發成本以及租賃潛力更是千差萬別，這使得應用其他估價方法難以滿足估價需要，而採用假設開發法可以對這些土地進行相對準確的估價。

（五）長期趨勢法

長期趨勢法又被稱為外推法、趨勢法等，是指依據某類房地產價格的歷史資料和數據將其按時間順序排列成時間序列，運用一定的數學方法，預測其價格的變化趨勢，從而進

行類推或延伸，做出對這類房地產價格在估價時間的推測與判斷，估算出這類房地產的價格的方法。其具體計算方法有簡易平均趨勢法、移動平均趨勢法和指數修正趨勢法等。運用長期趨勢法對房地產進行估價的前提是具有長期、足夠和真實的房地產價格資料和數據。越是長期的數據，越能夠消除短期變動和意外變動對房地產價格的影響。該方法適用於預測房地產的未來價格總體水準及其發展趨勢和走勢。

（六）路線價法

路線價法是指通過對面臨特定街道而接近距離相等的市街土地設定標準度，求取在該深度上數宗土地的平均單價，並附設於特定街道上，得到某一街道的路線價，然後據此路線價，再配合深度指數表和其他修正率表，用數學方法算出臨街同一街道的其他宗地地價。

路線價法基本計算公式為：

地價＝路線價×深度指數×土地面積（或土地深度）±修正額

【案例7-6】現有一塊臨街地，該地的臨街深度為17米，寬度為20米，路線價為1,500元/平方米，臨街深度指數如表7-3所示。試用路線價法計算該地塊的總地價。

表7-3　　　　　　　　臨街深度指數劃分表

深度（米）	0~4	4~8	8~12	12~16	16~17
臨街深度指數（%）	130	125	120	110	100

根據上述深度指數表，臨街深度指數對應的臨街深度，將該地塊劃分為深度分別為0~4米、4~8米、8~12米、12~16米和16~17米的5個小地塊，然後運用計算公式分別計算各地塊的價格。

0~4米地塊的地價＝1,500×130%×20×4＝156,000（元）
4~8米地塊的地價＝1,500×125%×20×4＝150,000（元）
8~12米地塊的地價＝1,500×120%×20×4＝144,000（元）
12~16米地塊的地價＝1,500×110%×20×4＝132,000（元）
16~17米地塊的地價＝1,500×100%×20×1＝30,000（元）
該地塊的總價＝156,000＋150,000＋144,000＋132,000＋30,000＝612,000（元）

任務三　房地產理財規劃

一、房地產投資規劃的意義

衣、食、住、行是人們的基本需求。房地產是多數人一生中最大的一項支出決策。由

於房地產理財的長期性和高成本，花費多少資金、獲得多少融資的決策會影響多年的現金流。因此，針對房地產理財做好相應的規劃，是非常有必要的。

如果缺乏一份細緻精密的規劃，很可能會出現以下情況：

第一，目標重合，當前的資金不足以購房。這是指有可能在想購房的時候卻遇到結婚或生子等其他需要資金的情況，這時的資金難以同時完成多項目標，因此勢必會推遲甚至取消其中的部分計劃。

第二，對未來的收支變化未能充分預期，導致購房計劃難以實現。例如，在收入良好的時候超前購置房產，而沒有預料到其後收入中斷或意外導致支出增加的情況，致使付不起貸款而被迫拍賣房產。

第三，沒有房產生涯規劃的觀念，只想一步到位。買房要自身可以承受一定的負擔，在一生中可以隨生涯階段的改變逐漸升級換代。如果一開始就不切實際地追求高檔住房，只會使自己陷入困境。

第四，沒有事先規劃房產投資現金流量，選擇錯誤的貸款組合，導致資金流中斷。

第五，盲目投資房產，導致投資出現虧損或失敗。

個人房地產理財規劃具體包括居住規劃和房產投資兩項內容，居住規劃包括租房、購房和房貸規劃；房產投資包括獲取房租收入和通過出售賺取價差收入。

二、租房與購房

（一）決策分析

購房並非子女教育與退休那樣具有不可替代性。購房與租房的居住效用相近，差別在於購房者有產權，因此有使用期間的自主支配權。

1. 租房的優缺點

（1）租房的優點如下：

①靈活機動。當決策者需要或應該更換居住地址時，租房能提供較好的靈活性。新的工作、租金上漲或希望住在不同的社區等都需要重新更換住址。這時租房比擁有房子更方便。

②負擔小。承租人通常不用擔心房屋的維護與修繕，因此比住房所有人的負擔小。承租人的經濟負擔較小，他們主要的住房成本是租金和公用事業費，而購買住房的開銷除了房價支出外，還包括房屋維修費等。

③初始成本低。租房的成本比購房低，雖然承租人通常需要支付押金，但新的購房者支付的首期款和房地產買賣手續費一般都要在幾十萬元甚至數百萬元，遠高於租房支出。

（2）租房的缺點如下：

①福利少。因缺乏對房屋的所有權，承租人不能享受住房所有人的諸多權益，不會因房價增值而受益，也無法控制房租的上漲。

②生活方式受限制。承租人在住宅開展的活動往往受到限制。例如，承租人常常不可以任意對房子進行改造。

③穩定性差。出租人與承租人雙方簽訂的租賃契約往往是短期合同，一旦合同到期，能否續約將成為問題。

2. 購房的優缺點

（1）購房的優點如下：

①獲得房屋的產權。購買住房就取得了對住房的產權及由此而來的收益、支配、處分、佔有等種種權利，就可以運用這個產權為自己的生活開銷、投資盈利乃至晚年的養老保障等發揮種種功用。購房居住時，一直居住的是自己的房屋，房屋的產權歸屬於自己，在心理安定、情感等方面都要好於租房。

②經濟利益。購買住房的經濟利益主要來源於房屋出租的租金收入，或者將房屋出售的買賣差價收入。隨著時間的推移，如果房價出現上漲，住房的售價或房屋的租金也會隨之升高。

③抵禦通貨膨脹。銀行存款、債券資產的實際價值往往會受到通貨膨脹的侵蝕。實物資產，如房地產等，往往能抵銷通貨膨脹造成的實際財富損失。

④自由的生活方式。雖然租房有一定的便利性，但住房所有權能使房主更好地享受個性化的生活。住房所有者可以隨心所欲地裝修自己的住宅。

（2）購房的缺點如下：

①需要大筆首期投資，還貸壓力沉重。在購房過程中，通常需要有一筆首期投資額，如購買一幢價值100萬元的住房，投資者一般需要支付20%~30%的首期款，就是20萬~30萬元，對剛剛工作的年輕人而言，這是一筆巨大的開支。同時，由於個人經濟條件的限制，購房時可能很難申請到抵押貸款。另外，即使能負擔首期投資，將來也會面臨沉重的還貸壓力。在還貸壓力下，個人或家庭的生活將會處處受限制，生活質量受到影響。

②流動性差。擁有住房後，所有者就不可能像租房那樣輕易地變動生活環境。當環境變化迫使所有者出售住房時，可能會找不到合適的買家，使住房難以變現或變現成本很高。

③高昂的生活成本。擁有自己的住宅的成本可能非常昂貴。住房所有人必須承擔所有住房的維修、改建的各類成本。

對於租房和購房決策優缺點的具體比較如表7-4所示。

表 7-4　　　　　　　　　　　租房和購房的優缺點比較

	租房	購房
優點	1. 有能力使用更多的居住空間 2. 比較能夠應付家庭收入的變化 3. 資金較自由，可隨時變更投資渠道 4. 遷徙自由度較大 5. 房屋瑕疵和損毀風險由房東承擔 6. 租房者的稅負負擔較輕 7. 無須考慮房價下跌風險	1. 保值，能夠對抗通貨膨脹 2. 強迫儲蓄，累積財富 3. 提高居住品質 4. 信用增強效果 5. 滿足擁有房產的心理效用 6. 自住兼投資，同時提供居住效用和資本增值機會
缺點	1. 非自願搬離的風險 2. 無法按照意願裝修 3. 被動應對房租上漲風險 4. 無法運用財務槓桿追求房價利益	1. 缺乏流動性 2. 資金壓力大 3. 維持成本高 4. 財務風險大

(二) 租房與購房的選擇

分析了租房與購房的利弊，在實際情況中，左右我們最後決定的往往是兩者成本的比較。年成本法和淨現值法是較為常用的兩種計算方法，下面介紹其中的一種計算方法——年成本法，來具體計算購房與租房的可變成本。

租房者的使用成本是房租，還要計算繳納押金帶來的利息損失（機會成本），因此租房年成本的計算公式為：

租房年成本 = 年租金（月租金×12）+ 押金機會成本（月租金×12×當年存款利率）

購房者的使用成本主要是首付款與房屋貸款利息（不考慮諸如物業費等使用成本），因此購房年成本的計算公式為：

購房年成本 = 利息支出（貸款額×房貸年利率）+ 首付款機會成本（首付款×當年存款利率）

【案例 7-7】M 先生看中一處物業，每年租金 3 萬元，押金為 5,000 元。購買時的總價為 80 萬元，首付 24 萬元，銀行貸款 54 萬元。假設貸款利率為 6%，存款利率為 3%。請對比租房及購房何者更為合算。

案例分析：

租房年成本 = 30,000 + 5,000×3% = 30,150（元）

購房年成本 = 540,000×6% + 240,000×3% = 39,600（元）

通過比較，租房比購房的年成本低 9,450 元，每月低 787.5 元，租房比較劃算。

我們不能簡單地把以上計算結果當成租房或購房的決策依據，只能當作參考，因為沒

有包含房價波動的預期因素。我們還應考慮以下因素：

（1）房租是否會調整。在通貨膨脹的大環境下，月租也可能隨著通貨膨脹產生而進行調整，要進行具體比較。

（2）房價上漲潛力。若房價未來看漲，即使目前算起來購房的年居住成本稍高，未來出售房屋的資本利得也可以彌補居住期間的成本差異。

（3）利率高低。利率高低極大地影響到購房的年成本。如果預期未來利率下調，購房成本會降低，另外利率的下調也會推高房產價格，因此利率因素是影響購房和租房決策的重要原因。

一般來說，預計房價看漲時，購房比較合算；反之，則租房比較合算。銀行貸款利率也會對購房成本產生直接影響，利率下調時，購房成本降低；反之，購房成本則升高。房租則相對穩定（體現房屋的真實使用價值），因此在利率下調時，購房比較合算；反之，租房比較合算。

【案例7-8】租房與購房的決策

C君看中廣州市天河北一處物業，該地段的物業每年可獲租金收入3萬元。該物業目前購買價為80萬元，假設5年後售房所得為100萬元。C君要在該處住滿5年，以存款利率3%為機會成本。請比較租房與購房哪一個更為合算。

（案例分析）

三、購房規劃

投資者經過租房和購房比較後，經仔細權衡決定購房，就必須對購房安排做出正確規劃。投資者先應該考慮的問題是準確衡量自己的負擔能力、計算負擔得起的房屋總價和單價、確定首付比例和購房區位。此外，投資者還要考慮購房所要支付的相關稅費。

（一）衡量自己的負擔能力

就理財的範疇而言，購房規劃最重要的就是按照自己的經濟能力確定購房目標和制訂切實可行的付款計劃。衡量自己的經濟負擔能力的方式包括以下兩種：

1. 按每月的負擔能力估算負擔得起的房屋總價

可負擔首付款＝目前年收入×負擔比率上限×年金終值＋目前淨資產×複利終值

年金終值＝年金金額×[$(1+r)^n-1$]/r（n＝離買房年數；r＝投資報酬率）

複利終值＝本金（現值）×$(1+r)^n$（n＝離買房年數；r＝投資報酬率）

可負擔房屋貸款＝目前年收入×複利終值（n＝離買房年數；r＝預估收入成長率）×負擔比率上限×年金現值（n＝貸款年限；r＝房屋貸款利率）

可負擔房屋總價＝可負擔首付款＋可負擔房屋貸款

可負擔房屋單價＝可負擔房屋總價÷需求面積

2. 按想購買的房屋價格來計算每月需要負擔的費用

欲購買房屋總價＝房屋單價×需求面積

需要支付的首付款部分＝欲購買房屋總價×（1−按揭貸款成數比例）

需要支付的貸款部分＝欲購買房屋總價×按揭貸款成數比例

每月攤還的貸款本息費用＝需要支付的貸款部分÷年金現值

年金現值＝年金×$[1-(1+r)^{-n}]/r$（n＝離買房年數；r投資報酬率）

【案例 7-9】K 先生年收入為 8 萬元，預計收入成長率為 3％，目前淨資產是 12 萬元，儲蓄率上限為 40％。K 先生打算 5 年後購房，投資報酬率為 10％，貸款年限為 20 年。利率以 6％計算，K 先生可以負擔的房屋總價是多少？

案例分析：

K 先生屆時可以負擔房價計算如下：

首付款部分＝80,000×40％×6.105＋120,000×1.611＝38.9（萬元）

貸款部分＝（80,000×11.59×40％）×1.147＝42.5（萬元）

屆時可以負擔的房價＝首付款＋貸款＝38.9＋42.5＝81.4（萬元）

可負擔的最高首付比例＝38.9/81.4＝48％

【知識連結】購房能力評估計算模式（見圖 7-2）

圖 7-2　購房能力評估

（二）購房的各種稅費

中國涉及購房交易的稅費主要包括契稅、印花稅、個人所得稅、增值稅、房屋所有權登記費、房屋買賣手續費、公證費、律師費、仲介費等，具體視房屋買賣的具體情況並根據合同的約定或有關的法律規定來確定。

（三）換房規劃

對房屋的需求也會隨著人的生涯階段的改變而逐漸升級換代：單身或新婚時，受制於經濟實力，以小戶型住房為主；當小孩出生，尤其是到了受教育階段，這時除了考慮戶型大小外，還要注意教育條件和周邊環境等因素；人至中年，如果經濟實力許可，可以結合居住環境、休閒娛樂等方面考慮再次換房；退休時，子女已經獨立，這時可以考慮醫療保健齊全、居住環境較好的小戶型住宅頤養天年。如果需要換房，主要考慮以下兩點：

（1）有無能力支付換房所必須支付的首付款，換房需要支付的首付款＝新房淨值－舊房淨值＝（新房總價－新房貸款）－（舊房總價－舊房貸款）。

（2）客戶未來有無能力償還換房後的貸款。

【案例7-10】D君現年40歲，看上了一套價值100萬元的新房。D君的舊房當前市值50萬元，尚有20萬元未償貸款。如果購買新房，D君打算55歲之前還清貸款。銀行要求最高貸款成數是七成，貸款利率6%。考慮D君的換房規劃。

案例分析：

D君換房必須支付的首付款＝（100-100×0.7）-（50-20）＝0（萬元）

D君換房後每年應償還貸款額＝100×0.7/年金現值系數（$n=15, r=6\%$）＝7.21（萬元）

D君不換房，每年應償還貸款額＝20+年金現值系數（$n=15, r=6\%$）＝2.06（萬元）

可見，換房後D君的房貸壓力增加了不少（每年增加了5.15萬元）。如果D君未來有充裕的儲蓄繳納貸款，則可以考慮換房計劃。

四、涉及稅費

個人銷售房產涉及以下幾種稅費：

（一）增值稅

根據《財政部　國家稅務總局關於全面推開營業稅改徵增值稅試點的通知》（財稅〔2016〕36號）附件1《營業稅改徵增值稅試點實施辦法》第一條的規定：在中華人民共和國境內（以下稱境內）銷售服務、無形資產或者不動產（以下稱應稅行為）的單位和個人，為增值稅納稅人，應當按照本辦法繳納增值稅，不繳納營業稅。

【知識連結】2016年營改增後個人銷售房產增值稅徵收率

個人將購買不足2年的住房對外銷售的，按照5%的徵收率全額繳納增值稅；個人將購買2年以上（含2年）的非普通住房對外銷售的，以銷售收入減去購買住房價款後的差

額按照5%的徵收率繳納增值稅；個人將購買2年以上（含2年）的普通住房對外銷售的，免徵增值稅。上述政策僅適用於北京市、上海市、廣州市和深圳市。

（二）個人所得稅

個人出售自有住房取得的所得應按照「財產轉讓所得」項目徵收個人所得稅，稅率為20%。對轉讓住房收入計算個人所得稅應納稅所得額時，納稅人可以憑原購房合同、發票等有效憑證，經稅務機關審核後，允許從其轉讓收入中減除房屋原值、轉讓住房過程中繳納的稅金以及有關合理費用。合理費用是指納稅人按照規定實際支付的住房裝修費用、住房貸款利息、手續費、公證費等費用。

（三）土地增值稅

土地增值稅的計稅依據是納稅人轉讓房地產取得的增值額。增值額是納稅人轉讓房地產取得的收入減除稅法規定的扣除項目金額後的餘額。土地增值稅採用30%~60%的四級累進稅率計算徵收。扣除項目包括房地產原價和與轉讓房地產有關的稅費。

個人將購買的普通標準住宅再轉讓的，免徵土地增值稅。普通標準住宅是指除別墅、度假村、酒店式公寓以外的居住用住宅。個人轉讓別墅、度假村、酒店式公寓，凡居住超過五年的（含五年）免徵土地增值稅；居住滿三年不滿五年的，減半徵收土地增值稅。

（四）城市維護建設稅和教育費附加

城市維護建設稅和教育費附加分別按實際繳納增值稅稅額的1%和3%計算繳納。

（五）印花稅

簽訂的房地產買賣合同，屬於「產權轉移書據」徵稅項目，按合同所載金額的萬分之五計稅貼花。

五、住房貸款

目前，貸款購房主要有住房公積金貸款、個人住房抵押貸款和個人住房組合貸款三種方式。

（一）住房公積金貸款

住房公積金是指國家機關、國有企業、城鎮集體企業、外商投資企業、城鎮私營企業及其他城鎮企業、事業單位、民辦非企業單位、社會團體及其在職職工繳存的長期住房儲金。

住房公積金貸款是繳存住房公積金的職工以其所擁有的產權住房為抵押申請的專項貸款。貸款期限最長為30年（不得超過法定退休年齡）。住房公積金貸款的利率是目前個人貸款中利率最低的品種，貸款額度根據所購房屋不同適用不同的比例。

相對於商業住房貸款，住房公積金貸款具有利率較低、還款方式靈活、首付比例低的優點，缺點在於手續繁瑣和審批時間長。

1. 住房公積金貸款申請流程

住房公積金貸款申請流程如圖 7-3 所示。

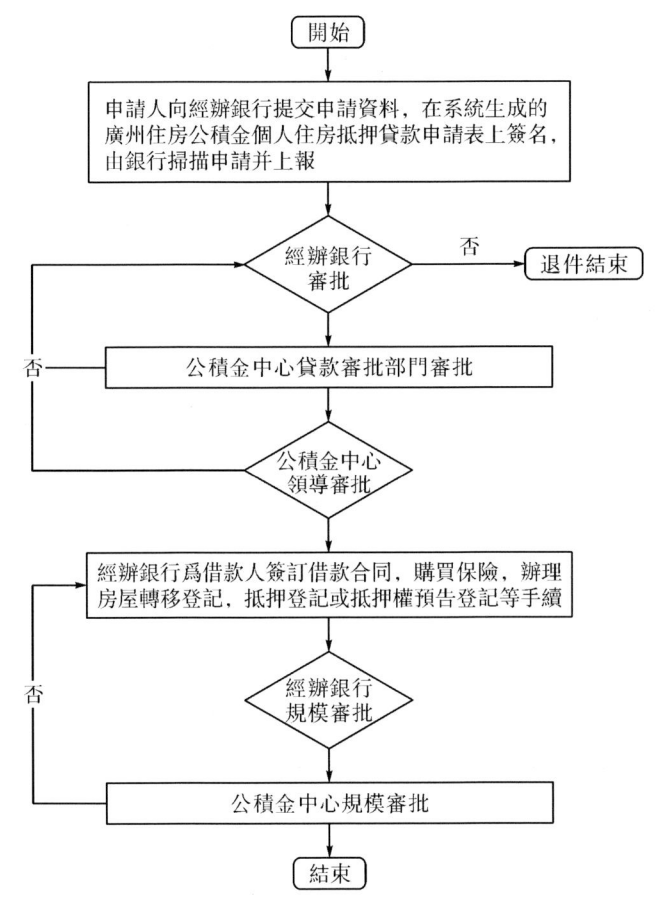

```
                    ┌─────┐
                    │ 開始 │
                    └──┬──┘
                       ▼
         ┌──────────────────────────────┐
         │ 申請人向經辦銀行提交申請資料，在系統生成的 │
         │ 廣州住房公積金個人住房抵押貸款申請表上簽名， │
         │ 由銀行掃描申請并上報                │
         └──────────────┬───────────────┘
                       ▼
                   ╱ 經辦銀行 ╲   否
         ┌────────＜  審批   ＞────────┐退件結束
         │         ╲        ╱         
         │否           │是
         │            ▼
         │  ┌──────────────────────┐
         │  │ 公積金中心貸款審批部門審批 │
         │  └──────────┬───────────┘
         │             ▼
         │         ╱ 公積金中心 ╲
         │────＜   領導審批   ＞
         │         ╲        ╱
         │否           │是
         │            ▼
         │  ┌──────────────────────────────┐
         │  │ 經辦銀行為借款人簽訂借款合同，購買保險，辦理 │
         │  │ 房屋轉移登記，抵押登記或抵押權預告登記等手續 │
         │  └──────────────┬───────────────┘
         │                 ▼
         │            ╱ 經辦銀行 ╲
         │────────＜  規模審批  ＞
         │            ╲        ╱
         │否              │是
                         ▼
                ┌──────────────────┐
                │ 公積金中心規模審批 │
                └────────┬─────────┘
                         ▼
                      ┌─────┐
                      │ 結束 │
                      └─────┘
```

圖 7-3　住房公積金貸款申請流程（以廣州市為例）

2. 住房公積金貸款條件

住房公積金貸款對象是指住房公積金繳存人和匯繳單位的離退休職工。以廣州市為例，廣州市要求借款人需要具備以下條件：

（1）廣州市常住戶口的，申請住房公積金貸款時已連續繳存住房公積金 6 個月以上（含 6 個月）。

（2）非廣州市常住戶口的，申請住房公積金貸款時已連續繳存住房公積金 12 個月以上（含 12 個月）。

3. 住房公積金貸款金額限制

貸款額度有公式可循,以廣州市為例:

個人可貸額度=(公積金帳戶當前餘額+當前月繳存額×2×當前至法定離退休年齡總月數)×2

如果是兩人或兩人以上貸款可以合併計算,但有額度限制。目前,住房公積金貸款個人最高額度為50萬元,申請人為兩個或兩人以上的最高額度為80萬元。

【案例7-11】假設有一戶家庭購房需要申請住房公積金貸款,其中丈夫28歲、妻子25歲,申請住房公積金貸款時上個月公積金匯儲額分別為230元和200元,兩人名下住房公積金本息金額分別為2,100元和1,800元,離法定退休年齡分別是32年和30年。若要購買一套50萬元的一手商品房,按現行住房公積金個人貸款政策規定可以申請住房公積金貸款多少元?

案例分析:

①按個人可貸額度計算公式,夫妻雙方的個人可貸額度分別計算如下:

丈夫可貸額度=(公積金帳戶當前餘額+當前月繳存額×2×當前至法定離退休年齡總月數)×2=(2,100+230×2×32×12)×2=357,480(元)

妻子可貸額度=(公積金帳戶當前餘額+當前月繳存額×2×當前至法定離退休年齡總月數)×2=(1,800+200×2×30×12)×2=291,600(元)

②按貸款最高額度的有關規定,夫妻雙方的最高可貸額度計算如下:

丈夫最高可以貸款357,480元,妻子最高可以貸款291,600元。

夫妻雙方合計最高可貸額度=357,480+291,600=649,080(元)

③按貸款成數的有關規定,該房屋首付為房價的30%(15萬元),剩下的70%(35萬元)可申請住房公積金貸款。

綜上所述,該夫妻住房公積金貸款最高為35萬元。

4. 公積金貸款還款方式

(1)等額本息法,即借款人每月償還的貸款本金和利息總額不變,但每月還款額中貸款本金逐月增加,貸款利息逐月減少的還款方式。

(2)等額本金法,即借款人每月償還的本金固定不變,貸款利息逐月遞減的還款方式。

借款人可以選擇其中一種還款方式,並在合同履行期限內不會變動。

【知識連結】公積金貸款計算模式（見圖 7-4）

圖 7-4　公積金貸款計算器

（二）個人住房抵押貸款

住房公積金貸款限於繳存了住房公積金的單位員工使用，限定條件多，因此未繳存住房公積金的人無緣申貸，但可以申請商業銀行個人住房抵押貸款，也就是商業銀行按揭貸款或稱商業貸款。只要繳納銀行規定的購房首期付款，並且有貸款銀行認可的資產作為抵押或質押，或者有足夠代償能力的單位或個人作為償還貸款本息並承擔連帶責任的保證人，那麼就可以申請使用銀行按揭貸款。商業貸款的發放對象較為廣泛，手續相對簡單，但貸款時間較短，利率比住房公積金貸款的利率高。商業貸款方式包括：

（1）一次性還本付息。根據各銀行的規定，貸款期限在 1 年之內（含 1 年）的，還

款方式採取一次性還本付息，即一次性還清貸款本金加上整個貸款期的利息總額。其計算公式如下：

到期一次還本付息額＝貸款本金×［1+月利率（％）×貸款期（月）］

月利率＝年（名義）利率/12

（2）等額本金還款法。等額本金還款法是一種計算簡便、實用性強的還款方式。基本原理是還款期內按期等額歸還貸款本金，並同時還清當期未歸還的本金產生的利息。等額本金還款可以是按月或按季還款，按照慣例，大都採用按月還款的方式。其計算公式如下：

每月還款額＝貸款本金/貸款期月數＋（本金－已歸還本金累計額）×月利率

【案例7-12】D君的個人住房抵押貸款總額為50萬元，貸款期限為20年，貸款利率為6％。D君選擇等額本金還款法還款，請計算各月還款額。

案例分析：隨著時間的推進，已歸還本金累計額不斷增加，每月應還利息逐漸減少。因此，各月還款額計算如下：

第1月：4,583.33元。

第2月：4,572.92元。

第3月：4,562.50元。

……

第238月：2,114.58元。

第239月：2,104.17元。

第240月：2,093.75元。

因為每月償還額不斷減少，最開始還款額比後期還款額高很多，因此這種方法適用於經濟能力較為寬裕的借款人。

（3）等額本息還款法。個人住房抵押貸款期限一般都在1年以上，除了等額本金還款法外，大部分人選擇等額本息還款法，即每月以相等的額度平均攤還貸款的本金和利息。其計算公式如下：

每月等額還本付息額＝貸款本金×$\frac{i(1+i)^n}{(1+i)^{n-1}}$，其中，$n$為還款期數＝貸款年限×12，$i$為月利率。

以【案例7-12】中D君為例，如果選擇等額本息還款法，則還款額計算如下：

每月等額還本付息額為3,582.16元。

由於等額本息還款法每月還款額是固定的，這適合收入穩定的年輕人，目前大部分人都選擇這種方式。

需要注意的是，等額本金還款法和等額本息還款法由於計算方法的區別，會導致最後還款總額的區別，如上述案例中，等額本金還款法還息總額為30萬元，而等額本息還款

法還息總額為 36 萬元，兩者相差近 6 萬元。因此，選擇哪種方法需要借款人慎重考慮。

3. 個人住房組合貸款

個人住房組合貸款是指向繳存公積金的購房借款人同時發放個人住房公積金貸款和個人住房抵押貸款的一種貸款方式。

住房公積金管理中心可以發放的住房公積金貸款，最高限額一般為 10 萬~29 萬元，如果購房款超過這個限額，不足部分要向銀行申請個人住房抵押貸款。這兩種貸款合起來成為組合貸款。組合貸款利率較為適中，貸款金額較大，因此被較多貸款者選用。

【知識連結】組合貸款計算模式（見圖 7-5）

圖 7-5　組合型貸款計算器

六、個人支付能力評估

購房者的個人支付能力評估主要從以下幾個方面著手：

（一）目標和需求分析

房地產理財規劃的第一步是確定期望的目標和需求，這要通過數據收集和分析來確定。一般而言，個人對於房地產購置的需求取決於年齡、收入水準、家庭成員數量、交通便利程度等因素。在確定目標和需求時，必須把握以下原則：

第一，要分清影響目標和需求的因素的重要性。要找到符合所有期望的房地產理財項目是不可能的，我們會面臨對於各種因素的權衡和取捨，因此應該分析哪些因素對於自己是最重要的，按重要性程度進行排列，以便在這些因素發生衝突的時候做出合理的選擇。

第二，要具有前瞻性。隨著個人的成長和際遇，收入、債務以及責任都會隨之發生變化，因此在確定房地產投資目標和需求時應該將這些因素考慮進去，以便能夠靈活地對待這些變化。

（二）動機分析

房地產理財具有投資大、週期長的特點，因此事前仔細地評估和計劃必不可少，而動機的差異將會對整個投資計劃產生關鍵性影響。個人房地產理財的動機有以下幾個方面：

1. 用於自己居住

用於自己居住時首要考慮的是居住質量，可以選擇具有成熟居住氛圍的社區，如擁有便捷的交通、宜人的環境、配套的生活設施等。

2. 用於出租獲取收益

用於出租獲取收益時首先要考慮的是方便出租，可以選擇流動人口多的小型住宅進行投資，或者購買適宜出租給經營者的沿街店鋪。

3. 用於投機獲利

如果是為了獲取差價收入，適合投資現時房價相對便宜，但未來規劃前景看好、有升值潛力的住宅或店鋪。

4. 用於減免稅收

如果國家鼓勵居民置業，會出抬相應的鼓勵政策，如規定購房者支出可以用來抵扣個人所得稅等，這時進行房地產投資無疑是一舉兩得的投資方式。

（三）個人支付能力分析

投資房地產前必須正確估量個人資產，再根據需求和實際支付能力來具體選擇哪一種房地產投資計劃。

個人資產的估量主要是對個人淨資產的估量和對個人綜合支付能力的評估。

1. 個人淨資產

估算個人支付能力的核心是審慎地計算個人淨資產，即個人總資產減去個人總負債的

餘額。個人總資產及個人擁有的所有財富，包括自用住宅、家具、藝術收藏品、交通工具、現金、債券、股票等。其中有些固定資產，如住房、家具，應該以能夠脫手變現的價格加以計量。這類資產的取得，是為了讓個人和家庭可以長期使用與享受。因此，自住性房地產屬於個人資產，不屬於長期投資。

就財務規劃的觀點而言，自住以外的房屋或土地只有在以賺取租金收入或將來的差價為購置目的時，才算是投資性房地產。對中國的工薪階層來說，個人資產中還包含已繳存的住房公積金。住房公積金是職工在其工作年限內，由職工本人及所在單位分別按職工工資收入的一定比例逐月繳存至職工個人住房公積金帳戶的資金。該項資金全部歸職工個人所有，由政府設立的公積金法定機構統一管理，用於以貸款形式支持職工購房。個人總負債是個人應償還的債務，包括按揭貸款、汽車消費貸款和其他短期借款。對於普通工薪階層來說，實際總負債不宜超過3個月家庭日常支出的總和。

2. 個人綜合支付能力評估

確定個人投資房地產的綜合支付能力時，不僅要看個人的淨資產，還要分析個人的固定收入、臨時收入、未來收入、個人支出和預計的未來支出。

如果個人淨資產為正數，投資者首先要確定能用來投資房地產的資金數額。然後再根據自己家庭月收入的多少及預期，最終確定用於購買房地產、償還銀行按揭貸款本息的數額。基本原則仍然是量力而行，既滿足個人的房地產投資需求，同時又不必給自己帶來沉重的債務負擔。

項目小結

個人或家庭消費中所占比重最大的就是購買住房。本項目詳細介紹了個人理財過程中應該如何進行住房規劃。

對於一個家庭來說，購房前的資金準備、購房後的貸款償還等問題有必要做出妥善的安排，以達到合理利用家庭財務資源，實現在購房準備中及購房後家庭（或個人）的財務狀況保持健康和安全的目標。一般來說，一個全面的購房規劃應該包含的內容有確定家庭的購房目標、收集財務資料、進行購房資金的準備、對比資金的累積和資金的需求、判斷住房規劃的可行性、根據還款能力進行合理的貸款融資安排。房地產除了自住功能之外，還是一種良好的投資品。

項目實訓（教材紙質）

L君的商業性個人住房貸款總額為20萬元，貸款期為10年，假設採取按季等額本金還款法，年名義利率為5.58%。請計算L君每個季度的還款額。

請計算分析：

(1) 每個季度歸還本金 =

(2) 第 1 個季度利息 =

(3) 第 1 個季度還款額（本金和利息）=

(4) 第 2 個季度利息 =

(5) 第 2 個季度還款額（本金和利息）=

(6) 第 40 個季度利息 =

(7) 第 40 個季度還款額（本金和利息）=

項目八　教育規劃

學習目標
1. 瞭解教育資金的主要來源
2. 正確認識子女教育規劃

重點及難點
1. 掌握主要的長期子女教育規劃工具
2. 正確選擇和應用子女教育規劃工具

【案例導入】

　　來自匯豐集團財富管理國際及跨境業務董事、總經理孫女士關於子女教育規劃的一些想法：我的女兒今年6歲了，我們現在不僅已經在考慮她應該去哪所中學，而且已經在衡量哪個國家的大學會更適合她。

　　我是上海人，現在和我先生生活在倫敦。因此，我們的女兒非常有可能會在中國以外讀大學，比如英國或美國。可以說我們的情況是目前一個大趨勢的縮影——目前全世界有大約450萬國際留學生，其中近六分之一來自中國。中國人向來尊師重教。中國多年來的經濟增長培育出了不斷壯大的中產階層和更為富裕的階層。他們對子女滿懷信心和期待，並且也有財力和動力為更好的教育買單。作為父母可以有很多不同的理由希望子女海外留學，有的只是希望子女學習新的語言和開闊視野，有的認為國際化的教育有助於鋪墊理想的前程和更為成功的職業生涯。

　　根據匯豐集團最新的《教育的價值》調查報告顯示，對於有計劃安排子女大學階段海外留學的父母來說，最有可能考慮的是美國的大學，接下來是英國、澳大利亞、加拿大和德國的大學。很多大學之間互相競爭以吸引最優秀、最聰明的國際留學生。上進、有能力的學生有助提高大學的學術標準。同時，接收留學生的大學和國家可以獲得直接的經濟收益。在2014—2015學年，有大概100萬外國學生進入美國大學學習。國際教育協會（Institute of International Education）估計因此而產生的學費和生活開支為美國經濟貢獻了308億美元。

　　儘管美國和英國仍然是吸引最多國際學生的留學目的國，然而很多亞洲國家的教育質量正在不斷提升，這意味著一些亞洲學生可以選擇離家更近的海外大學。《泰晤士高等教育》（*Times Higher Education*）發佈的2015—2016學年世界大學排名顯示，名列前100名

的大學中有9所位於亞洲。

一些大學提供助學金和獎學金來吸引國際留學生。儘管如此，很多情況下，父母承擔著留學所需的大部分費用。值得一提的是，這可能是一筆不菲的開銷。美國的國際留學生本科年均學費約為33,000美元。在英國、澳大利亞和加拿大，這一數字可能在26,000～30,000美元。如果再加上住宿、伙食、機票和其他開支，為留學準備的總預算需要明顯增加，這些都值得好好規劃。父母規劃子女教育並做出重要抉擇時，除了經濟狀況以外，當然還有其他多重因素需要考量。留學目的地是不是方便保持聯絡和回家？在海外是否有家人和朋友可以在子女留學時給予他們支持？除了學業以外，是否有機會發展體育和音樂等興趣愛好？畢業之後能否留下工作？

無論如何，瞭解所需成本、規劃和妥善安排財務在留學準備中都是非常關鍵的，這不僅降低留學方面的財務負擔，也讓留學生的父母們在遠離子女時更為安心從容。

任務一　子女教育規劃概述

「望子成龍，盼女成鳳」是每位父母的心願。如何為子女籌集一筆充足的教育經費成為父母們的心頭大事。據中國人民銀行的調查顯示，城鄉居民儲蓄的目的，子女教育費用排在首位，所占比例接近30%，位列養老和住房之前。由於教育支出逐年上漲，家長們積攢子女教育經費的壓力陡增，子女教育費用已經成為僅次於購房的一項重大家庭支出。子女教育費用需求也成為家庭理財的重要需求，家長們應該盡早規劃。

一、子女教育規劃的意義

調查表明，在城鄉居民儲蓄目的中，子女教育費用需求已成家庭理財的第一需求，居民儲蓄的首要目的就是「攢教育費」。在中國，子女接受教育的費用確實成為現代社會中每個家庭的階段性高支出，而且也是家庭的最主要支出項目之一。對於一個普通的家庭來說，孩子的教育開支是在十多年後的大學階段才進入高峰期的，但是到了孩子的大學學習階段，子女教育金卻是最沒有時間彈性與費用彈性的了。因此，子女接受教育的費用最重要的就是要預先規劃，在子女年齡較小的時候，如果能為子女準備一個好的教育理財計劃，相信會對整個家庭的理財事業添加比較成功的一筆。

在孩子的總經濟成本中，教育成本僅低於飲食營養費，占子女總支出的平均比重為21%，但是自子女讀高中起，教育費用在子女總支出中的比重超過飲食費用，這一比重在高中階段為34%，大學階段為41%。學前教育的花費也顯著高於義務教育階段，幼兒班的學雜費占子女總支出的比重為30%。有少數家庭還支出了高額的擇校費與贊助費。對於大多數家庭來說，提前對子女教育金進行規劃的意義非常重大。

二、子女教育規劃的分類

家庭在子女教育上進行的有計劃的資金投入，分為家庭個人投資和自我擴張性、發展性教育投入兩個方面。

(一) 家庭個人投資

家庭個人投資主要是指孩子在校學習期間，家庭應分擔的學校教育的合理費用，即培養一個學生一年所需要的費用中，家庭應當負擔的費用。在中國，義務教育階段原則上是由國家承擔大部分培養費用，不存在個人家庭投資問題，家庭主要負擔的是非義務教育的投資。由於在非義務教育階段受教育者接受教育層次越高，人力資本、晉升機會、擇業機會等個人收益就越高，因此家庭應該分擔一部分學費和其他費用。

(父母為供給子女教育費所做的犧牲)

(二) 自我擴張性、發展性教育投入

自我擴張性、發展性教育投入是一種選擇性教育投入，其實質是家庭為買到優質的教育資源而付出的費用，即購買教育服務所繳納的費用。家庭購買的教育服務一般包括優質教育服務、名牌教育服務和適合個性發展的教育服務。在一般情況下，擇校費、報課外輔導班的費用、購買和教育相關書籍的費用以及在校外付出的為培養孩子某一方面的愛好、技能而參加培訓班的費用都屬於自我擴張性、發展性教育投入。

(「起跑線」的競爭)

三、子女教育規劃的特點

教育金值得投資，但關鍵在於提前規劃。研究表明，用於子女教育的支出並非是一種簡單的消費性支出，而是一種生產性投資，即教育投資。教育投資將增加子女的知識和技能，並為了增加子女能獲得較好的職業適應性、較多的就業機會、較高的收入等教育投資的收益。理財專家指出，如果從小學開始算起，國內培養一個大學生的平均開銷需要20

萬~50萬元，按照現在大學生平均月薪和增長速度來計算，快的話，5~7年就可以收回投資，因此哪怕是單獨從個人收入的角度來看，教育投資也還是划算的。鑒於目前教育投資的風險在不斷增加，而其邊際效用卻不斷在減少，因此孩子能否成為有價值的「生產品」，關鍵還是在於做好子女教育投資的規劃。

子女高等教育期間的開支屬於階段性高支出，不事先準備，屆時的收入將難以應付。有民間調查機構的數據表明，中國家庭子女教育的支出比重已接近家庭總收入的三分之一。城鄉貧困人群中有40%~50%的人提道：「家裡窮是因為有孩子要讀大學。」另外，家庭準備子女高等教育經費的階段與父母準備自己退休經費的時期高度重疊，因此應避免顧此失彼。

高等教育學費的上漲率高於通貨膨脹率，儲備教育資金的報酬率要高於學費增長率。近20年，什麼價格上漲最快？很多家長會異口同聲地回答：「子女教育費用。」僅以子女教育費用中的高校學雜費為例，20年前，大學學費200元/年，現在已經上漲至平均6,000元/年。近20年時間裡，上漲了30倍。學費的漲幅遠遠超過了國民收入的增長速度。

子女教育金是最沒有時間彈性和費用彈性的理財目標，因此更要預先規劃，才不會有因財力不足而阻礙子女上進心的遺憾，子女的教育投資策劃與退休規劃和購房規劃相比，最缺乏彈性。退休規劃若財力不足，降低退休後的生活水準還熬得過去；購房規劃若資金不夠，選擇地點偏遠一點的、房價較低的地段還可以將就；但子女的教育投資規劃，因為缺乏時間彈性，並且學費也相對固定，因此務必要提早準備。

（教育費用知多少？）

四、子女教育規劃的原則

子女教育規劃要考慮子女的興趣愛好轉換很快，學習成績和以後的發展方向也未定型，父母應該以較寬鬆的角度使準備的教育金可以應付子女未來不同的選擇。例如，上普通大學還是藝術院校，是在國內上學還是出國留學。如果子女獨立性較強，可能會以假期打工賺取生活費或可以獲得獎學金，但是由於這是不確定因素，作為父母還是不能做這樣的假定。父母在籌集資金時多一些為好，多餘的資金可以當成自己未來的退休金，降低退休後對子女的依賴程度。

子女教育規劃要充分利用定期定額計劃來實現子女教育基金的儲蓄。每月存一點，別看存得不多，正是這樣的習慣性儲蓄計劃能為子女教育打下堅實的基礎。目前，很多工具可以用來強制儲蓄，如教育儲蓄、教育保險等。

子女教育規劃投資時注意以保守投資為主，不要太冒險。父母不能因為籌集資金的壓力大而選擇高風險的投資工具。因為如果本金遭受損失對以後子女的教育安排的不利影響會更大，所以投資還是要以穩健為原則。

(及早籌劃)

任務二　教育規劃的步驟

既然孩子的教育資金是不得不花的，而父母又無法預知這些資金具體的金額支出，那麼未雨綢繆當然是尤其重要的了。作為一項重大工程，孩子的教育投資規劃也不單單只是「攢錢」可以解決的。我們把教育規劃分為四個步驟，父母可以遵循這四個步驟計算一下自己的家庭到底需要累積多少教育金以及如何籌措這些費用，並找到適合的投資方式。

一、確定子女教育要達到的程度及目前所需的費用

每個家長都要根據自己孩子的特點，制定理財目標。例如，有的孩子今後準備到國外讀書，那就要有比較大的資金儲備和比較高的理財目標。另外，大多數孩子都會按照幼兒園→小學→初中→高中→大學這樣中規中矩的模式成長。因此，孩子接受普通的學歷教育所需要的花費也是必不可少的支出。

二、設定一個通貨膨脹率，計算未來子女入學時所需的費用

隨著經濟的發展，教育的費用越來越高，教育費用的增長率一般要比通貨膨脹率高，因此計算時應該在通貨膨脹率上加 2~3 個百分點。假如未來某一階段的通貨膨脹率為 5%，則教育費用的增長率就為 7%~8%。因為教育費用沒有彈性的特點，為了避免到時資金不足的情況出現，所以一般都會預計多一點的費用。

三、計算出現在需要的投資金額和資金缺口

通過對未來所需費用的貼現，可以計算出一次投資所需費用或分次投資所需資金。假如按現在投資的金額去投資而未來金額不足的話，可以通過調低子女未來教育目標、增加初期投資金額或調整理財工具來實現。由於這一步的計算涉及理財方面的計算公式，非專

業人士很難操作，可以通過銀行專業人士來處理。

四、選擇適當的投資工具並進行投資

一般情況下，投資工具的回報率越高，初期投資的金額就越少，與之相適應的風險就越高。假如沒有足夠的本金進行投資的話，可能就要降低教育目標或選擇高風險、高收益的投資產品，在進行投資時就要對風險管理投入更多的時間和精力。另外，假如初期沒有足夠的單筆投資資金，利用定期、定額計劃來實現子女教育基金的累積也是一種比較科學的方式。對父母而言，選擇定期、定額業務的好處是分散風險、減輕壓力、強制儲蓄，即在不加重經濟負擔的情況下，做小額、長期、有目的性的投資，以應付未來對大額資金的需求，從而達到輕鬆儲備子女教育金的目標。

【案例 8-1】

匯豐銀行財務需求在線分析工具

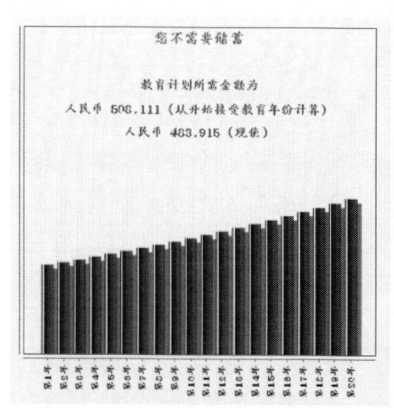

圖 8-1　教育需求分析

關於教育規劃的幾個實務問題：

①您為孩子制定了何種教育規劃？

職業教育、大學教育、研究生教育。

②您願意投入多少？

您是否全部負擔您孩子的生活費及學費？

③您希望孩子在何處學習？

國內或國外，如果出國，要去哪個國家？

④您何時需要這筆資金？

再過多長時間，您的孩子需要動用這筆教育儲備資金？

⑤您為孩子準備了何種教育儲備規劃？

一次性投入或定期存款計劃，單一資產或多元化投資組合。

任務三　瞭解當前的教育收費水準和增長情況

瞭解當前的教育收費水準和增長情況，就要瞭解包括學前教育、義務教育、大學教育和其他支出的所有內容。這是基礎步驟，也是最關鍵的步驟，儘管最後計算出來的金額可能會讓人感到驚訝。如今的教育費用正處在持續增長的階段，如果沒有前期準備，那麼到時候付不起孩子的學費也不是不可能發生的狀況。

通常孩子的成長過程包括幼兒園期（學前教育期）、小學教育期、中學教育期、大學教育期和出國留學期五個階段。我們來看看每個階段所需要的費用大約是多少。

1. 學前教育（幼兒園）費用

我們以廣州市目前執行的《2012年秋季及以後入園的幼兒月托費標準》為例，一般公立的幼兒園收取月托費為729元/月（市一級），1,050元/月（省一級）；而私立幼兒園的費用就遠遠不止這些。稍微好一點的私立幼兒園，包括保育費、伙食費等在內，價格通常在2,000元/月左右，如果按孩子在園時間為4年計算，僅支付幼兒園月托費這一項4年下來就需要96,000元。

2. 義務教育費用

義務教育費用主要包括小學6年和初中3年的費用。如果選擇上民辦學校，費用還要顯著增加。

小學6年的費用（按二期課改的收費標準計算），每生每學期210元，包括雜費50元、課本和作業本費160元，6年12個學期一共2,520元。

初中3年費用（按二期課改的收費標準計算），每生每學期代辦費280元，包括雜費80元、課本和作業本費200元，3年6個學期共1,680元。

3. 區縣重點高中費用

重點高中的學費是 1,200 元/學期、代辦費 386 元/學期，3 年 6 個學期共計 9,516 元。

4. 大學教育費用

這是父母負擔中最沉重的一項。目前普通高等院校（除去師範類、軍事類等院校外）的學費每學年都在 5,000 元以上，民辦院校更是在 10,000 元以上，加上大學生在校的生活費同樣是一大筆開支，由於大學生社會活動越來越豐富，他們的月生活開支都達到 1,000 元以上。這樣父母每年在一個大學生身上需要投入 15,000 元，4 年共需要 60,000 元，如果是民辦本科院校在校生，4 年共需要 100,000 元以上。如果繼續攻讀 3 年制全日制研究生，那麼這筆費用則需要 120,000 元。

5. 其他費用

除了上述費用外，課外書、興趣班和家教的費用也是一大筆開支。例如，學鋼琴的費用就要幾萬元，即使不學鋼琴，這樣那樣的費用加起來沒有 10 萬元也肯定是不夠的。另外，用於孩子的醫療費用我們按 3 萬元計算，這個數字絕對不算高，因為現在孩子看病往往比大人還貴。

通過上述分析，一個孩子一生接受教育的費用總計大約為：學前教育費用+義務教育費用+高中教育費用+大學教育費用+其他費用≥30 萬以上。

【知識連結】 廣州地區各個教育階段的教育費用情況：

(1) 幼兒園的費用（3~6 歲，見表 8-1）。

表 8-1　　　　　　　廣州市公辦幼兒園保教費收費標準表　　　　單位：元/人·月

級別		全日制	寄宿制
省一級	財政撥款類	865	1,115
	自收自支類	995	1,285
市一級	財政撥款類	650	845
	自收自支類	745	970
區一級	財政撥款類	485	635
	自收自支類	560	730
未評級	財政撥款類	365	475
	自收自支類	420	545

（註：財政撥款類幼兒園包括財政全額核撥的公辦幼兒園和財政核補的公辦幼兒園）

在寒暑假、週六、週日及國家規定的公眾假期繼續對在園幼兒提供保育教育的，保教費可在平時收費標準基礎上上浮 50%。

民辦幼兒園在完全放開收費的情況下，不同幼兒園之間收費額度差異較大。以廣州市為例，民辦幼兒園保教費基本是2,000元/月以上，加伙食費和接送費等，每月可達3,000~5,000元。如果是高級住宅小區配套幼兒園和雙語（國際）教學幼兒園收費更高。

（2）小學時期的費用（6~11歲，見表8-2）。

表8-2　　　　　　　　　　　小學時期的費用

費用項目	預計每年開支	費用開支合計	備註
學校教育費用	6,000元（每月500元）	36,000元	包括各種學雜費、補習費以及活動費
特長教育支出	12,000元（每月1,000元）	72,000元	鋼琴、英語、奧數以及益智類教育
生活開支	14,400元（每月1,200元）	86,400元	包括零花錢、服裝費、交通費用
旅遊開支	3,000元	18,000元	寒暑假帶孩子外出旅遊和學校夏令營
醫療開支	2,000元	12,000元	日常生病費用
額外開支	12,000元	12,000元	買電腦、手機
小學期間合計開支		236,400元	小學6年

（3）中學時期的費用（12~17歲，見表8-3）。

表8-3　　　　　　　　　　　中學時期的費用

費用項目	預計每年開支	費用開支合計	備註
教育費	10,000元	60,000元	包括各種書雜費、補習費以及活動費
補習班費用	3,000元	18,000元	學校和家庭為孩子安排的各種補習課
生活開支	18,000元（每月1,500元）	108,000元	孩子逐漸長大，生活開支逐漸增加
旅遊開支	3,000元	18,000元	寒暑假帶孩子外出旅遊和學校夏令營
醫療保健	2,000元	12,000元	日常滋補品
額外開支	15,000元	15,000元	買電腦、手機
中學期合計開支		231,000元	中學6年

（4）大學時期的費用（18~21歲，見表8-4）。

表8-4　　　　　　　　　　　　大學時期的費用

費用項目	預計每年開支	費用開支合計	備註
學雜費	20,000元	80,000元	
生活開支	12,000元	48,000元	
選修考證開支	1,000元	4,000元	
服裝費	3,000元	12,000元	
探親交通費	1,000元	4,000元	
其他開支	2,000元	8,000元	
大學期間合計開支		156,000元	大學本科4年

（5）出國留學費用（22~24歲，見表8-5）

據2017年匯豐《教育價值》在香港的數據調查，香港的父母考慮孩子首選的留學國家是：

表8-5　　　　　　　　　　　　出國留學費用

國家	現在每年費用	3年總費用
英國	20萬~28萬元	84萬元
澳大利亞	18萬~25萬元	75萬元
美國	18萬~30萬元	90萬元
新加坡	15萬~20萬元	60萬元

除了經濟費用負擔之外，父母在孩子出國留學後，必須迎接和適應新的挑戰。根據匯豐銀行關於出國留學家庭的調查數據分析，父母在子女出國留學後要面對的主要障礙如圖8-2所示。

根據幼兒園、小學時期、中學時期、大學時期的教育費用分析，孩子成長教育總費用（出國前）如表8-6所示。

表8-6　　　　　　　　　　　　　　　　　　　　　　　　　　　　　單位：元

時期	幼兒園	小學時期	中學時期	大學時期	總計
費用	50,000元	236,400元	231,000元	156,000元	673,400

由此可見，以廣州普通家庭的標準來看，從孩子3歲到21歲，要為子女成長教育支出約68萬元，可以完成在國內上大學的支出費用；如果是去美國讀研再加約100萬元；

项目八　教育规划

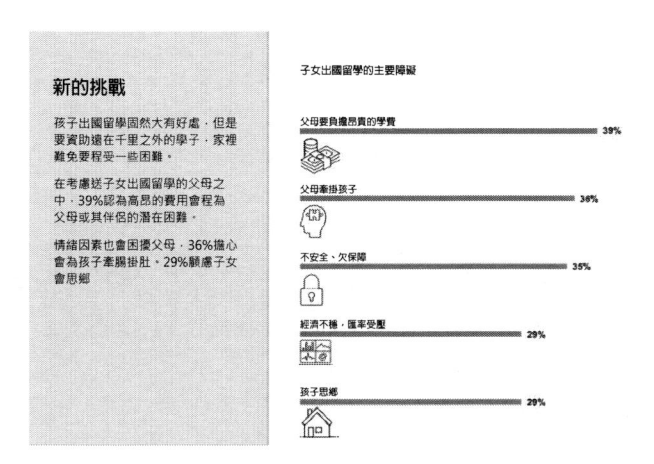

图 8-2　父母在子女出国后要面对的主要障碍

从幼儿园到研究生毕业需要的总费用约为 168 万元。家长需要准备约 170 万元的孩子成长教育储备金，是以目前的物价水准和汇率水准来测算的。事实上在未来 20 年里，相关的教育费用、生活费用、留学费用等都将随著通货膨胀而增长，甚至还要高於通货膨胀率的增长，因此未来孩子实际支出的成长教育开支远远高於 170 万元。

算一算自己从入学到现在的教育费用大致有多少。

任务四　子女教育规划实务

由於子女教育开销的差异性较大，因此必须针对个人所在地区的实际收费情况、个人对子女的期望以及家庭的经济承受能力，选择是否借读、择校、是否上兴趣班、请家教，甚至是否上私立学校或出国留学，以制定详尽、科学的子女教育规划。

一、教育投资分析

在对子女教育全过程所需资金进行估算的基础上，依照子女目前的年龄，如何计算未来需要支付的子女教育金的现值、每年应该准备的教育准备和应该投资於有多高报酬率的产品才能实现教育目标呢？以下通过一个案例来说明。

【案例 8-2】A 君的儿子今年 6 岁。A 君估计儿子上大学之前的教育费用不多。A 君的子女教育投资规划目标是在儿子 18 岁上大学时能累积足够的大学本科和硕士的教育费用。A 君目前已经有 3 万元教育准备金，不足部分打算以定期定额投资基金的方式来解决。A 君投资的平均回报率大约为 4%。为实现这一教育目标，请为 A 君做一个教育投资规划。

案例分析：

①確定實現教育目標的當前費用。

中國目前大學本科四年需要花費 48,000～72,000 元，取中間值 60,000 元；碩士研究生需要花費 30,000～40,000 元，取中間值 35,000 元。

簡便起見，假設學費一次性支付，不考慮學費支付的時間差異。

②預測教育費用增長率。

結合通貨膨脹率、大學收費增長、經濟增長等因素，預測教育費用年均增長率為 5%。

③估算未來所需教育資金和當前現值。

12 年後，A 君的兒子上大學時：

應準備大學教育費用 = 60,000 ×(F/P,5%,12) = 107,751（元）

已準備金額 = 30,000 ×(F/P, 4%,12) = 48,031（元）

尚需準備金額 = 107,751 − 48,031 = 59,720（元）

每年應提存金額 = 59,720÷(F/A,4%,12) = 3,975（元）

每月應提存金額 = 3,975÷12 = 331（元）

（簡便起見，不考慮每月提存金額的時間價值差異。）

16 年後，A 君的兒子讀碩士時：

應準備碩士教育費用 = 35,000 ×(F/P,5%,6) = 76,401（元）

每年應提存金額 = 76,401 ÷(F/A,4%,16) = 3,501（元）

每月應提存金額 = 3,501 ÷12 = 292（元）

我們再來分析以下兩個問題：

1. 實現 A 君的子女教育投資規劃目標的費用是多少？
2. 考慮教育費用年均增長率和 A 君的投資平均回報率比較關係，你有什麼建議？

①實現 A 君的子女教育投資規劃目標的費用是多少？

A 君的子女教育投資規劃目標的費用 = 107,751+76,401 = 184,152（元）

②考慮教育費用年均增長率和 A 君的投資平均回報率比較關係，你有什麼建議？

A 君的投資平均回報率是 4%，低於教育費用年均增長率 5%。經過折現率換算，意味著 A 君要準備的子女教育規劃費用要高於 184,152 元。

此時，要以真實報酬率為折現率。

真實報酬率 =（1+投資報酬率）/（1+教育金支出增長率）−1

建議：A 君必須選擇投資平均回報率高於教育費用年均增長率 5% 的投資產品，否則在將來需要準備高於目標的費用，超出預期目標，陷入被動局面。

二、教育投資產品

子女的教育投資規劃涉及對投資產品的選擇，以達到最穩妥的教育投資。因此，教育

投資應以穩健為主，教育規劃更應重視長期的低風險投資產品。目前比較適合做教育理財的金融產品主要有教育儲蓄、基金定投、教育保險和子女教育信託等幾大類。

(一) 教育儲蓄

教育儲蓄是指個人按國家有關規定在指定銀行開戶、存入規定數額資金、用於教育目的的專項儲蓄，是一種專門為學生支付非義務教育所需教育金的專項儲蓄。教育儲蓄採用實名制，開戶時儲戶要持本人（學生）戶口簿或身分證，到銀行以儲戶本人（學生）的姓名開立存款帳戶。到期支取時，儲戶需憑存折及有關證明一次支取本息。

(1) 開戶對象：開戶對象為在校小學四年級（含四年級）以上學生。

(2) 存期與起點金額：教育儲蓄存期分為一年、三年、六年；教育儲蓄50元起存，每戶本金最高限額為2萬元。

(3) 服務特色：稅收優惠，按照國家相關政策的規定，教育儲蓄的利息收入可以憑有關證明享受免稅待遇；積少成多，適合為子女累積學費，培養理財習慣。

(4) 存款利率：一年期、三年期教育儲蓄按開戶日同期同檔次整存整取定期儲蓄存款利率計息；六年期教育儲蓄按開戶日五年期整存整取定期儲蓄存款利率計息；教育儲蓄在存期內遇利率調整，仍按開戶日利率計息。

(5) 利率優惠：一年期、三年期教育儲蓄按開戶日同期同檔次整存整取定期儲蓄利率計息，六年期教育儲蓄按開戶日五年期整存整取定期儲蓄存款利率計息（儲戶提供接受非義務教育的錄取通知書原件或學校開具的相應證明原件，一份證明只能享受一次優惠利率，按一般業務辦理）。

(6) 相對其他儲蓄存款而言，教育儲蓄有以下三方面好處：

①家庭可以為其子女（或被監護人）接受非義務教育（指九年義務教育之外的全日制高中、大中專、大學本科、碩士和博士研究生）在儲蓄機構通過零存整取方式積蓄資金。

②符合規定的教育儲蓄專戶，可以享受整存整取利率的優惠。

③教育儲蓄存款的利息免徵個人所得稅。

按照有關規定，開立教育儲蓄的對象必須是中國在校小學四年級（含四年級）以上學生；享受免徵利息稅優惠政策的對象必須是正在接受非義務教育的在校學生，其在就讀全日制高中（中專）、大專和大學本科、碩士和博士研究生的三個階段中，每個學習階段可以分別享受一次2萬元教育儲蓄的免稅和利率優惠。也就是說，一個人至多可以享受三次優惠。教育儲蓄存款的優惠利率具體如表8-7所示。

表8-7　　　　　　　　　　教育儲蓄存款的優惠利率

期限	零存整取利率	零存整取稅後利率	整存整取利率
一年期	1.35%	1.29%	1.75%

表8-7(續)

期限	零存整取利率	零存整取稅後利率	整存整取利率
三年期	1.55%	1.47%	2.75%
六年期	1.55%	1.47%	2.75%

(二) 基金定投

基金定投是國際上通行的一種類似於銀行零存整取的基金理財方式,最大的好處是可平均投資成本,自動逢高減籌、逢低加碼。在這種情況下,時間的長期複利效果就會凸顯出來,可以讓平時不在意的「小錢」在長期累積之後變成「大錢」。

採用基金定投儲備教育金,不會給家庭的日常支出帶來過大壓力,又可以獲得複利優勢。投資者應選擇過往業績表現穩健的股票基金,關注中長期排名而淡化短期排名。

(基金收益計算器)

【知識連結】瞭解基金定投收益

根據新浪網進行的「子女成長費用調查」結果顯示,多數家庭認為教育費已經成為孩子成長費用中最大的一項開支。有六成家庭願意嘗試基金定投的方式來儲備子女教育費。調查結果顯示,多數家庭認為養大一個孩子至少需要20萬~30萬元的費用,68%的受調查者認為在孩子成長過程中,教育費用所占比例最大。調查數據表明,多數家長對親子理財很有興趣,而在眾多理財方式中,基金定投所具備的長期複利、紀律投資、門檻較低等特點,是他們傾向這一理財方式的原因。

【案例8-3】30歲的B君,屬於白領一族,家庭月收入20,000元,房屋月供4,000元,孩子剛出生不久,對於孩子的教育經費儲備經濟壓力比較大。請為B君制定教育理財規劃。

案例分析:B君可以制訂一個基金定投子女教育的理財計劃。

第一個五年,由於花銷較大,每月僅拿出1,000元來定投。

第二個五年,由於事業的發展,工資收入會有較大上漲,將每月投資額度上調為2,500元。

最後一個五年,由於更換住房、準備養老金等需求逐漸擴大,調整子女教育經費為每月1,500元。

按照上述「智能定投」的方法模擬定投上證指數為例,假設在1999年1月開始定投

以上證指數為標的的模擬基金，15 年後，即到 2013 年 12 月 28 日，基金帳戶將有 122 萬元。

需要注意的是，進行基金定投要掌握以下投資技巧：

（1）用基金定投籌集子女教育經費要趁早開始。因為投資時間越長，複利效果越明顯，累積的財富也越多。

（2）要堅持長期投資。基金定投採用平均成本概念降低了投資風險，但相應地也需長期投資，才能克服市場波動風險，並在市場回升時獲利。

（3）基金淨值低時停止扣款要慎重。基金淨值有高低波動，最悲觀的時候往往也是最低點的時候，由於低點時可以買進較多的基金份額，等到股市回升後可以享受更豐厚的回報。

（三）教育保險

子女教育保險又稱子女教育金保險，也叫作少兒教育險，是針對少年兒童在不同生長階段的教育需要提供相應的保險金。

（1）教育保險的分類。從產品保障期限來看，教育保險主要分為非終身型教育保險和終身型教育保險。非終身型教育保險一般屬於真正的專款專用型的教育保險產品。也就是說，在保險金的返還上，完全是針對兒童的教育階段而定，通常會在孩子進入高中、進入大學兩個重要時間節點開始每年返還資金，到孩子大學畢業或創業階段再一次性返還一筆費用以及帳戶價值，以幫助孩子在每一個教育的重要階段都能獲得一筆穩定的資金支持。終身型教育保險會考慮到一個人一生的變化，保險金僅是其中考慮問題之一。

（2）教育保險的特點如下：

①專款專用。子女教育要設立專門的帳戶，就像個人養老金帳戶用於退休規劃，住房公積金帳戶用於購房規劃一樣，只有這樣才能做到專款專用。

②沒有時間彈性。子女到了一定的年齡就要上學（如 6 歲左右上小學，18 歲左右上大學），不能因為沒有足夠的學費而延期。

③沒有費用彈性。各階段的基本學費相對固定，這些費用對每一個學生都是相同的。

④持續週期長且總費用龐大。子女從小到大將近 20 年的持續教育支出，總金額可能比購房支出還多。

⑤階段性高支出。比如大學教育，平均每個孩子每年 2 萬元，4 年就是 8 萬元；出國留學費用，總價達幾十萬元。這些費用支付週期短、支付費用高都需要有提前的財務準備。

⑥額外費用差距大，必須準備充足。子女的資質不同，整個教育過程中的相關花費差距很大，因此寧可多準備不能少準備。

（3）教育保險的功能如下：

①保費豁免功能。所謂保費豁免功能，就是一旦投保的家長遭受不幸，如身故或全

殘，保險公司將豁免所有未交保費，子女可以繼續得到保障和資助。

②強制儲蓄功能。父母可以根據自己的預期和孩子未來受教育水準的高低來為孩子選擇險種和金額，一旦為孩子建立了教育保險計劃，就必須每年存入約定的金額，從而保證這個儲蓄計劃一定能夠完成。

③保險的保障功能。教育保險可以為投保人和被保險人提供疾病與意外傷害以及高度殘疾等方面的保障。一旦投保人發生疾病、意外身故以及高度殘廢等風險，不能完成孩子的教育金儲備計劃，則保險公司會豁免投保人以後應繳的保險費，相當於保險公司為投保人繳納保費，而保單原應享有的權益不變，仍然能夠給孩子提供以後受教育的費用。

④理財分紅功能。教育保險能夠在一定程度上抵禦通貨膨脹的影響。教育保險分紅一般分多次給付，回報期相對較長。

（4）教育保險的返還方式。教育保險現金返還方式一般可分以下三種：

①第一種是從繳費之日起，每隔幾年返還一定數額。

②第二種是從特定時間點開始每年返還，如從孩子進入高中開始或進入大學開始。

③第三種是在約定時間點一次性返還，如進入大學或大學畢業。

（5）教育保險的投保建議。從保障內容上看，教育保險通常僅僅能夠提供身故保障，意外傷害、疾病等都不在保險的範圍內。因此，家長應考慮針對孩子的具體情況，選擇附加高保障的意外險、重大疾病險、住院醫療保險等。這樣就不至於出現了保險卻沒有保障的尷尬。另外，教育保險應選擇具有投資功能的險種，如分紅型產品、投連型產品等。分紅型教育保險收益並不高，但以穩定見長，保障功能非常明確；投連型教育保險增值帳戶預期收益較為可觀，但風險也相對比較大。

（6）購買教育保險的注意事項如下：

①先重保障後重教育。很多父母花大量資金為孩子購買教育保險，卻不購買或疏於購買意外保險和醫療保險，這將保險的功能本末倒置。

②應問清楚豁免條款範圍。在購買主險時，應同時購買豁免保費附加險。這樣一來，萬一父母因某些原因無力繼續繳納保費時，對孩子的保障也繼續有效。

③購買教育保險要小心流動性風險。教育保險的缺陷在於其流動性較差，而且保費通常比較高，資金一旦投入，需要按合同約定定期支付保費給保險公司，屬於一項長期投資。

④購買教育保險時應兼顧保障功能，以應付孩子未來可能的疾病、傷殘和死亡等風險。

⑤家長在為孩子購買教育金保險時應巧用組合，即在小學四年級前採用教育保險來做教育規劃，在小學四年級後可採用「教育保險+教育儲蓄」的組合方式。

⑥教育保險具有保險的保障功能，可以為投保人和被保險人提供疾病與意外傷害以及高度殘疾等方面的保障。一旦投保人發生疾病、意外身故以及高度殘疾等風險，不能完成

孩子的教育金儲備計劃，保險公司會豁免投保人以後應繳的保險費，相當於保險公司為投保人繳納保費，而保單原應享有的權益不便，仍然能夠給孩子提供以後受教育的費用。

【案例 8-3】

友邦子女教育保險產品實例

投保示例

30岁的邦先生和30岁的邦太太喜得贵子，夫妇俩注重生活品质，对0岁的儿子小邦非常宠爱，希望为孩子的成长提供充足的资金需求，不希望因任何家庭变故而导致这笔资金断档；而对于这笔资金的管理上，希望通过按时有序的形式将财富逐步给到子女，进行有效掌控，实现生前传承。

经过精心挑选，邦先生决定自己和太太作为投保人和投保人配偶，儿子小邦作为被保险人购买《友邦传世一家财富健康保险计划》，具体保障利益如下：

1. 宝宝成长规划

	基本保额	交费期限	保险期间	首年保险费（元）
友邦传世金生2018版年金保险（分红型）	10万元	20年	至被保险人105岁	53,092
友邦附加增利宝年金保险（分红型）	100元	趸交	至被保险人105岁	
友邦附加万全无忧豁免保费定期寿险	详见合同	主合同交费期-1	主合同交费期-1	7,304
友邦附加加倍无忧升级版定期寿险	15万	15年	至被保险人65岁	
合计：60,396元				

請分析現金紅利、年金給付、總現金價值。

（案例分析）

教育保險相當於將短時間急需的大筆資金分散開逐年儲蓄，投資年限通常最高為18年。越早投保，家庭的繳費壓力越小，領取的教育金越多；越晚投保，由於投資年限短，保費就越高。從理財的角度出發，教育保險也不宜多買，適合孩子的需要就夠了。因為保險金額越高，每年需要繳付的保費也就越多。總體來講，保險產品主要是保障功能，如果只看其投資收益率，甚至可能比不上教育儲蓄。

（四）子女教育信託

子女教育信託是指委託人（即子女的父母）將信託資金交付給信託機構（即受託人），簽訂信託合同，通過信託公司專業管理，發揮信託規劃功能。委託人與受託人雙方約定孩子進入大學就讀時開始定期給付信託資金給受益人（子女），直到信託資產全部給付完。教育信託一是可以讓父母事先規劃，事後無後顧之憂。二是財產受《中華人民共和國信託法》保障，產權獨立，避免惡意侵占。也就是說，信託財產具有較強的獨立性，既不受父母債權人追索，又不受信託公司債權人的追索。即使信託公司破產了，委託人的信託財產仍可以完整地交予其他信託公司繼續管理。三是不會讓子女過早拿到大筆財產，失去人生奮鬥目標。另外，父母每年可以領取由信託公司代為管理和投資產生的收益。在新

加坡、美國等國家，父母為子女設立專門的財產信託是一種非常普遍的現象。目前，子女教育信託在中國並不普遍。

【知識連結】教育儲蓄操作指南

1. 開戶

開戶時，客戶須憑客戶本人（學生）戶口簿或居民身分證到儲蓄機構以客戶本人的姓名開立存款帳戶，金融機構根據客戶提供的上述證明，登記證件名稱及號碼。開戶對象為在校小學四年級（含四年級）以上學生。

2. 存款

開戶時客戶須與銀行約定每次固定存入的金額，分次存入，中途如有漏存，應在次月補齊，未補存者按零存整取定期儲蓄存款的有關規定辦理。

3. 支取

到期支取時，客戶憑存折、身分證、戶口簿（戶籍證明）和學校提供的正在接受非義務教育的學生身分證明，一次支取本金和利息，每份證明只享受一次利息稅優惠。客戶如不能提供證明，其教育儲蓄不享受利息稅優惠，即一年期、三年期按開戶日同期同檔次零存整取定期儲蓄存款利率計付利息；六年期按開戶日五年期零存整取定期儲蓄存款利率計付利息，同時應按有關規定徵收儲蓄存款利息所得稅。

4. 提前支取

教育儲蓄提前支取時必須全額支取。提前支取時，客戶能提供證明的，按實際存期和開戶日同期同檔次整存整取定期儲蓄存款利率計付利息，並免徵儲蓄存款利息所得稅；客戶未能提供證明的，按實際存期和支取日活期儲蓄存款利率計付利息，並按有關規定徵收儲蓄存款利息所得稅。

5. 逾期支取

教育儲蓄超過原定存期部分（逾期部分），按支取日活期儲蓄存款利率計付利息，並按有關規定徵收儲蓄存款利息所得稅。

項目小結

對於大多數家庭來說，提前對子女教育金進行規劃意義非常重大。作為一項重大工程，孩子的教育投資規劃也不單單只是「攢錢」可以解決的。本項目把子女教育規劃分為四個步驟：確定子女教育要達到的程度及目前所需的費用；設定一個通貨膨脹率，計算未來子女入學時所需的費用；計算出現在需要的投資金額和資金缺口；選擇適當的投資工具並進行投資。

目前比較適合做教育理財的金融產品主要有教育儲蓄、基金定投、教育保險和子女教育信託等幾大類。

項目實訓

C 君的兒子現年 10 歲，C 君計劃 5 年後送兒子到澳大利亞從高中念到碩士。假設教育費用增長率為 3%，澳大利亞每年學費約 10 萬元人民幣，共準備 9 年。在投資回報率為 8%的情況下，請為 C 君計算應準備多少教育資金來實現送兒子到國外讀書的目標？

Z 君夫婦需要為他們的女兒做高等教育金規劃。初步以廣州「一本」高校的大學為目標，大學 4 年的學雜費、住宿費和生活費合計約為 8 萬元，假設教育費用增長率為 3%，女兒在 12 年後讀大學。在 Z 君夫婦的投資回報率為 6%的情況下，請為他們規劃現在每月需要儲蓄的專項教育金。

項目九　退休規劃

學習目標
1. 認識到退休規劃的必要性
2. 掌握如何設定退休目標

重點及難點
1. 熟悉退休規劃的工具
2. 掌握編製退休規劃的程序和方案

【案例導入】

中國的養老問題根源到底在哪裡？

首先，中國的養老問題是人口老齡化問題十分嚴重，來得太早太快。

國際上通常的定義是，一個國家或地區60歲以上的老年人占總人口數量的10%，或者65歲以上的老年人占總人口的7%，即意味著這個國家或地區的人口進入老齡化階段。而中國目前的實際情況是，截至2017年年末，60歲以上的老年人占總人口的17.3%，約2.41億人；65歲以上的老年人占總人口的11.39%，約1.6億人，中國的老齡化程度「超標」已近一倍。從1999年起，中國就已開始步入老齡化社會，近20年來一直呈上升趨勢，沒有絲毫減緩和停步（見圖9-1）。據估算，到2050年前後，中國老年人口數將達到峰值的4.87億人，占總人口的34.9%，占到了1/3，這是一個驚人的比例。請留意，這個1/3並不是說兩個成年人養一個老人，如果去掉嬰幼兒和未成年人的占比，差不多就是一個成年人養一個老人再加一個孩子。這就是我們的下一代30年後面臨的嚴峻問題。「人類壽命不斷延長，年輕一代生育意願低，是造成這一後果的直接原因。」

其次，退休人員養老金增長過快。

2006年，養老金大幅上調了23.7%，此後8年，養老金一直以每年10%左右的幅度穩步上調，到2015年，養老金累計增長了3倍。許多大城市，甚至中小城市的退休人員都拿到了不低於當地普通白領收入水準的退休工資，退休人員對退休金的滿意度普遍很高。

再次，數萬億元養老金缺乏保值增值手段。

中國每年收繳的城鎮職工養老金都有數萬億元，2016年為35,058億元，2017年為

42,794億元,增長勢頭很猛。這麼多錢,卻缺乏保值增值的手段,任由帳戶上的巨額資金年復一年地貶值。統計數據顯示,全國養老保險基金從2000年開始截至2014年年底,平均年化收益率僅為2.32%,甚至低於同期一年期的定期存款利息收益,要是再和2014年以來的通脹水準相比,某種程度上等同於「龜兔賽跑」。

社保基金報告顯示,2014年中國城鎮職工基本養老保險的缺口為3,548億元,2015年缺口為4,716億元,2016年缺口繼續猛增,高達6,511億元。

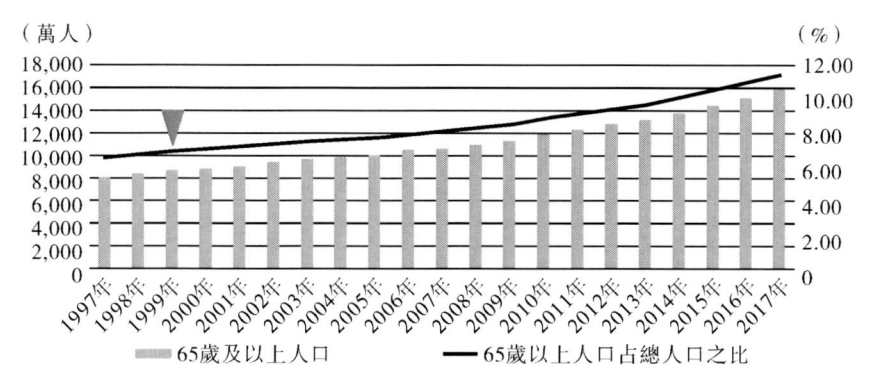

圖9-1 65歲及以上人口數量與占總人口的比例

思考:隨著老齡化人口越來越多,勞動力人口占比越來越少,資金缺口必然越來越大。請根據中國目前的退休養老金存在的問題,提出一些解決問題的建議。

任務一 退休規劃概述

一、退休規劃的意義

不管今年是20歲還是60歲,人們終會面臨退休這件事。一般情況下,退休之後的收入肯定比正常工作時少,導致人們的生活水準會下降,甚至無法滿足老年人對安全感和幸福感的需求。退休規劃的意義就是提前幫助人們準備退休資金,保障人們將來有一個有自尊、自立、擁有並保持生活水準的退休生活。

二、社保解決不了養老生活的全部問題

世界衛生組織(WHO)發布的2017年統計數據顯示,中國最新男女平均壽命:女性77.37歲,男性72.38歲。在中國,養老面臨諸多挑戰。中國人的人均壽命已延長至約75歲,到2050年,中國預計會有超過6億退休人員。低生育率、低移民人口在加劇中國的

人口老齡化和養老壓力。《金融時報》的一篇文章指出，中國人的養老金收益遠低於收入水準。北京的平均月度養老金為3,573元，大約相當於55%的退休前收入。中國的整體養老金儲蓄餘額相當於國內生產總值的13%，顯著低於美國（140%）、丹麥（209%）、英國（96%）、澳大利亞（113%）和日本（30%）。

《財務安全新舉措》（The New Imperatives for Financial Security）報告指出，過半中國人認為無法為退休存夠錢，對政府養老的依賴度全球最高，53%的受訪者表示對自己的財務狀況有焦慮感，只有43%的受訪者有信心在退休前存夠養老錢，然而只有29%的人認為這是讓他們對財務狀況感到焦慮的原因——這在全球範圍內屬於最低水準。引發中國人焦慮的兩大原因是個人健康狀況（56%）和經濟大環境（47%）。另外，不到一半的受訪者（49%）有信心能夠在有生之年擔負自己的開銷。

該報告的一個重要發現是，雖然為退休做準備是個人責任已經成為社會共識，然而中國人依舊強烈依賴政府，仍然有待做出切實行動來加強經濟保障能力。74%的中國成年人認為自己應該為退休收入負責，這低於全球平均值（81%），而且52%的受訪者認為養老儲蓄是政府的責任，但全球範圍內持有這一觀點的受訪者平均比例僅為31%。91%的中國成年人投資了退休保障計劃，但仍然有接近1/4的受訪者沒有計算過自己需要為退休準備多少資金。

現在人越來越長壽，導致很多國家進入老齡化社會。這裡的很多國家，主要是指一些發達國家，但中國現在還是一個發展中國家，就已經率先進入老齡化階段了。也就是說，我們面臨一個「未富先老」的困境。在這樣的大前提下，國家政府還可以完全地、無限度地支持退休民眾的生活嗎？社保還夠不夠呢？

這裡有個廣州市民李女士的例子：李女士54歲，每月收入4,000元，如果她明年退休，以她的現狀，結合現有的社保政策，會給她多少退休金呢？大概2,000元。我們可以試想一下，那將是李女士理想的生活嗎？今天每月4,000元，明天就變成每月2,000元，這樣的落差，她的生活能夠平衡嗎？中國有句古話：「由儉入奢易，由奢入儉難。」所以說，養老僅靠國家、靠社保，也許只能解決我們的部分問題，沒有辦法實現我們期待的老年生活。

三、「養兒防老」觀念的改變

「養兒防老」是我們國家的傳統觀念。目前在中國，仍有接近30%的人還是覺得在未來，他們的老年生活要靠子女，尤其是來自農村的家庭。而在西方國家，推崇的養老方式叫作接力式，即人們只負責撫養子女，在自己老年生活裡面，加上自身所處的社會福利的情況，基本可以自己照顧自己的生活，不需要子女負擔。在很多西方人的意識裡面，也沒有「養兒防老」的概念。目前存在一個事實，我們國家長期以來推行的計劃生育政策，造成一個很重要的社會現象：「4-2-1」的家庭結構。也就是說，一個孩子最終要負擔2位

父母，然後再加上 4 位老人。一個人要撫養 6 個人，在這種結構裡面，先不說子女孝不孝順，就算孝順也有可能心有餘而力不足。儘管現在計劃生育政策開始放鬆，但是人們的生育意識也已經發生了變化。還有長壽的問題，可能等我們到 80 歲需要更多的養老金的時候，我們的子女也要面臨養老的問題了。另外，在今天的社會變革當中，還有很多值得關注的社會現象，這些社會現象都有可能會對未來的老年生活造成一些問題。十幾年前，如果一個人 30 歲還不結婚，我們會怎麼想？往往會認為這個人可能有問題，怎麼不結婚呢？兩個人結婚了長期不生孩子，我們往往會認為這兩口子有問題，他們怎麼不要孩子呢？但在今天的社會，獨身主義是新型的名詞，丁克一族規模越來越大，這就是社會的變化。那麼，單身或丁克一族靠什麼養老呢？靠子女養老並不科學。

四、養老金準備不足將無法事後補救

李嘉誠講過一句話：「每年存一筆錢，給出一定的報酬率，幾十年的時間，每個人都會成為千萬富翁。」現在應該去過一些更好的生活，至於老年問題以後再說——很大一部分的年輕人可能都有這樣的想法。龐大的醫療費支出、龐大的生活成本，怎樣來考慮？年輕人要不要考慮養老？很多人會說，現在的生活有太多壓力，每月要還房貸、車貸，還要撫養子女等，因此養老的問題現在根本沒有辦法考慮，船到橋頭自然直。也有不少人認為，現在我還沒有養老規劃，一代一代人不都是這麼過來的嘛，到時候我也會有自己的辦法。如果我們確認養老是今後每個人都將會面對的問題，這個問題如果今天不去解決，依然存在，那麼當它出現的時候，有可能就會演變為更大的問題出現在我們面前，最終讓我們無法接受。年輕時有壓力不可怕，可怕的是到了老了的時候我們沒有力氣、沒有能力、沒有辦法。年輕不怕苦，怕的是老來苦。因此，年輕的時候就要做好準備。每個月哪怕存 100 元、200 元、300 元，一些不必要的開支和應酬我們省下來放到養老的儲備裡面。然後，1 年、5 年、30 年日積月累下來，也會變成一筆財富。因此，如果今天感覺有壓力，更應該為未來做好準備。

五、用今天賺的錢來規劃明天

今天有錢，不代表明天有錢。養老的錢是明天的錢，如何把今天的錢轉移到未來，確實是一個技術問題。當我們有錢時，就可以開始準備養老金了，讓我們不但現在有錢，未來也能有錢。因此，有錢更需要去做科學合理的養老規劃。在證券市場回暖的環境下，很多人都把錢投資到證券市場，有可能會賺取很高的回報。但我們要知道，今天的財富是屬於今天的，不一定屬於未來。科學理財的實質是如何把今天的錢放到未來，要去選擇很好的方法，這就需要科學的技巧。

任務二　退休規劃的步驟

　　一個完整的退休規劃主要包括職業生涯設計、退休後生活方式的設計和為彌補養老金缺口而進行的投資增值設計三個部分。退休規劃的步驟就是由退休生活目標測算出退休後到底需要花費多少錢，同時由職業生涯狀況推算出可以領多少退休金，然後計算出退休後需要花費的資金和可領取的資金之間的差距，即應該自籌的退休資金。

一、確定退休年齡

　　中國現行法定的企業職工退休年齡是男性年滿 60 週歲，女性工人年滿 50 週歲，女性幹部年滿 55 週歲。研究顯示，退休人員的退休年齡普遍低於法定退休年齡。國外一些充滿幹勁的年輕人，都會很早開始進行儲蓄和投資，然後便可以提早退休。退休規劃的第一步就是要確定退休的年齡。退休年齡直接影響著個人工作累積養老基金的時間和退休後需要的生活費用。在個人預期壽命（全國平均壽命）不變的情況下，退休年齡越早，退休後生活的時間越長，而累積養老基金的時間則越短，這意味著每年要累積的資金越多，壓力越大，甚至要降低當前生活質量。

二、設定退休生活方式

　　直接決定退休後所需費用的另一大因素是退休後的生活方式。退休後是只想過僅滿足三餐溫飽，並支付一些小病醫療費的生活，還是希望退休後依舊「想去哪旅遊就去哪」，過著有品質的生活，做個「即使長著魚尾紋也優雅美麗、有風度的老人」呢？答案恐怕是後者。因此，退休規劃的第二步就是設定退休生活方式，以此推算出每年所需的退休費用，再結合第一步推出的退休後的生活時間，測算出退休後所需的總費用。

三、預測退休收入

　　構成退休收入的來源主要有社會保障收入、企業年金、商業保險、兒女孝敬、投資回報和兼職工作收入等。退休規劃的第三步就是要計算退休時所能領到的退休金以及現在擁有的股票、基金、存款等，預計到退休時，共可累積多少可用資金。

四、計算退休資金缺口

　　根據前面對退休後所需費用的預算和退休收入的計算，可以確定在退休時是否有足夠的退休金。如果資金充裕，那麼注意資金的安全性是首要的；但大多數情況下，會存在退休資金缺口，即需要自籌部分退休資金，這意味著必須要開始儲蓄更多錢，或者找尋更高的投資回報渠道。

五、制定理財規劃，彌補資金缺口

第五步要針對退休資金缺口制定適當的理財規劃，挑選報酬率和風險都適合的投資工具，以保證退休目的的實現。通常可以利用提高儲蓄的比例、延長工作年限並推遲退休、進行更高投資收益率的投資、減少退休後的花費和參加額外的商業保險等方式來進一步修改退休養老計劃。

【案例 9-1】D 君是一名男性白領，今年 35 歲，月薪 1 萬元，目前個人養老金帳戶約 1.5 萬元（已繳費 5 年），未來他的薪水年增長率為 5%，個人帳戶資金年平均收益率為 3%。D 君將於 60 歲（即再繳費 25 年）退休領取養老金，領取養老金的前一年社會平均月薪為 5,000 元，退休後平均期望壽命為 18 年，即 216 個月。

D 君 60 歲退休後每月領取多少養老金？

(案例分析)

依照上述計算方式，D 君從社會統籌帳戶領取養老金為 1,500 元/月。通過公式可以計算出個人帳戶累積額約 619,698 元，退休後每月可提取約 2,869 元（619,698 元÷216 月）。兩個帳戶合計，D 君 60 歲退休後每月領取的養老金約為 4,369 元。

任務二　退休規劃實務

一、設定退休目標

若要老有所養、退而無憂，甚至保持退休前的生活質量，更重要的還是依靠自願性的個人儲蓄投資來提供退休後的生活所需。因此，一個科學的退休規劃，主要是財務上的規劃。

在開始介紹這部分內容之前，請大家先回答如下兩個問題：

第一，計劃何時退休？

第二，你退休後期望達到什麼樣的生活水準？

由這兩個問題衍生出來的是所有關於設定養老目標的方方面面。你計劃何時退休？就是你準備在什麼時候開始你的夕陽生活，那時你將很難指望大為減少的收入來滿足養老需

求。你期望退休得越早,你的養老金缺口會越大,需要累積的養老金會越多。這意味著你需要每年為養老預留更多的錢,或者為了彌補這個缺口而要在養老金投資中冒更大的風險。

在設定你退休後生活水準時,有很多人會非常茫然,畢竟十年後的狀況是難以預料的。最簡單的辦法是,假設今天退休,你期望的生活水準如何?當然你不再需要職業套裝、交際應酬、出差等與工作有關的支出,也不用考慮子女的撫養教育。但是,在退休後會有幾個必須考慮的項目:日常開支、健康護理、休閒活動。

接下來,讓我們結合實際案例進行分析。

【案例 9-2】E 君夫婦今年都是 40 歲,計劃 60 歲退休,預期壽命 80 歲。當前家庭的月收入為 18,000 元,擁有一套價值 90 萬元的自有住房,房貸 50 萬元,每月還貸 5,000 元,有活期存款 3 萬元,定期存款 8 萬元,基金 15 萬元,股票 6 萬元。請分析 E 君夫婦的退休目標。

案例分析:根據 E 君對退休後老年生活的設計,得出其退休前後飲食與穿著方面的費用大致相當於當前費用的 70%,則 E 君夫妻目前的生活費用和退休後第一年的生活費用的變化情況如表 9-1 所示。

表 9-1　　　　　　E 君家當前月支出及退休後預期月支出情況　　　　　　單位:元

支出項目	當前月支出	退休後月支出
食品	2,000	1,200
交通	500	200
衣服	1,000	500
文娛	600	1,000
人際	500	200
房貸	5,000	0
醫療	200	500
保險	800	500
稅費	2,000	0
合計	12,600	4,100

由表 9-1 可知,退休後各種生活費用的變化並不是一致的,有些費用可能會不再存在,如房貸的月還款額和稅費;有些費用可能增加,如醫療保健方面的費用;還有些費用可能會減少,如一般的飲食。考慮到貨幣的時間價值等因素,可以預期 E 君夫婦退休後第一年的生活費用為 12 萬元。

根據退休後第一年所需的生活費用 12 萬元和退休後的預期壽命 20 年以及假設退休生

活費用增長率為5%和投資回報率為10%，則可以計算出 E 君夫婦整個退休期所需的養老金總額。

根據公式：整個退休期所需的養老金總額=12｛1-〔（1+費用增長率）／（1+投資回報率）〕ⁿ｝／（投資回報率-費用增長率）

可以算出，E 君夫婦整個退休期所需的養老金總額大約為 145.34 萬元。

通過上述案例的計算可以發現，養老費用的數額確實龐大，因此必須盡早進行規劃。當然，不同家庭的退休養老規劃的具體情況不同，有的家庭可能還要添加其他複雜的項目。例如，退休後是否會把一套房子出租來增加收入，或者換一個較小的公寓以減少開支，甚至決定在退休後開一家洗衣店使可預期的每月有一筆可觀的進帳等。

二、選擇退休規劃產品

前面已經根據退休目標的設定計算出了退休期間養老費用總額，如果已有基本養老金、年金等養老投資，就可以從養老費用總額中扣除這部分，從而確定出養老金缺口。那麼這部分缺口資金應如何準備呢？

選擇適合的退休規劃產品非常關鍵。市場中可供選擇的退休養老方面的投資產品很多，個人應該從安全性原則、流動性原則和收益性原則出發來進行投資選擇以下介紹一些常用的養老投資產品。

（一）儲蓄

儲蓄是指利用銀行提供的現金儲備理財產品，專門為退休生活累積現金。目前中國銀行業尚沒有專門為個人退休計劃而設計的儲蓄產品，但可以巧妙地將現有的整存整取、零存整取、存本取息、定期儲蓄等不同的儲蓄產品進行組合，以達到為退休計劃理財的目的。該產品的主要特點是風險低、回報低，適用於風險承受能力較低的人，如接近退休年齡或已退休人員。

（二）保險

投保商業養老保險可以作為養老金缺口的有效補充。因為中途退保會損失，所以商業養老保險有強制儲蓄的作用，使工薪階層能長期堅持儲備養老金，做到專款專用。若選擇具有分紅功能的商業養老保險，其複利增值作用具有抵禦通貨膨脹風險的作用。選擇商業養老保險時，應同時兼顧意外保險、健康保險等保障類商業保險，以抵禦人生中各種風險。作為規劃可以從 30 歲開始，每年用年收入的 10%～15% 進行養老保險投資。許多保險公司都提供了靈活的領取方式，可以選擇 60 歲退休時一次性領取，或者選擇每月領取，也能部分彌補退休後的養老金缺口。

目前，市場上可覆蓋養老需求的保險產品主要有以下幾種：

1. 傳統型養老險

傳統型養老險預定利率固定，一般在 2%～2.4%，什麼時間開始領養老金、領多少，

都是投保時就可以明確選擇和預知的。

優勢：回報固定。在出現零利率或負利率的情況下，也不會影響養老金的回報利率。

劣勢：很難抵禦通貨膨脹的影響。若通貨膨脹率較高，從長期看，存在貶值風險。

適合人群：較保守、年齡偏大的投資者。

2. 分紅型養老險

分紅型養老險通常有保底的預定利率，但這個利率比傳統養老保險稍低，一般只有1.5%～2%。分紅型養老險除固定生存利益外，每年還有不確定的紅利獲得。

優勢：收益與保險公司經營業績掛勾，理論上可以迴避或部分迴避通貨膨脹對養老金的威脅，使養老金相對保值甚至增值。

劣勢：分紅具有不確定性，也有可能因該公司的經營業績不好而受到損失。要挑選一家實力強、信譽好的保險公司來購買該類產品。

適合人群：理財較保守、不願承擔風險、易衝動消費、比較感性的投資者。

3. 萬能型壽險

萬能型壽險在扣除部分初始費用和保障成本後，保費進入個人投資帳戶，有保證最低收益，目前一般為1.75%～2.5%。除了必須滿足約定的最低收益外，還有不確定的「額外收益」。

優勢：其特點是下有保底利率，上不封頂，每月公布結算利率，目前大部分為5%～6%，按月結算，複利增長，可以有效抵禦銀行利率波動和通貨膨脹的影響。帳戶較透明，存取相對較靈活，追加投資方便，壽險保障可以根據不同年齡階段提高或降低。萬能型壽險可以靈活應對收入和理財目標的變化。

劣勢：存取靈活是優勢也是劣勢，對儲蓄習慣不太好、自制能力不夠強的投資人來說，可能最後存不夠所需的養老金。

適合人群：較理性、堅持長期投資、自制能力強的投資者。

4. 投連險

投連險設有不同風險類型的帳戶，與不同投資品種的收益掛勾。投連險不設保底收益，保險公司只是收取帳戶管理費，盈虧由客戶全部自負。

優勢：以投資為主，兼顧保障，由專家理財選擇投資品種，不同帳戶之間可以自行靈活轉換，以適應資本市場不同的形勢，只要堅持長線投資，便有可能收益很高。

劣勢：保險產品中投資風險最高的一類，若受不了短期波動而盲目調整，有可能損失較大。

適合人群：較年輕、能承受一定的風險、堅持長期投資理念的投資者。

（三）基金

說到長期投資，恐怕沒有什麼比養老金儲備更長期的了。養老金儲備，一般儲備期都在10年以上，年輕人儲備養老金時間還會更長。基金定投是可以作為儲備養老金的方式

的，而且基金定投是最簡單、最有效的投資方式之一。在社保體系逐步完善的情況下，對一般投資者來說，都可以在社保體系內獲得基本的養老保障。因此，通過個人投資來儲備養老金實際上是一種補充養老金，其目的是把日常收支餘額做更有效管理，使這部分長期備用資產有效升值。如此前提下，10年以上的養老金儲備是可以承受較高風險的，也就是說完全可以忽略一段時間內的收益波動。雖然股市波動幅度大，但從長期來看，股票類資產提供的平均回報一般會高於債券類資產，因此股票基金可以作為定投養老的主投品種。養老金投資的期限通常能夠涵蓋一個或數個完整的「牛熊循環」，因此一段時間的漲跌不用特別在意。由於定投的平均時間和分散成本作用，中途虧損的幅度也是有限的。

對於定投養老金，有兩點需要特別注意：一是養老儲備金應主要來自日常收支結餘，這樣就不會因為收支壓力而改變定投計劃；二是定投計劃一旦設定就應堅持，而不應因短期收益波動而改變，以避免錯誤擇時導致收益受損。至於定投養老金的選擇，可以採用被動+主動組合的方式。被動方式就是選一只指數基金，最好是市場代表性強的指數基金；主動方式是選一只優秀公司旗下的長期績優偏股基金。

【知識連結】關於基金定投養老

基金定投養老的前提是看好未來資產價格，利用資產價格波動，通過長期定投降低持有成本。用於養老的定投屬於長期投資，應選擇資產價格波動大，但是長期向好的標的，可以有效降低成本。長期來看，中國經濟發展向好，股市上會有所表現，同時為了避免行業和公司的風險，應選擇指數基金進行定投。

（四）房產

一般來說，如果有兩套或兩套以上的房子，養老是沒有什麼問題的，如果只有一套房子，怎麼辦呢？其實，有一套房子也一樣能夠以房養老，以下是五種以房養老的方案。

方案一：可以採取「賣房」辦法籌措補充養老金，但不是賣給外人，而是把房子賣給自己的子女。也就是說，老人可將自己的房子抵押給子女。老人每月可以從子女那裡得到一筆退休金補助，而子女也能以遠低於市場價的價格買下父母的房子。

方案二：可以採取「以房換養」方式籌措補充養老金。這是指當子女的生活也不寬裕時，老人可以將自己的房子租出去，拿著租金住進養老院，用收取的租金來支撐養老院的費用。老人不僅沒有失去房子，而且在物質生活大為改善的同時，老人的精神生活也將更為豐富。

方案三：可以採取「以大換小」的方式籌措補充養老金。這是指大房換小房，在相同地段把原有的三室兩廳或二室一廳換成一室一廳，得到的差價作為補充養老金。人越老，其活動空間就越小，老人不會因此產生失落感

方案四：可以採取「以近換遠」的方式籌措補充養老金。這是指將位於市中心的房子置換到郊區去，把置換到的區域差價，作為未來的補充養老金。這種方法可能會使老人有

所不便，但總比沒錢要好。

方案五：可以採取「以一換二」的方式籌措補充養老金。這是指在相同地段把原有的三室兩廳或二室一廳換成兩套一室一廳，或者將市區的一套房子換成郊區的兩套房子，其中一套房子自己住，另一套房子出租，從而賺取穩定的養老金。

【案例9-3】

「以房養老」案例分析

D君的爸爸現年58歲，在廣州市越秀區擁有一套50平方米的房子，假設按照廣州市平均兩萬元左右的單價估算市值為100萬元，向銀行抵押該房產申請以房養老業務。

根據銀行的規定，申請以房養老業務的老人或法定贍養人必須至少擁有2套房，其中1套用於抵押；貸款金額根據房產價值和養老人合理養老需求確定，最高不超過抵押住房評估價值的60%，每月實際支付養老金額不超過2萬元，貸款期限最長不超過10年，利率按照同檔次基準利率或上浮執行。

因此，按照60%的估值計算其貸款總額為60萬元，貸款10年，約合每月獲得5,000元養老金。對比廣州市內同類情況，租金大約在2,500元，這確實比房屋出租要獲得更多的現金。但是申請人實際拿到手的貸款金額要少一些，因為還要負擔貸款利息。在此期間，有兩套房的老人可以同時獲得租金收益，因此每月最高可以拿到7,500元。

案例分析：這種模式適合10年之內經濟負擔較重，並且預期將來有還款能力的借款人。例如，55歲的居民，未到領取養老金的年紀，但是孩子正在上大學，開支較大。這樣的情況下，可以考慮抵押房屋，等將來孩子工作了，自己也有養老金了，就有能力償還貸款了。從這個角度來說，這種方式的「以房養老」是一種過渡舉措。

（「以防養老」不確性風險）

以房養老雖然看上去可以獲得較為樂觀的養老金收入，但對於申請人和銀行、保險公司等金融機構而言，目前仍存在不確定性風險：中國房屋產權70年，是此類業務最大風險之一，有償續期的費用將影響產品定價和申請人的收益水準；將房屋抵押銀行獲取養老金，申請人需要承擔還貸壓力，貸款的利率水準波動也會影響其實際獲得的養老金；房屋的價值估存在風險，貶值或增值部分的風險及收益歸屬需要明確；若所在城市的房產市場波動較大，導致房屋價值在未來幾十年大幅度貶值，產品收益兌現風險值得關注。

(五) 股票

退休規劃中不應過多地持有低收益債券，適當增加股票持有比例可以保證自己有能力

度過漫長的退休時光，在投資的組合中選擇持續分紅能力較強的大盤藍籌股，行業選擇方面以銀行、電力和消費為上。在這些持續分紅能力較強的股票中挑選大盤藍籌股長期持有，便是養老股最好的挑選策略。相對收益較固定的債券而言，股票投資的風險和難度要大得多。那我們該如何盡早給自己挑選幾只適合養老的股票呢？

與一般的股票投資相比，為養老而準備的股票投資具有如下三個鮮明的特點：

一是投資期限較長，因此更看重長期回報，而不是短期獲利。如果我們50歲開始買入的話，那距離60歲退休開始逐步動用這筆錢還有10年的投資期限。如果我們的理財意識覺醒較早，在30歲就開始未雨綢繆，為了今後的養老支出而積極買入業績優良適合養老的股票的話，就有長達30年的「緩衝期」。因此，養老股首先應該挑選企業持續盈利能力強、能給投資者帶來長期回報的績優股，而決不能追逐帶有短線炒作性質的各種題材股、消息股和概念股。

二是作為一種剛性需求，為養老而進行的投資必須穩健第一、安全至上。這就要求養老股必須是一只股性不活躍、不容易被投機炒作的股票。從某種程度上說，養老股還需要有一定的「債性」。一般來說，股票的盤子越大，炒作難度越大，波幅越小，走勢也越平穩，因此養老股就應該挑選大盤股，而不能是容易被炒作的中小盤股。

三是養老需要長時間的持續開支，因此養老投資必須採用一種「細水長流」類似存本取息的投資模式。這樣的話，養老金的本金規模才不會隨時間流逝而逐漸縮小。在股票投資上，「取息」就表現為股票分紅，尤其是可以直接用於消費的現金分紅。

【知識連結】如何判斷養老股標準？

養老股標準1：大盤藍籌股

由於適合做養老股的股票必須具有較強的確定性和可預測性，因此我們與其費盡周折去「挖掘」一些被市場低估的成長股和「黑馬股」，還不如直接選擇目前已經奠定行業龍頭地位，並且經營業務和業績均具備較高確定性的大盤藍籌股。

由於大盤藍籌股大部分都是大型國有企業的股票，部分企業還有壟斷性質，因此經營業績往往較為穩定，這種持續的盈利能力能夠給投資者帶來持續的投資回報。同時，這些國家控股或政策扶持的企業萬一將來哪一天經營不善、業績下滑，甚至瀕臨破產，往往也有政府「善後」，投資者投資這類企業就等於讓國家做了「擔保人」。這就給以股養老的投資者吃了一粒最大的定心丸。

更重要的是，由於市值巨大，導致大盤藍籌股的炒作難度較大，使得股價波動相對較小，出現讓心理承受能力較差的老年人無法接受的「過山車行情」概率也小。較少炒作也使大盤藍籌股的市盈率與其他股票相比相對較低，相應的投資風險也會較低。對於投資者來說，長期持有會有非常穩定的收益，是挑選養老股的上佳品種。值得一提的是，比起數量眾多的中小盤成長股，大盤藍籌股的絕對數量較少，並大都具有較高的社會知名度和較

好的行業口碑，因此挑選起來也相對容易。

養老股標準2：持續分紅能力強

儘管市場上盤子大、業績佳的大盤藍籌股數量不多，但我們要想從這幾十只股票中挑出一只或幾只作為自己的養老股，依然不是件容易的事情。要解決這個問題，我們就需要考慮到養老投資的一個特性：細水長流，即養老股還必須具有較強的分紅意願和分紅能力，以此來滿足退休後持續不斷的養老支出。

在西方發達國家，我們經常可以聽到很多老年人長期持有優質股票，靠每年的現金分紅來維持日常生活支出的故事。在股東回報意識較強的西方成熟股票市場，股票的高比例分紅是司空見慣的事。有些股票平均每年分紅高達3%，在牛市來臨或業績增長突出的年份，還會派發額外紅利，使中小投資者一樣可以分享公司成長的收益。因此，依靠股票分紅來維持養老開支已經成為西方人的一種主流養老手段。需要特別注意的是，我們所說的「高分紅股票」不只是一次分紅特別多的股票，而是能夠持續多年都有分紅，而且每次分紅的比例還不低的股票，這樣才能真正做到「細水長流」。只有在牛市或業績爆發性增長的年份才會想起為股東分紅的股票，就不能算合適的養老股，而每股分紅只有幾分錢的「象徵性分紅」的股票也同樣應被排除在外。

在中國股市中，投機性相對較強，大部分投資者還是通過股價波動導致的價差來實現收益，而非通過長期持有股票以獲取紅利來實現收益。當然，這在一定程度上也是由於中國上市公司的分紅意識較差導致的。不過在這樣的大環境下，我們還是能夠找出一些具有持續分紅能力的優質養老股。

養老股標準3：銀行、電力與消費

在今天的A股市場中具有較強分紅能力的股票分紅企業大部分集中在銀行股、電力子股以及與民生息息相關的消費類股票中。

作為關乎國計民生和國家安全的電力行業，一直以來都由國有企業壟斷，可以預見的是，未來電力行業依然將是國有企業一家獨大的局面。由此而產生的持續盈利能力是毋庸置疑的。儘管眼下電力行業正受到煤價上漲帶來的衝擊，但長期看，國家財政補貼不可能長期補貼發電廠，「煤電聯動」也是必然的趨勢，其長期盈利能力依然看好。此外，像高速公路板塊、交通運輸板塊的一些股票和鋼鐵及電力股具有同樣的優勢。除了這類國有控股企業外，在中國居民消費能力升級的長期大環境下，具有明顯行業優勢地位的消費類股票也是養老股的不錯選擇。

除了上述投資產品以外，還可以購買黃金和收藏品等投資產品。總之，在選擇退休投資產品時，一定要遵循兩個基本的原則：一個基本原則是長期穩健投資，另一個基本原則是合理分配組合。

三、中國的養老保險制度

（一）現行養老保險制度的組成

中國現行的養老保險制度由三個不同層次的養老保險組成，即基本養老保險計劃、企業補充養老保險計劃和個人儲蓄型保險計劃，由此初步構建了中國現代養老保險體系的制度框架。

第一個層次的基本養老保險計劃在養老保險體系中占了主要地位。中國對城鎮企業職工強制實行統帳結合、部分累積的基本養老保險制度，其保障水準較低，覆蓋面較廣。在部分有條件的地區，中國政府鼓勵當地政府開展農村養老保險的探索和試點。

第二個層次的企業補充養老保險計劃由政府政策鼓勵，企業自願建立，企業或企業和職工個人共同繳費為職工建立個人帳戶，通過商業機構營運，給付水準由繳費和投資收益率決定。目前中國只有極少數效益比較好的企業為職工辦理了補充養老保險，尚處於零星發展的狀態。2000年，補充養老保險覆蓋職工人數是560萬人，不到全部企業職工的5%。2004年《企業年金試行辦法》和《企業年金基金管理試行辦法》的出抬為企業年金的發展搭建了制度平臺，無疑將對這一層次的養老保險計劃產生重要的影響。

第三個層次的個人儲蓄型保險計劃由勞動者個人通過購買商業保險公司的養老保險產品等方式實現。目前，中國商業養老保險的發展仍處於起步階段和附屬地位，水準很低，商業保險在養老保險體系中的地位和作用沒有得到充分發揮。保監會人身保險監管部統計數據顯示，截至2017年年底，中國商業養老保險整體市場規模已超萬億元，達10,254億元，不過這其中退休後分期領取的養老年金保險原保費收入僅469億元，體量還很小。

中國現行的養老保險制度是公共選擇與社會經濟發展的結果，在提高制度效率和促進公平、保障社會平穩運行與防範老年貧窮方面發揮了一定的作用。一是在較短的時間內，運用創新思維探索出有中國特色的養老保障改革道路，初步形成了養老保險制度的多層次體系框架，與國際上流行的「三支柱」保障理論相契合；二是通過全面和漸進的改革實現了由傳統保障制度向社會化的責任分擔制度轉變，改變了依靠政府和單位的傳統保障觀念，適應了經濟與社會發展的要求；三是為一定數量的居民提供了養老保障，並開始形成了養老金的正常調整機制，使離退休人員能夠分享經濟社會的發展成果；四是有效改善了公眾的消費心理預期，促進了即期消費，為經濟社會的發展提供了有力的支持。

（二）社會基本養老保險金的籌集

基本養老保險基金由以下部分組成：

（1）用人單位和職工、城鎮個體勞動者繳納的基本養老保險費。

（2）財政投入。

（3）基本養老保險基金的利息等增值收益。

（4）基本養老保險費滯納金。

（5）社會捐贈。
（6）依法應當納入基本養老保險基金的其他資金。

縣級以上人民政府每年應當安排一定比例的財政性資金投入基本養老保險基金，並列入財政預算。

職工個人每月按照本人上一年度月平均工資（以下稱繳費工資）的 8%繳納基本養老保險費。

新參加工作、重新就業和新建用人單位的職工，從進入用人單位之月起，當年繳費工資按用人單位確定的月工資收入計算。

職工繳費工資低於上一年度全省在崗職工月平均工資 60%的，按照 60%確定；高於上一年度全省在崗職工月平均工資 300%的，按照 300%確定。全省上一年度在崗職工月平均工資，由省統計部門核定，由省勞動保障行政部門公布。

職工個人繳納的基本養老保險費，由用人單位每月從職工工資中代扣代繳。

職工個人按規定比例繳納的基本養老保險費不計入個人所得稅的應納稅所得額。

企業、民辦非企業單位等每月按照全部職工工資總額的一定比例繳納基本養老保險費。國家機關、事業單位和社會團體每月按照參保人員工資總額的一定比例繳納基本養老保險費。

用人單位的繳費比例一般不得超過 20%。具體比例按照國家和省人民政府規定的權限確定。

用人單位繳納的基本養老保險費按照規定列支。

城鎮個體工商戶、城鎮靈活就業人員（以下統稱城鎮個體勞動者）每月按照上一年度月平均實際收入的 20%繳納基本養老保險費。其中，有雇工的城鎮個體工商戶，雇主的養老保險費全部由其本人繳納；雇工的養老保險費，由雇工繳納 8%，雇主繳納 12%。

城鎮個體勞動者上一年度月平均實際收入低於上一年度當地在崗職工月平均工資 80%的，按照 80%確定繳費基數；高於上一年度當地在崗職工月平均工資 300%的，按照 300%確定繳費基數。

省人民政府可以根據本省實際，對城鎮個體勞動者的繳費標準進行調整。

城鎮個體勞動者按規定比例繳納的基本養老保險費依法不計入個人所得稅的應納稅所得額。

用人單位應當自依法成立之日起 30 日內，向社會保險經辦機構辦理職工基本養老保險登記手續。城鎮個體勞動者應當按規定向社會保險經辦機構辦理職工基本養老保險登記手續。用人單位、城鎮個體勞動者在辦理稅務登記的同時，向稅務機關辦理職工基本養老保險繳費登記手續。

用人單位在辦理職工基本養老保險註冊登記後增員或減員的，應當自增員或減員之日起 30 日內，向社會保險經辦機構辦理職工增減登記手續。社會保險經辦機構應當將用人

單位基本養老保險登記情況及時告知稅務機關。

用人單位應當在每月 10 日前按照規定自行計算應繳費額，向稅務機關申報繳納上月的基本養老保險費，並對申報事項的真實性負責。

職工個人應繳的基本養老保險費報經社會保險經辦機構核定後，由用人單位代扣並向稅務機關申報繳納。

城鎮個體勞動者憑社會保險經辦機構核定的應繳費額向稅務機關申報並繳費。

經稅務機關和勞動保障行政部門確認後，用人單位、城鎮個體勞動者可以直接向稅務機關申報繳納職工個人、城鎮個體勞動者應繳納的基本養老保險費。稅務機關應當及時將職工個人和城鎮個體勞動者的繳費基數、繳費金額等情況反饋社會保險經辦機構。

用人單位偽造、變造、故意毀滅有關帳冊、材料，或者不設帳冊，致使基本養老保險費無法確定的，稅務機關按該單位上月繳費數額的 110% 確定應繳數額。沒有上月繳費數額的，稅務機關根據該單位的經營狀況、職工人數等有關情況，按規定確定應繳數額。

基本養老保險費應當以貨幣形式全額徵繳，不得減免，不得以實物或其他形式抵繳。

用人單位分立、合併的，由分立、合併後的單位繼續繳納基本養老保險費。

用人單位改變名稱、住所、所有制性質、法定代表人或負責人、開戶銀行帳號等基本養老保險登記事項的，應當自變更之日起 30 日內向社會保險經辦機構辦理職工基本養老保險變更登記手續。

用人單位歇業、被撤銷、宣告破產或因其他原因終止的，應當依法清償欠繳的基本養老保險費，並在終止之日起 30 日內向社會保險經辦機構辦理基本養老保險註銷登記手續。

用人單位在辦理稅務變更登記、註銷登記的同時，向稅務機關辦理職工基本養老保險繳費變更登記、註銷登記手續。

國有企業或城鎮集體所有制企業職工的繳費年限，如有部分為視同繳費年限的，在國有企業或城鎮集體所有制企業破產清算時，應當依法從其破產財產中提取尚未繳納的視同繳費年限部分的基本養老保險費。視同繳費年限基本養老保險費的具體標準由省人民政府規定。

上述所稱繳費年限，是指職工個人和其所在用人單位、城鎮個體勞動者分別按規定足額繳納基本養老保險費的年限。國有企業或城鎮集體所有制企業參加職工基本養老保險社會統籌之前，職工參加工作的年限，經勞動保障行政部門審核，符合國家和本省有關規定的，為視同繳費年限。

基本養老保險基金實行收支兩條線和財政專戶管理，任何單位和個人不得挪用、截留。

基本養老保險基金按照國家規定的方式保值增值，其各項增值收益全部計入基本養老保險基金。

基本養老保險基金存入銀行或購買國債的，在確保職工基本養老金等發放的同時，應

當選擇合理的存款期限或國債期限,提高基金的利息收益。

按國家規定建立省級基本養老保險調劑基金。各市、縣應當按時足額繳納省級調劑基金。省級調劑基金用於調劑基本養老保險基金支付困難的市、縣。省級調劑基金建立和調劑使用的具體辦法,由省人民政府規定。

基本養老保險基金免徵稅、費。

(三)社會基本養老金的待遇支付

目前,中國的企業職工法定退休年齡為:男性職工60歲;從事管理和科研工作的女性職工55歲,從事生產和工勤輔助工作的女性職工50歲。

職工領取基本養老金的條件:一是達到法定退休年齡,並已辦理了離退休手續;二是所在單位和個人依法參加養老保險並履行了養老保險繳費義務;三是個人繳費至少滿15年(過渡期內繳費年限包括且視同繳費年限)。

基本養老金由基礎養老金和個人帳戶養老金組成。個人繳費不滿15年的,不發給基礎養老金,個人帳戶全部儲存額一次支付給本人。

1.「新人」的基本養老金

1997年後參加工作的職工稱為「新人」,達到法定退休年齡且個人繳費滿15年的,基礎養老金月標準為省(自治區、直轄市)或市(地)上年度職工月平均工資的 $n\%$ (n 為繳費年限)。基礎養老金由社會統籌基金支付,個人帳戶養老金由個人帳戶基金支付,月發放標準根據本人帳戶儲存額除以計發月數。計發月數根據職工退休時城鎮人口平均壽命預期、本人退休年齡、利息等因素確定,具體如表9-2所示。

職工退休時的養老金主要由兩部分組成(忽略過渡性養老金)。

個人養老金=個人帳戶養老金+基礎養老金

個人帳戶養老金=個人帳戶儲存額÷計發月數

基礎養老金=(全省上年度在崗職工月平均工資+本人指數化月平均繳費工資)÷2×繳費年限

表9-2 　　　　　　　　　　　退休年齡與計發月數

退休年齡(歲)	計發月數(月)	退休年齡(歲)	計發月數(月)
40	233	56	164
41	230	57	158
42	226	58	152
43	223	59	145
44	220	60	139
45	216	61	132

表9-2(續)

退休年齡（歲）	計發月數（月）	退休年齡（歲）	計發月數（月）
46	212	62	125
47	208	63	117
48	204	64	109
49	199	65	101
50	195	66	93
51	190	67	84
52	185	68	75
53	180	69	65
54	175	70	56
55	170		

【案例9-4】某企業職工預計於2035年1月滿60歲時辦理退休手續，退休時其國家基本養老保險繳費年限已達37年，指數化月平均繳費工資為7,000元，個人養老帳戶為258,200元，當時社會職工的平均工資為4,500元。假設按目前基本養老金制度，該員工到時可以拿多少退休金？

案例分析：

計算公式如下：

基礎養老金＝（4,500+7,000）÷2×37%＝2,127.5（元）

個人帳戶養老金＝258,200÷139＝1,857.55（元）

待遇總額＝2,127.5+1,857.55＝3,985.05（元）

2.「中人」的基本養老金

1997年統一全國企業職工基本養老保險制度前參加工作的人員，但在新政策實施後退休的職工，稱為「中人」，其退休後在發給基礎養老金和個人帳戶養老金的基礎上，再發給過渡性養老金。

個人養老金＝個人帳戶養老金＋基礎養老金＋過渡性養老金

過渡性養老金＝指數化月平均繳費工資×R×「中人」臨界點之前的本人繳費年限（R為計發系數，其值在1%～1.4%，由各地測算後確定）

【案例9-5】某女幹部2007年7月滿55週歲退休。其於1973年參加工作，1981年7月參加社保，從未中斷繳費，繳費年限共計26年，視同繳費年限15.5年，平均繳費指數為1.38，個人帳戶儲存額為57,698元，計發系數為1.3。2006年當地在崗職工平均工資為2,289元。

案例分析：

計算公式如下：

基礎養老金＝（2,289+2,289×1.38）÷2×26%＝708.22（元）

個人帳戶養老金＝57,698÷170＝339.40（元）

過渡性養老金＝2,289×1.38×1.3%×15.5＝636.50（元）

待遇總額＝708.22+339.40+636.50＝1,684.12（元）

3. 「老人」的基本養老金

新政策實施前，即 2006 年 1 月 1 日前已經退休的人員，稱為「老人」，仍按國家原有規定發給基本養老金，並隨以後基本養老金調整而增加養老保險待遇。

項目小結

　　一個完整的退休規劃主要包括職業生涯設計、退休後生活方式的設計和為彌補養老金缺口而進行的投資增值設計三個部分。退休規劃的步驟就是由退休生活目標測算出退休後到底需要花費多少錢，同時由職業生涯狀況推算出可以領多少退休金，然後計算出退休後需要花費的資金和可以受領的資金之間的差距，即應該自籌的退休資金。

　　本項目主要向大家詳細介紹了退休規劃的這幾個步驟，幫助大家瞭解和掌握進行退休規劃的方法。

技能實訓

　　H 君今年 30 歲，目前在廣州外企任職會計主管，每月稅後收入 18,000 元，每月平均支出 10,000 元。H 君希望自己的退休年齡是 60 歲，生命期望目標是 80 歲，並且退休後生活品質保持原來的 70%，每年能保持外出旅遊至少一次，費用預計 1,000 元/年，保健費 4,000元/年。請幫 H 君計算現在應該準備多少退休金？

　　第一步：確定 H 君的退休目標。

　　H 君希望退休後生活品質保持原來的 70%，旅遊費用預計 1,000 元/年，保健費 4,000元/年，按現在的生活消費水準，每年的費用需求＝

　　第二步：預測資金需求。

　　計算退休後首年的費用需求。假設 30 年後每年的通貨膨脹率為 4%，H 君 30 年後退休的首年費用需求＝

　　計算 20 年退休期間所需的費用，在 H 君 60 歲時的現值。假設退休後 H 君的投資報酬率為 8%，實際利率為 4%（投資報酬率 8%－通貨膨脹率 4%），20 年退休期間所需的費用在 60 歲時的現值＝

第三步：計算目前社會基本養老保險所能提供的退休金。

假設 30 年後，H 君每年可以領取的基本養老金約為 72,000 元〔按基本養老金替代率為 59.2%（其中基礎養老金 35%，個人帳戶養老金 24.2%）計算，6,000 元/月×12 個月〕，則這部分退休金領取到 80 歲時，在其 60 歲時的現值＝

第四步：計算退休金缺口。

退休金缺口＝（20 年退休期間所需的費用在 60 歲時的現值－目前社會基本養老保險所能提供的退休金領取到 80 歲時，在其 60 歲時的現值）＝

假設 H 君退休前的投資報酬率為 10%，在不考慮通貨膨脹的情況下，H 君每年應定期定額投入金額＝

項目十　個人綜合理財規劃實務

學習目標
1. 瞭解綜合理財規劃
2. 編製綜合理財規劃

重點及難點
能根據客戶的信息編製綜合理財規劃
瞭解和掌握制定綜合理財規劃。

一、確定理財目標

理財的意義不是簡單的金錢累積，而是在財務保值增值的基礎上達到財務自由、資產合理配置，並最終實現經濟和精神雙重發展的高質量美好生活。個人綜合理財規劃方案是以個人目前家庭及財務等基本狀況為依據，希望幫助個人實現現有資金有效增值，使長期生活有所保障，在物質生活與精神生活方面都得到發展。個人綜合理財規劃方案按照以下邏輯線索制定（見圖10-1）。

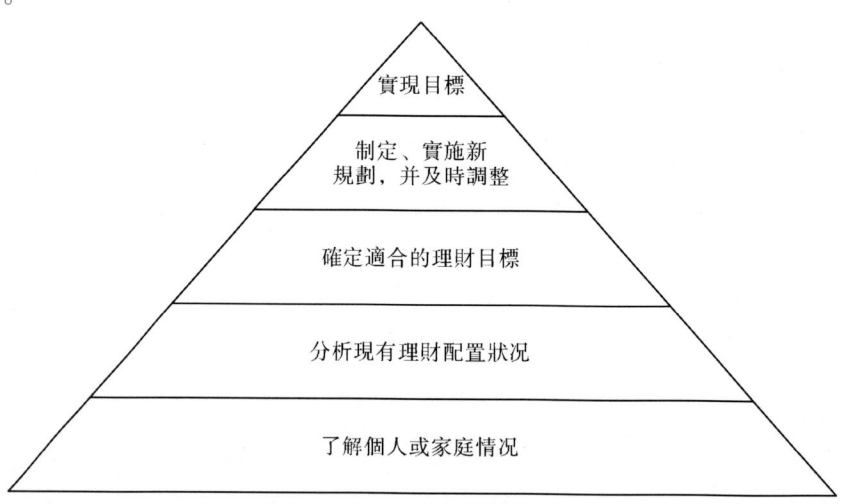

```
              實現目標
         制定、實施新
         規劃，并及時調整
        確定適合的理財目標
       分析現有理財配置狀況
      了解個人或家庭情況
```

圖 10-1　個人綜合理財規劃方案

在實施理財規劃時，個人應該知曉並明確理財產品的一般風險，包括市場風險、本金風險、收益風險、流動性風險等因素，理財投資決定需經鄭重考慮並及時做出調整以實現預期理財目標。個人綜合理財方案的制訂是基於目前市場的情況和對將來市場走勢的假設，這些因素都會對日後該方案的執行產生影響。個人應該明確瞭解並定期對其理財方案進行重新評估，並結合自身生活和財務狀況的變化做出調整以適應新的需要。

二、客戶家庭及財務情況分析

（一）客戶家庭情況

A君：現年40歲，在上海從事外貿行業已十年，主要經營布料貿易，工作較忙，家庭資產已累積到一定水準。

A君妻子：在外企從事行政管理，收入穩定。

A君家庭現有一個5歲的女兒。

A君的父母：目前與A君一家同住。

（二）客戶財務狀況

客戶A君提供的個人財務情況介紹如表10-1所示。

表10-1　　　　　　　　　　家庭每月收支狀況　　　　　　　　　　單位：元

收入		支出	
本人月收入	0	房屋月供	0
配偶月收入	4,500	基本生活開銷	8,000
其他收入	0	醫療費	0
合計	4,500	合計	8,000
每月結餘		-3,500	

每月結餘比例＝每月結餘／每月收入 ＜ 0

一方面，由於A君自己打理生意，收入較不穩定，因此每月支出主要依靠妻子的收入；另一方面，家中有老人和孩子，因此每月消費較多。

表10-1反應出A君一家每月的收入來源較單一，應在收入來源的多元化配置方面多做考慮。

A君一家年度收支情況如表10-2所示。

表 10-2　　　　　　　　　　　　　家庭年度收支表　　　　　　　　　　　單位：元

收入		支出	
年度收入	30萬~50萬	保費支出	6,230
其他收入	0	其他支出	10,000（探親）
合計	30萬~50萬	合計	16,230
年度結餘		28萬~48萬	

　　A君的家庭是處於中等收入水準的家庭，年度結餘較多（見表10-3），但A君生意不是很穩定，目前的家庭保障支出主要集中在妻子身上，A君自己和父母及孩子的保障不夠，需要在長期及全面保障上多做配置。

表 10-3　　　　　　　　　　　　　家庭資產負債狀況　　　　　　　　　　　單位：萬元

家庭資產		家庭負債	
活期存款及現金	5	房屋貸款	0
定期存款	38	其他貸款	0
基金	20		
國債	0		
股票	0		
房產（自用）	200+200		
房產（投資）	0		
黃金及收藏品	0		
汽車	0		
合計	463	合計	0
家庭淨資產		463	

　　家庭資產負債表分析如下：

　　（1）淨資產狀況。淨資產為資產扣除負債之後的總額。根據表10-3可知，A君家庭資產淨值為463萬元，屬於中等偏上收入水準家庭。

　　（2）淨資產流動比率。在A君家的資產中房產占到絕大部分，分配具有一個明顯的特點，即資產種類較單一，固定實物資產占總資產的86.39%。

　　（3）淨資產投資率。

　　淨資產投資率=投資資產總額/淨資產=13.6%。

　　一般家庭淨資產投資率較理想的比率為50%，目前A君家的金融資產的盈利能力較低，並且投資方式較單一。

　　（4）債務償還比率。客戶目前沒有任何債務償還項目，家庭債務壓力較小。

（三）客戶的理財目標

1. 客戶當前理財模式評估

（1）資產配置不合理：資產配置較單一，不動產占比過高，淨資產投資率過低等（見表10-4）。

表 10-4　　　　　　　　　　家庭資產負債數值對比分析

個人理財指標	客戶 A 君數值	理想經驗數值
資產負債率	0	小於 50%
債務償還比率	0	小於 35%
淨資產流動比率	86.39%	15%
淨資產投資率	13.60%	大於 50%

（2）收入來源較單一：A 君每年收入絕大部分由其布料店取得，目前有兩處房產處於閒置狀態，未能有效利用以增加收入；金融工具投資經驗較少，尚未有效利用多樣投資工具。

（3）長期保障未跟進：A 君家中上有父母需要照顧、下有小孩需要培養，家庭經濟支出較大，因為自營布料生意，收入波動性大，妻子收入增長性較差。這些因素要求 A 君應十分注重長期保障。

2. 理財變量假設

在制訂該理財方案中涉及一些宏觀金融數據和微觀變量，結合客戶基本情況及目前經濟市場形勢，對相關數據做出如下分析：

（1）最低現金持有量。一般情況下，個人或家庭應當持有 3~4 個月的月度支出作為日常最低現金儲備，以此來應對意外情況和緊急之需。為了保障財務的穩定和安全，結合客戶的家庭收支財務狀況和生活情況，建議其最低現金持有量為 3 萬元，另外需要注意的是該最低現金持有量應隨著通貨膨脹率及收入增長率的變化做出調整。

（2）生活支出增長率。日常支出的增長與家庭收入的增長有關，考慮到 A 君的父母隨著年齡的增加醫療費用的花費要增加、5 歲的女兒教育費用的增加以及家庭生活質量的提高，同時結合預計的通貨膨脹，因此把預計 A 君家庭的生活支出年增長率設定為 6%。

（3）住宅租賃價格增長率。本理財方案依據了當時最新《上海統計年鑒》中公布的房地產價格指數為依據來預計未來上海住宅租賃價格指數增幅，詳見表 10-5。

表 10-5　　　　房地產價格指數（2001—2006，以 2000 年價格為 100）

類別＼年份	2001	2002	2003	2004	2005	2006
房屋銷售價格指數	104.4	112.0	134.5	155.9	171.1	168.9
商品房	101.8	110.1	132.7	153.7	167.8	162.8
住宅	102.1	111.0	134.7	156.0	170.4	165.0
非住宅	98.3	102.0	114.0	132.3	143.6	141.6
公房	107.4	108.2	108.2	108.2		
二手房	110.8	117.1	142.4	167.3	185.1	188.4
房屋租賃價格指數	104.9	103.9	106.0	111.9	115.9	120.6
住宅	107.4	107.4	108.7	110.1	113.7	116.4
公房	115.2	115.2	115.2	115.2		
辦公樓	98.6	97.9	103.0	110.1	117.2	121.6
商業娛樂用房	107.2	104.0	102.8	110.4	111.4	118.2
工廠倉儲用房	118.8	121.2	125.5	131.8	133.7	135.1
土地交易價格指數	97.2	103.3	118.9	143.1	153.0	154.8
居住用地	92.2	102.3	125.1	161.8	170.6	169.7
工業倉儲用地	91.6	82.7	84.0	85.1	88.3	90.8

根據以上數據本理財方案繪出上海市房屋租賃價格指數（住宅）的柱狀圖，如圖 10-2 所示。

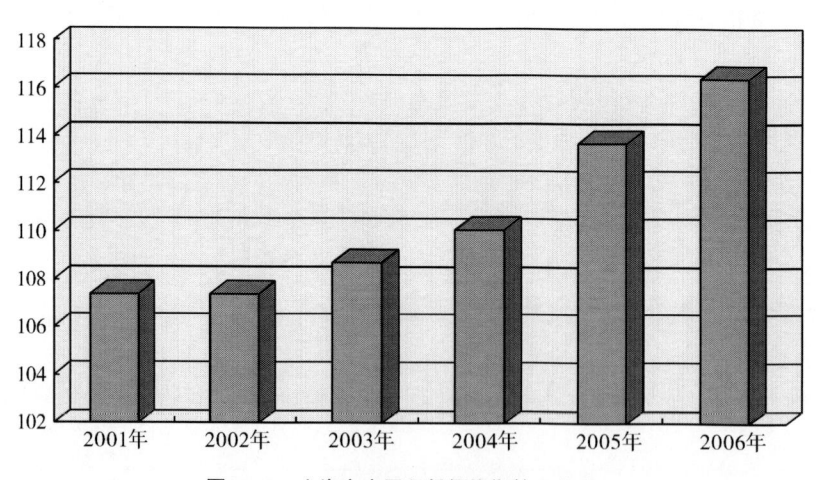

圖 10-2　上海市房屋租賃價格指數（住宅）

3. 客戶理財目標的確立

為客戶制定合理的理財目標是理財規劃中十分重要的一步，本方案主要依據以下理論：

（1）理財生命週期。生命週期理論是個人理財理論中十分重要的理論基礎，它將人的生命週期和理財策略相聯繫。客戶 A 君目前處於人生的中年期，其理財特點、目標、策略如表 10-6 所示。

表 10-6　　　　　　　　　　理財特點、目標、策略

	理財特點	理財目標	理財策略
中年穩健期	風險規避程度高，追求穩定的投資收益	財務獨立自由，財富穩健累積	以穩健操作為主

（2）客戶風險承受能力分析。通過填寫風險評估問卷，分析得出客戶的投資者類型及風險承受能力。風險評估與評估結果如下：

投資者類型：均衡。

（客戶是一個願意接受以少量風險換取較高及穩定回報的投資者。一般而言，可考慮分散投資在股票及債券組成的均衡型投資組合。）

資產組合：風險評估問卷中資產組合的高、中、低風險以一般商業銀行較保守標準衡量。

結合上述分析，A 君理財目標可歸納如下：

第一，優化理財配置，多元化收入來源。

第二，提高防範風險能力，加強長期保障。

三、理財目標分析及理財方案設計

本理財方案的制訂宗旨是在保持一定現金持有量的基礎上，對現有資產進行多元化的投資組合，在保證生活質量和加強未來風險防範能力的前提下，有效運用多種投資工具和方式以實現資產的保值與增值。

目前 A 君家庭除去房產的可分配資產總計為 63 萬元，將按如下比例投入不同理財資產配置項目中（見圖 10-3）。

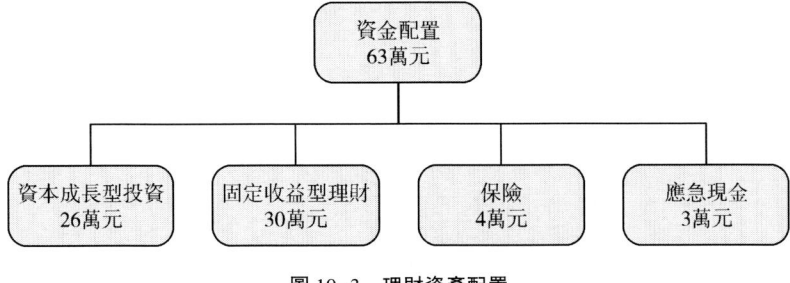

圖 10-3　理財資產配置

為了解決客戶目前存在的資產配置不合理、收入來源單一的問題，實現資產增值，配置優化的理財目標，為 A 君設計的理財方案具體從以下幾方面著手：

（一）出租目前閒置的兩處房產

A 君可以選擇與父母及家人居住在一套價值 200 萬元的房屋，其餘兩套較小的房產可以考慮出租，以此來增加每月收入。結合房產地理位置及面積等因素，估定這兩套房產租金可以達到 6,000 元/月。表 10-6 為實施方案後的收支表。

表 10-6　　　　　　　　　家庭每月收支表（新）　　　　　　　　　單位：元

收入		支出	
本人月收入	0	房屋月供	0
配偶月收入	4,500	基本生活開銷	8,000
其他收入	6,000	醫療費	0
合計	10,500	合計	8,000
每月結餘		2,500	

（二）合理分配金融理財資金

根據理財方案中對於客戶的基本情況分析，A 君的資金應主要進行穩健型打理。主要側重於兩種投資模式，即固定收益型理財和資本成長型理財。

1. 固定收益型理財分配

概述：固定收益型理財，即保證收益型理財項目，投資產品到期銀行會依據約定條款向客戶支付承諾的固定收益，或者向客戶支付最低收益，額外投資收益則按合同約定分配。投資對象包括短期國債、央行票據以及協議存款等。

理財預期年平均收益：3%～6%。

理財分配及舉例如圖 10-4 所示。

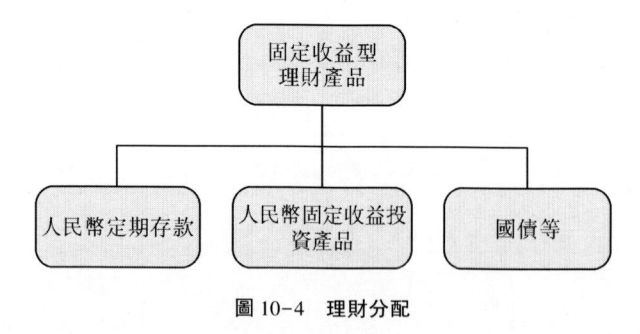

```
           固定收益型
            理財產品
         ┌─────┼─────┐
   人民幣定期存款  人民幣固定收益投資產品   國債等
```

圖 10-4　理財分配

理財產品參考：××銀行「匯率掛勾保本投資產品（人民幣）」。匯率掛勾保本投資產

品提供100%本金保障，如果在觀察期內任何時間，預先設定貨幣組合的匯率曾觸及或超出其限定範圍，投資者便有機會賺取潛在收益。否則，投資者仍能獲取保證收益。

匯率掛勾保本投資產品（人民幣）的運作如下：

投資期：3個月。

貨幣組合：澳元/美元（以每1澳元兌美元的報價）。

投資收益如下：

假如在觀察期內任何時間，貨幣組合的匯率曾觸及或超出第2層限定範圍的最高及最低限價，投資者於到期日將可以獲取年收益率6.00%的潛在收益；否則，假如在觀察期內任何時間，貨幣組合的匯率未曾觸及或超出第2層限定範圍的最高及最低限價，但曾觸及或超出第1層限定範圍的最高或最低限價，投資者於到期日將可以獲取年收益率5.02%的潛在收益；否則，投資者於到期日將可以獲取年收益率3.33%的保證收益。

第1層限定範圍如下：

最高限價：開始價格 + 0.005,0

最低限價：開始價格 - 0.005,0

第2層限定範圍如下：

最高限價：開始價格 + 0.400,0

最低限價：開始價格 - 0.400,0

2. 資本成長型理財分配

概述：在資本成長型理財項目中，根據不同的風險級別可以將其大致劃分為保本浮動收益型和不保本浮動收益型。投資保本浮動收益型產品，客戶的本金保證不會虧損，但需承擔本金以外的投資風險；投資非保本浮動收益型產品，客戶需承擔損失本金的風險，但預期收益率較高。

理財預期平均年收益：10%~20%。

理財分配及舉例：在投資市場上，資本成長型理財工具眾多，它們分別具有不同的特點。結合客戶的情況（理財經驗少，審慎投資者），如保本理財產品或穩健型、歷史表現良好、業績浮動不大、投資於大盤藍籌股的基金等。待累積了一定資本，並且具有更多投資經驗時可以選擇高風險、高回報類的投資工具。

在資本成長型理財產品中的非保本投資部分，客戶已經有了一定配置，即20萬元的基金。對於A君來說，投資基金是比較好的選擇，但建議A君在配置基金時注意風險的控制，可以選擇風險相對較低的債券或貨幣基金。另外，在保本浮動收益型產品中，A君可以多元化投資標地，如配置部分資金在投資商品、指數的掛勾產品中，做到分散投資，降低風險。

（三）長期保障方案（針對不同家庭成員的保險配置）

為了實現A君家庭「提高防範風險能力，加強長期保障」的理財目標，結合客戶經

濟指標及家庭情況，A 君家庭保險費用的支出應當占家庭純收入的 10%~15%，而保障應為純收入的 5~10 倍，因此 A 君的大致保險費用應為每年 3 萬~4 萬元。

A 君的收入是家庭收入的主要來源，他也是全家的支柱，因此 A 君個人的人身保障和醫療保障顯得尤為重要。為 A 君規劃到 60 歲的定期壽險，附加意外傷害保險，年保費大概為 9,000 元，繳費 20 年。A 君一旦發生意外，其家人可以拿到 300 萬元的保險費，足夠整個家庭後半段的生計維持。雖然該保障是消費型，即 20 年的總保費約 20 萬元是消費掉的，但是按照 A 君的年收入來算，如果 20 年中沒有發生任何問題，收入至少是 800 萬元，因此這份保障是很合理、很有必要的。另外在醫療保障方面，規劃年保費約 8,000 元，保障為 20 萬元的終身重大疾病保險，20 萬元是作為對生病期間造成的收入損失的補償。

A 君的妻子在家庭收入中所占比例較小，並且已經有了一定的社保和商業保險（社會保險基本忽略不計），因此可以不用考慮人身壽險，只為其規劃年保費約 4,000 元，保障為 10 萬元的重病保險，同樣是為了補償因重病而對家庭收入造成的損失。

將收入不穩定及養老問題統一規劃，最好的辦法是以子女為投資標的，為子女購買返還型儲蓄+分紅保險，年保費約 14,000 元，2 年返還或 3 年返還，年均返還約為 5,000 元，返還金可以由父母領取，可以基本解決部分養老的問題。

在女兒的教育經費方面，購買「寶寶型商業保險」，在孩子上小學、初中、高中都可以領到一筆返還金，可以保證孩子在讀大學期間每年拿到一定現金。

對 A 君的家庭保險規劃，前 5 年為積極存款期，年存相應較多，之後年存基本在 3.5 萬元/年。

國家圖書館出版品預行編目（CIP）資料

在大陸生活如何做好個人理財 / 賴金明, 劉星辛, 廖春萍 主編. -- 第一版.
-- 臺北市：財經錢線文化, 2019.05
　　　面；　公分
POD版

ISBN 978-957-680-348-2(平裝)

1.個人理財

563　　　　　　　　　　　　　　　　108007772

書　　名：在大陸生活如何做好個人理財

作　　者：賴金明、劉星辛、廖春萍　主編

發 行 人：黃振庭

出 版 者：財經錢線文化事業有限公司

發 行 者：財經錢線文化事業有限公司

E - m a i l：sonbookservice@gmail.com

粉 絲 頁：　　　　　　網　址：

地　　址：台北市中正區重慶南路一段六十一號八樓815室
8F.-815, No.61, Sec. 1, Chongqing S. Rd., Zhongzheng
Dist., Taipei City 100, Taiwan (R.O.C.)

電　　話：(02)2370-3310　傳　真：(02) 2370-3210

總 經 銷：紅螞蟻圖書有限公司

地　　址：台北市內湖區舊宗路二段121巷19號

電　　話：02-2795-3656　傳真：02-2795-4100　　網址：

印　　刷：京峯彩色印刷有限公司（京峰數位）

本書版權為西南財經大學出版社所有授權崧博出版事業股份有限公司獨家發行電子書及繁體書繁體字版。若有其他相關權利及授權需求請與本公司聯繫。

定　　價：350元

發行日期：2019年05月第一版

◎ 本書以POD印製發行